ドイツ教育思想の源流
Einführung in die Pädagogik
――教育哲学入門――

ルドルフ・ラサーン
Rudolf Lassahn

訳者
平野智美　佐藤直之　上野正道

東信堂

Rudolf Lassahn
Einführung in die Pädagogik
—8. erg. Aufl. 1995

Copyright© 1974, 1995 by Quelle & Meyer Heidelberg/Wiesbaden
All rights reserved
Japanese Translation Rights arranged through
The Sakai Agency, Tokyo

Published by TOSHINDO PUBLISHING Co., Ltd., Tokyo
1-20-6, Mukougaoka, Bunkyo-Ku, Tokyo, 113-0023, Japan

日本の読者へ

　本書『ドイツ教育思想の源流――教育哲学入門』は、ドイツではすでに8版を重ねました。本書のねらいは、目下論争の的となっている教育学理論の多元主義を正当化したり、その内容の豊かさを否定するものではありません。そうではなくて、多元主義を見通しのきく構造に戻すことにあります。
　したがって、本書でいう「入門」とは、ある一つの教育学の体系についての入門ではありません。また本書は教育学の知を構成する核心的要素や、その根本概念から出発するのではなく、ましていつも高い価値を与えられている教育現実から出発するものでもありません。
　こうしたアプローチでは、民主主義産業国家の総合大学や単科大学において多元主義を解明することはできません。また科学とは何か、科学は社会においていかなる機能を果たすことがふさわしいか、を明確にすることもできません。
　教育学が科学として認識されるようになって以来、中欧では啓蒙主義以降になりますが、教育学はさまざまな科学の類型を発展してきました。こうした科学の類型は、さまざまな研究方法と競合する人間学的前提から生じたものです。また、こうした科学の類型によって、教育の実践上の問題、例えば、授業の方法、教師の役割、教師養成について、新しい観点から問題を扱うことができるようになりました。
　西洋の思想史において、近世では五つの科学の類型が構築されました。いずれの科学の類型も次の点を問題にしました。科学はいかに構築されるべきか、科学は何をなしうるか、科学は実践といかにかかわるべきか、についてでした。そしてそれぞれの科学の類型は、それぞれ異なる前提を基礎にしているのです。こうした科学の類型は、科学理論を構築するための基本である

ばかりでなく、すべての人文科学の枠組みをも構成しています。このことはドイツ以外の諸国についても言えます。本書で扱う例はほとんどドイツ教育史からのものですが、それは国際的な根本類型として考えられます。それはすべての自由民主主義国家で見られる例なのです。こうした観点から、本書でいう「入門」とは、**国際的な科学の類型の根本前提についての分析**を意味しています。

　科学はその発端において、人間の知は不完全であり、限界があり、有限である、ということを前提にしているので、人間の知は世界や人間の生の全体を把握したり、普遍妥当な体系を形作ることはできないのです。人間の知や科学にできることは、世界と人間を**理解**し、個々の出来事の経過を**説明し**、それによって実践上の問題の解決を**容易にし**、実践に**精通する**ように努力することです。科学は記述的なもので規範的なものではありません。というのも、科学は人間の限界性を前提にしているので、普遍妥当的な時間を超越した明確な価値を設定することはできないからです。人間とその生を一つの概念に導くことは不可能です。

　人間とは何であり、生とは何であるか、は歴史が示します。それは歴史的次元を常に考慮して、思考し、説明されなくてはなりません。この前提にたって構築されたのが、**解釈学的・プラグマティズム的な科学の類型**です。人間の知と行為に基礎づけられた西洋の啓蒙主義の認識は、自然界の因果性すなわち合法則性の発見であり、自然は数学の記号で記述できる、というニュートンの驚くべき発見でした。この因果性の原理は人間の行為を正確に予想することを可能にし、そのため不可欠な前提とみなされたのです。非常に早い時代から、星の運行や自然の観察から得られた認識が、人間の生にも転用される、と想定されてきました。このようにして**確実に応用**できる事実が把握され、法則的関連が認識されてきたのです。

　こうした科学の類型は、複雑で不確実な人間の行為の過程を解釈するのではなく、**観察、経験、実験**に基づいているのです。研究の目的は、究極的には技術的に応用することができる諸関連と合法則的過程について、明確な事実を認識することでした。この方向でさまざまな形態と多くの変形を生み出

しながら発展したのが、**経験主義、論理実証主義、分析的科学理論**と呼ばれる科学の類型です。この科学の類型も国際的なものであり、普遍妥当的な科学的方法の実現を念願してきたすべての産業国家に見られるものです。

　第三の科学の類型は、啓蒙主義以降、人間の理性的行為の基準を問題として人文科学の中で発展してきたものです。それは人間の理性は何を知りうるか、という理論的な問いだけではなく、人間は何をなすべきか、という実践的な問いにもかかわるものです。客観的に正しく認識されたものは、行為において主体的実践的に実行されなければなりません。これは古代以来の実践哲学のテーマになってきたものです。

　この問いの背後には、広大な倫理学の領域が広がっています。人間が世界でさまざまな行為をするためには、人間には行為にふさわしい根本原理、原則、格律が必要です。二千年来、哲学はこの普遍的な倫理上の原理をめぐって推論し、基礎づけ、そして説明しようと努めてきました。その成果をカントが定言命法に見いだしたように、その普遍的な妥当性が形式的に確認されたに過ぎません。カント以来、人間は自分の行為を自分自身で選択した原則に結びつけて、自分の行為を正当化することができるようになりました。人間は行為の根拠を熟慮して初めて、人間の自由と自律が確立されるのです。

　一般に普遍的な基礎づけができない価値に関する科学の類型を、**規範的科学**と呼ばれています。度重なる批判と時たま試みられた理論の修正にもかかわらず、この科学は消滅することなく過去数十年間に驚嘆すべきルネッサンスを体験しました。すべての科学が、ことに現代では自然科学や技術科学が倫理的前提や科学がもたらした帰結を問題としています。技術がもたらしたものの評価をめぐって広範囲な議論が、倫理的・規範的な核心の問題として交わされています。

　倫理的・規範的な科学の類型は、人間の意欲がまだ実現していないが、実現させたいもの、すなわち未来に実現されうるものに向けられていることを前提にします。いかなる場合にも、「あるべきもの」は「現にあるもの」とは異なったものです。「あるべきもの」は「現にあるもの」から導き出すことはできません。教育学の領域では、この科学の類型は人間の倫理的向上を

その考察の中心にすえます。

　第四の科学の類型は、19世紀に構築されたものです。それは20世紀に入って頂点に達し、広範な影響力を持つに至りました。この科学の類型は本質的にはマルクスに由来するものです。マルクスは次の見解を採りました。これまで哲学者は世界をただいろいろ解釈してきただけである。しかし今や大事なことは世界を**変革する**ことであると。しかしこの変革は確固たる目的があって初めて実現されるのです。人間は社会的生産活動において、賃金労働によって生活から、労働からそして自分自身から疎外されています。人間はもはや自由ではないのです。すべての人間の行為の目標は、人間をすべての強制から自由にし、いかなる支配からも解放することでなければなりません。

　この科学の類型は、人間の行為を社会的生産労働に、あるいは政治的目標設定に結びつけました。すべての事象の社会的結びつきこそが、根本的意義を持つと想定しているので、科学理論も学者の思考から生み出されたのではありません。産業の中からなのです。マルクス主義、ネオマルクス主義、解放的・批判的理論の代表者たちは、多面的でさまざまな種類の社会の事象を社会的生産労働に結びつけて、革命的な実践による社会関係の必然的な変革から出発しています。

　ネオマルクス主義の科学の類型は、たとえそれが明確な形でマルクスに由来するのではないとしても、すべての事象の社会的結びつきを必然的なものとみなし、強制や支配からの解放と自己実現に行為の目標を設定することを、至極当然のこととみなしています。

　第五の科学の類型は、他の四つの科学の類型ほどその輪郭を明瞭に描くことはできません。その輪郭がぼやけているのと同じように、その端緒や研究方法も明確ではありません。一般的にこの科学の類型では、すべての人間の認識、人間の行為、そして人間の道徳性が心理学的に解明されます。20世紀には心理学はすべての人文科学に関係づけられました。例えば、歴史、政治・経済行為、文学、消費行動などを心理学的に解明しようと試みてきました。もちろん教育事象のすべての解明も同じです。その際、実験から精神分析的方法に至るまで、あらゆる心理学方法が駆使されました。とりわけ、社会科

学と精神分析との結合が行われました。

　教育学の領域では、児童心理学、青年心理学、発達心理学、学校心理学といった特別な分野が心理学と特別な関係を築いてきました。しかし教育学と心理学との関係は十分とは言えません。心理学が教育学のすべての領域に介入するにつれて、例えば、教師のあり方についての理論的基礎づけにセラピストの役割が押しつけられたり、教師が心理学の学問的訓練を受けた聖職者としての機能を担わされたりするようになりました。

　私は教育史学者として、個々の科学の類型の歴史的発展を、かつてはどのようであり、現在はどのようになっているのかを明らかにするために、本書でそれぞれの理論の基本構造とそれの実践的帰結について描き出そうと努めました。その際、私はさまざまな問題をテーマとして取り上げましたが、先走った評価はしないように心がけました。

　私はある思想が他の思想よりも一義的に優れている、と評価できるいかな**る判断基準も存在しない**と考えています。科学の諸類型は実際に併存しています。それらはすでに現存しているものであり、単純に排除できるものではありません。それらの思想の背後には人間の実存について真摯な問いが潜んでいます。それらに対して批判的な見解が見られますが、それは行き過ぎたものになり、時として自らの限界を越えるものとなります。思想を明確に評価する判断基準はありません。それは科学的理論がいかなる場合でも形而上学を前提にしているからです。そこにはいかなる合理的な証拠もないのです。

　注意深い読者諸氏はお気づきかもしれませんが、私は科学の諸類型を歴史的に叙述するという枠組みを越えて、歴史的―解釈学的―プラグマティズム的な科学の類型に結びつけた把握の仕方を採っています。私は研究者が傲慢さと自意識過剰にならないためには、節度と謙虚さを堅持しなくてはならないと思います。そのためには、人間の有限性と人間の知と理性の限界性を思い起こしたい、と思います。しかしこれは明らかに倫理上の議論になります。

　本書の教育学的な核心は、科学理論に基礎づけられた教育学理論を構築する中に示されています。つまりどのような場合においても、科学理論の基礎をなすものとして解釈される理論や、また特定の教育問題の解決を意図する

理論を構築する中に示されています。その際には、これまでの理論が必ず変革されているのです。例えば、教師の役割についての研究の成果に注目すれば、科学理論の前提そのものが明瞭になります。それは無前提な科学理論は存在しないということです。教師の役割に関する分析で明らかになったことは、教師の役割を他の部分と分離して教師養成のための理論とみなせば、教師の役割に関する分析は、単に理論のための理論に過ぎなくなるでしょう。

本書は私と日本との数々の結びつきを思い起こしてくれます。私は1977年10月に初めて訪日した際に、九州大学で開催された「教育哲学会」第20回大会で、本書の構想を日本の教育学者に講演する栄誉に浴しました。また1980年の長期にわたって日本に滞在した時に、20を越える大学で行った講演は、活発かつ有益な議論へと発展し、本書の構想を検証して更に発展させる刺激となりました。

本書が日本において積極的に受け入れられ、高い評価が得られていることは、研究のためにドイツを訪問した多くの日本人教育学者の言葉の端々から読み取ることができました。日本での最初の講演以来、ギーセン大学やボン大学に日本の教育学者が研究のために訪れなかった年はありませんでした。数限りない日本人教育学者との共同研究の中から多くの親交の絆が育まれてきました。

特にこうした日本とドイツとの協力関係の推進のために、1977年私が最初に九州大学で講演した際に通訳をして頂き、ご自身も数回にわたって私の研究室で研鑽を積まれた上智大学の平野智美教授（現名誉教授）に、日本の大学や多くの教育学関連学会との関係を取り持って頂きました。そして何よりも今回、本書の日本語訳の労をとって頂きました。同教授に格別の感謝の意を表します。

　　　　　　　　　　　　　　　　　　　　　　2000年　ボン
　　　　　　　　　　　　　　　　　　　　　　ルドルフ・ラサーン

ドイツ教育思想の源流——教育哲学入門／目次

　日本の読者へ ………………………………………………………… 3

序　章 ………………………………………………………………… 13
　　　　　　科学的概念について　20

第1章　精神科学的教育学 ………………………………………… 31
　第1節　問題と代表者 …………………………………………… 31
　第2節　精神科学の科学的概念 ………………………………… 40
　第3節　精神科学に基礎づけられた教育学理論の形成 ……… 58
　第4節　精神科学的教育学における教師と教育者 …………… 68

第2章　論理実証主義、経験主義、分析的科学理論 …………… 71
　第1節　名称と歴史的側面 ……………………………………… 71
　第2節　問題の所在と手がかり ………………………………… 76
　　　a）帰納法　78
　　　b）出発点の問題　85
　　　c）価値判断の問題　90
　第3節　経験的・分析的科学理論の自己理解 ………………… 95
　第4節　教育学的・経験的理論の形成 ………………………… 105
　第5節　経験的・分析的教育科学における教師の役割の問題 ………… 108

第3章　規範的教育学 ……………………………………………… 113
　第1節　名称と歴史的側面 ……………………………………… 113
　第2節　問題の所在 ……………………………………………… 118
　第3節　「規範的」理論に基礎づけられた教育学理論の形成 ………… 125
　第4節　規範的教育学における教師の役割 …………………… 133

第4章　マルクス主義、ネオマルクス主義、批判的教育科学 ……… 137

　　第1節　名称と歴史的側面 …………………………………… 137
　　第2節　マルクスとエンゲルスの教育と人間形成 ………… 138
　　第3節　20世紀のマルクス主義教育学と社会主義教育学 … 145
　　第4節　フランクフルト学派の問題提起の変化 …………… 148
　　第5節　批判的教育科学——ハーバーマスが暗示する人間形成理論 … 151
　　第6節　批判的教育科学における教師の役割 ……………… 171

第5章　教育学と心理学 …………………………………………… 181

　　第1節　問　題 ………………………………………………… 181
　　第2節　心理学に方向づけられた教師の役割 ……………… 191

結　論 ………………………………………………………………… 197

原　注 ………………………………………………………………… 199

　引用文献（邦訳書） ……………………………………………… 225
　訳者あとがき ……………………………………………………… 227
　人名索引 …………………………………………………………… 234

ドイツ教育思想の源流──教育哲学入門

序　章

　「教育科学入門」はさまざまに理解されている。広く普及しているごく普通の科学以前の見解は、「**一つ**」の教育科学というものがあり、教育科学入門の関心事は教育科学の基礎を明確にし、その基礎づけを明示し、さらに教育科学を構成する各領域の関連を説明し、そしてこれらのすべてを含めて教育科学の概要を叙述することを前提にしている。この種の入門は、現存する教育科学の体系の説明であり、いわば教育科学の案内書や手引書である。教育科学の体系に最も精通している人が、最も的確に教育科学の入門を著述できる。

　この種の入門は、教育学の歴史の流れのなかでさまざまな形で著されてきた[1]。またこの種の入門は、教育科学にのみ存在するのではない。哲学、心理学、社会学、そして自然科学の各分野においても同じような入門が要求されてきた。この意味での入門は、説明と概説ができる現存の体系をいつも前提にしている。確かに教育科学の中には、かなり完成された体系や体系の試み、あるいは体系化へのプログラムがあるが、一般的には唯一の体系があるとは認められていない。教育と研究の現場では、併存して相互に論争し合っている多くの体系が見られる。したがって、この意味での入門を理解しようとする人は、多くの体系の中から一つの体系を採らざるを得ない。

　教育科学入門の第二の類型──いくども企てられてきた──は、「**教育学的知と思考の核心的要素**」を得るために、すべての現存する体系からいわば共通したものを見いだそうとする不断の試みに見られる。しかしこのような企てには、多くの危険性が隠されている。というのは、核心的要素がない場合には、各体系の内部でそれを精選し、関連したものを組み立て、接合しな

くてはならないからである。そうすることで、原理的には新しい思考の成果が得られる。その結果、新しい体系として姿を現す。その際、入門はこの新しい体系を説明し、さらにそれが体系化できた過程について言及するのである。しかし、この新しい体系はすでに現存する体系の鎖につながれているものに過ぎない[2]。

教育科学入門の第三の類型は、教育の現実から入門を企図するものである。人生には教育という現象があり、特定の社会には学校が存在する。教育問題に携わっている人は、教育とは何か、または、教育はどうあるべきか、についてあらかじめ知っている。こうした事実から、教育過程の核心的要素をなすものを、説明したり叙述することができると考える。この意味での手引きは、教育現実への入門書、つまり教育現実についての解説書になるであろう。

しかし、この種の教育現実への入門書は、極めて重大な困難に直面する。私たちは現実をいきなり説明することはできないからである。例えば、現実に存在する学校には、すでに多くの理論が含まれていて、学校は特定の教育理論またはいくつかの教育理論によって構成されている。こうした現実の学校での教師のすべての行為は、先行する理論の理解から生じるのであり、授業での教育方法の適用も過去に熟慮された理論を前提にしている。例えば、学校を社会で管理職の地位を得るための機会として考える人は、学校は知識を、それもできるかぎり今の社会に役立つ知識を伝達する場所である、と考える人とは異なった観点に立つ。教育現実から出発して理論を教育現実に導入しようと考える人は、一つまたは多くの体系の実践的側面の代弁者になる。

教育現実について表面的に取り組んだ人は、教育現実には異なったさまざまな前提が相互に厳しく衝突していることを知るようになる。新しい教育方法や新しい教材、例えば、集合論のような新しい教材の導入についての論争、学校での性教育や反権威主義教育をめぐる論争など、これらすべては単に実践から生じたものではない。こうした論争の根底には、教育についての異なったさまざまな教育構想が横たわっている。

したがって、私たちはいかなる偏見にもとらわれずに無前提に、すなわち、体系になんら制約されずに現実へ立ち入ることができる、という信念を捨て

なくてはならない。このように教育現実全体を説明することは全く不可能である。現実から出発しようとする人は、現実について説明しようとするものを、最初から指示してそれを選択することが必要である。すなわち、何が重要なのか。二義的なものとして無視できるものは何か。相互に関連しているものは何か。結びつきのゆるいものは何か。法則的なものは何か。偶然的なものは何か、についてである。

現実の中で表面的に読み取れるものを選択して配列する原則は、残念ながら現実から導き出すことはできない。原則は教育の理論を前もって理解することから生じる。例えば、民主的能力主義社会のために教育しようとする人は、能力、能力測定、評価の問題について、主として解放を目指した思想で能力を後期資本主義の遺物と考える人とは、別の立場の価値を認める。教育の理論を理解した上で初めて教育現実についての観点が生じる。こうして、いつのまにか再び新しい体系が構成される。

このように、別の選択によって別の体系を構成することができる。こうして現実について別の観点が採られる。私たちは何度もこのような入門の前提に出会う。または、入門を通じて新しい理論的基礎が創り出され、あるいは体系の根本特徴が構想される。しかし、多くの現存する入門に対する不満はそこに根ざしているので、新しい入門を敢えて企図しようとする必要性が生じる。この種の入門はいつもある体系を前提にしたり、あるいは反省もなく新しい体系となる前提を創り出そうとする。したがって、これまで構想されてきた体系のなかで、一つとして確実なものはない。

最近ドイツにおいて、教育学教科書、一般概説書、入門書、概要書について大規模な時には激しい理論上の論争が展開されている。その論争は実際に、さまざまな教育科学の体系が現実には併存していることを改めて明瞭にした[3]。こうした方法では、前提された理論的基礎の循環を断つことはできないとしても、入門には別な可能な道が残されている。それは入門が併存している理論的基礎づけの出発点を解明することである。このような入門は、教育科学「の」解釈をするのではなく、教育科学の多様な理論の出発点を解明することである。本書で論述しようとしたのはこの面である。それは既存の教育科

学の体系を紹介したり、また多くの理論の出発点に立ち戻って、新たに「教育学的知の核心的要素」を構築しようとしたり、さらに無思慮に教育現実から出発しようとするものではない。

本書が目指した関心は全く控えめである。今日、ドイツの総合大学、単科大学では、教育科学について非常に異なった見解が主張されている。こうした異なった見解は、実際には見解が個々の大学で併存して主張されているので、その原理は個々に説明され併存されなければならない。

その説明はまず、異なった見解の根拠を問うことである。この問いは、異なった科学理論の基礎づけの試みは、すべて本当に科学であるのかどうか、の問題に帰着する。今日、教育学者たちに教育科学とは何かについて合意がないと同様に、科学とは何かについても合意がない。そのために、今日、社会的行為の科学の全領域、例えば、政治学、社会学、心理学、哲学、教育科学においても、非常に異なった科学的見解が主張されている。

しかし、こうした異なった科学的見解は任意のものであってはならない。個々の科学理論の試みにはその固有の歴史があり、特定の方法で研究を進める中で、社会における科学の役割は何か、科学の役割はどうあるべきか、について明確な考えを発展させてきた。人は現実を特定の方法で認識し変化させようとする。こうした科学理論の前提に基づいて、論拠となる根本構造が創られ、そこから異なった教育科学の体系の手がかりとなる前提が与えられる。また、こうした手法には別の利益が期待される。

今日、教育科学に関するおびただしい刊行物に目を向ければ、体系的思考に重きが置かれていなことがすぐ分かる。けれども私たちは今日、教育科学を一貫する体系的な全体モデルを持っていない。なるほど、体系について構想は呈示されてはいるが、それはほとんど計画に過ぎず、ただ方法について論争が盛んに行われたり、メタ理論が企図されているに過ぎない。たびたび主張されている見解は、個々の研究者が一つの体系や、または一貫した理論を呈示することは全く不可能だということである。理論は共同研究の成果に過ぎない。したがって、今日では理論の体系化を考慮せずに、個別研究が呈示されているに過ぎない。

こうした個別研究には、理論を体系的に秩序づけることを考えずに、教育や教授学の一側面を問題にしたものや、非常に限定された問題を研究しているものが多い。例えば、プログラム学習やサイバネティックスとの関連で、繊毛虫についての研究プログラムや、圧縮冷蔵庫についての研究プログラムが作成されている。この場合、プログラム学習、サイバネティックス、教育科学と教授学との体系的関連は熟慮されてはいない。教育科学全体の中で教授学はいかなる位置を占めるかを不問に付した教授学やカリキュラム研究には、多数の個別研究の試みが見られる。

同様に、学校制度の各領域の研究、学習と才能の研究、社会化過程の部分的研究、教師の指導方法と授業形態の研究、教科教育法の研究、成人教育、教育経営学、幼児教育などの部分的問題の研究が見られる。現在おびただしい数の教育学研究の文献は、このような個別研究で構成されている。

このようにごく最近では、教育科学の多くの新しい部分領域が確立されるにつれて、部分領域にまで及んだ特別な個別研究計画が発展し、教育科学全体はますます細分化されている。今日、部分領域の問題を研究をする多くの専門家たちがいる。このことは各大学の教員募集を見れば歴然としている。

大学の教育科学講座は、サイバネティックス、教育行政学、教育経営学、教授学、社会化研究、人間学、学校教育学、学校理論、コミュニケーション論、大学教授学、性教育、余暇指導、などの専門科目で占められている。

個別研究計画の場合と同様に、研究が細分化された場においてもまた、体系的関連は問題とされておらず、全く単純に流行に従うことで満足している。

教育科学のこうした顕著な特徴は、教育科学の全体領域をますます不明瞭にした。だから特に若手研究者は教育科学全体が無秩序のように思うようになる。このことは科学が無数の個別的側面に分解してしまったことを示すものである。もはや、科学内部の関連と区分は説明できない。部分的側面を全体と矛盾せずに区分することはできない。私たちは恐らく断片的な知識で生活し、行動することで満足しなくてはならないであろう。教授学、カリキュラム改訂、社会化、あるいは幼児教育であれ、教育科学の部分的側面に限定してみても、これらの研究はこの側面の研究方法に手を加えた科学的概念を

前提にして、おおよその科学的要求に満足しているに過ぎない。

　個別研究の成果が体系に関連するものとして組み入れられていない場合でも、その研究で使用した科学的方法によって、個別研究の業績が評価される。したがって、私たちは個別研究においては、科学性についての特別な概念に注意を向けなくてはならない。

　専門化された分野の教員公募が、必ずしもその分野が体系的に整理されたものではない場合でも、私たちは特定の科学的プログラムや目的設定を読み取って満足する。このことは、研究の重点が経験的・統計的な方法であると決められている場合でも同じである。しかし、一目で非常に分かりにくいが、背後にはほんの僅かな科学の方向が隠されている。この科学の方向は現代の科学的思考の主要な潮流の特徴を示すものである。本書では、この主要な潮流を教育科学の特徴を示すモデルとして論述したい。

　このような措置に異論が唱えられていないとすれば、このことについて私たちは熟考しなくてはならない。科学内部の構成上の区分を明確にすることは、新たに独特な思考の発端を示すことになるし、個々の試みをただ区分することは、いかなる場合でも矛盾なくしてできないのである。科学内部の区分を構成することは、根本の図式を作成するに過ぎない。このような図式の中には、矛盾を認めた上で区分されている多くの個別研究がある。

　今日、多くの教育学者は基本的には分析科学理論の立場に属していることを公言しているが、彼らはその理論を固定的に取り扱うのではなく、その理論の基礎を踏まえて更に独自の細分化を企てようとしている。また、極端に細分化されている精神科学的教育学の「方向」もある。したがって、ここに呈示したモデルと根本構造は、固定的で不変的な特徴として理解すべきではない。むしろ問題なのはこうした「**傾向**」である。すなわち、問題なのは異なった特徴を持ち、異なった取り扱いをされている不定の試みと方法の形式である。区分はごく平凡な意味で方向づけられているのであり、体系的意図はないのである。すなわち、区分はその都度の傾向を完璧に説明する目的でなされているものではない。私は完璧な体系化はできないと思っている。個別研究の成果は、方法の精緻さ、思想の細部の面、微妙な差異などを考慮す

れば、それはいわゆる「**個性**」に過ぎない。

　科学についての各々の特別な理解は、区分化するための最初の手がかりを示すものである。このような理解は他の要因と関連している。科学的研究と省察はさまざまな問題から生じる。この問題は従来通りの方法では決して解明されないし、解明されたとしても不十分である。全く新しい問題が生じれば、古い方法は無視される。

　科学の「**対象**」は問題とすべての問題領域によって規定される。その際、この「対象」をどのような方法で最も確実に認識し、記述し、処理しまた変化させるかという問題が生じる。

　認識対象の**精選**と研究方法の選択（何の目的のために認識するか、の関心に結びついている）は、科学の「**前提**」には不可欠である。

　最後に、科学理論を構成する図式に組み入れられるものは、第三の要因と呼ばれている。対象の精選と研究方法の選択に結びついた科学についての各々の見解は、一定の「**歴史**」を持っている。研究者個人もまた自分が特定の「学派」もしくは「思考の伝統」に組み込まれていると思っている。したがって、その都度の問題の歴史には、少なくともそれぞれの問題の端緒が暗示されている。

　本書のような「入門」は、あたかも教育科学のメタ理論が問題であるかのような印象を与えるかもしれない。科学概念、すなわち、科学理論の「**前提**」と基礎づけを問題にする人は、メタ理論に基づいて議論を展開しがちである。この序章ではこのような問題を論じるのではない。私たちは個々の研究の傾向をよりどころにして、教育学理論に戻るべきである。非常に異なった科学的見解も現実を解明し、改革し、すなわち、現実を改善するという点で一致している。すべての教育学理論は行為の理論であり、実践のための理論であり、あるいは無意味な遊びかもしれない。このように見ると、個々の科学の見解は、第一に「**理論形成**」において、第二には「**実践**」において、記述できる「**結論**」を導くと見ている。

　しかしメタ理論の領域は、この結論を明示しないで理論と実践の方向に向う。

本書では次の三つの措置を取っている。
a) 科学的・理論的前提は、ある問題領域と関連しており、場合によっては他の手がかりに向けられて「対象」を処理する方法が選択される。この立場はかなり伝統的思考に属することは明らかである。科学として理解されるものは、こうした前提に基礎づけられている。
b) ここから、理論形成を可能にする結論が生じる。それぞれの理論の基礎は科学的理論の前提（公理）を形成する。反対に、それぞれの理論からその背後にひそんでいる科学理論の前提が推論できる。
c) それぞれの理論から実践問題を解明し解決するための結論が出される。実践からの要求と実践への有効性は、科学理論の批判と並んで理論を評価する第二の基準となる。

以上述べた推論は、単純な演繹として理解しないでほしい。重要なことは、できる限り可変的で決して一義的なものではないものを推論することである。以上の思考モデル、科学的・理論的前提、理論形成の論理一貫性、実践への結論、教育科学の広がりと豊かさのために適用される手がかりは、教育科学研究の初心者に、教育科学の個々の体系を示さなくてもあらかじめ方向づけることができると思う。いわば、初心者に大切なことは理論的手がかりを概観することである。

科学概念について

教育科学は非常に新しい学問である、ということが文献の中でたびたび指摘されている。ヘルバルトが科学としての教育科学を創始したことが度々記述されており、他の叙述ではシュライエルマッハーの名をあげたり、さらに他の叙述では、教育科学の発端をディルタイの著書『普遍妥当的教育学の可能性について』(1878) に見ている。

しかし、ヘルバルト、シュライエルマッハー、ディルタイ以前にも、教育の問題に取り組んだ何人かの代表者たちがいた。その名をあげれば、プラトン、アリストテレス、ルソー、ロック、ペスタロッチー、カントたちであった。彼らの思想は科学ではなかったのか。プラトンは教育を比喩で説明した

に過ぎなかったのか。ロックは自分の経験の雑談に過ぎなかったのか。ルソーの構想はユートピアに過ぎなかったのか。ペスタロッチーは素人の域を出ない職人気質の実践家に過ぎなかったのか。カントの著書『教育学講義』は科学ではなかったのか。

1970年代の教育学に関するある文献を読むと、「科学としての『教育学』を基礎づけようとした最初の試みは、すでに150年前にさかのぼるけれども、教育学の科学的性格については、今日に至るまで評価が定まっていない」[4]と書かれている。この叙述によれば、上記の代表者たちの著作には、科学は全く問題にされずに、予備的研究、つまり、科学への控え目な第一歩の試みが問題にされているに過ぎない。

しかし、現代でも教育科学は「**厳密な**」意味で「**完全な**」科学ではなく、今日、教育科学は科学理論の危機の状態にあると主張する意見もある。これまでに公表された教育科学は、前科学的なもので手に負えないものである。したがって、それは形而上学的措定から演繹されたものであれ、イデオロギー的なものであれ、これがすべてであった。教育科学が厳密な科学になる道は、サイバネティックスに赴いて初めて教育科学は厳密な科学になる、と主張されている[5]。

これと似たような展開は、他の学問や自然科学にも見られる。設備が完備された手術室で手術を行う今日の医師には、かってガレーンが行った手術が科学であったと想像することは困難であろう。今日、ロベルト・コッホが実験をした簡素な器具を見て、医師は失笑を禁じ得ないだろう。確かに、医師はヒポクラテスが示した医師の倫理的態度を認めるであろうが、科学的に教育された医師は、20世紀の観点からヒポクラテスを科学的な医師とは見なさないであろう。

同様に、今日私たちが行っていることが次世代の人たちの嘲笑を買うことは、大げさな空想ではないだろう。このように考えれば、本書での不十分な思慮も彼らがほくそえむ見本に過ぎないであろう。

各世代の人たちは真剣に仕事に従事し、大多数の科学者は研究に全能力を傾注している。彼らは、最新の認識を得て時代の先端に立つと、獲得した認

識の形式を最高のものと考えがちである。

　人間に認識と認識の可能性について熟慮がある限り、哲学者は常に更新される手がかりの中に問題を正確に解決しようと努力する。哲学者はその時代に全力を傾注して、世界を認識し変化させるために努力してきた。どの世代の人たちも、新しい手がかりで問題を取り上げてきた。そして、この新しい手がかりを究明し、さらに別の新しい方法を発展してきた。

　精神史の全体は、人間の思考の根本を究め、人間を解明し、世界を変革しようとする不断の探究として理解できる。デカルトは数学的洞察と同じ確実性を得るために、哲学を「より幾何学的」にしようと企図した。カントは究極のところ哲学を厳密科学にするために、別の方法を発見したと信じた。ヘーゲルは新しい端緒の究明に努力した。ディルタイ、フッサール、ハイデガーたちは、哲学がいまだに厳密科学に達していないと考えて、新しい方法を模索した。

　こうした企図がこれまで成功しなかったとすれば、その責任は言うまでもなく、思想家たちのたくましい意欲の欠如や能力不足にあるのではない。人間と人間の行為に関するすべての知識領域では、これまでいかなる場合にも、最近の3世紀間に自然科学を誕生させたのと同じ認識が、厳密な形で構築されることはなかった。それにもかかわらず、いつの時代にも社会的行為に関する科学の内部で、認識を「より幾何学的」にしようとする試みが絶えずなされてきた。こうした努力は特に現在の科学研究に特に顕著である。

　非常に多くの研究が行われているにもかかわらず、これまでこの問題が十分に解決されなかった原因の一つは、人間の自由に求めることができる。生物学者、人間学者は人間を常に「固定されない動物」と特徴づけて、人間の自由が本能に拘束されないことを、人間の特質として明らかにした。多くの人間の行動はまさに先天的に決定されたものでないし、まして人間は原因－結果という単純な因果性で解明できるものではない。つまり、人間の行動は原因によって一定の結果を引き起こすことはあるが、それは自然・必然のものではない。

　人間に関するすべての科学は、これまで変化する面を提示してきた。唯一

で全体を説明できるもの、すなわち、体系全体には、確実で単純に正しいと見なされるようなものは存在しないのである。過去数百年間、社会的行為の科学の内部では、最も異なった形式が科学と見なされてきたし、今日でもなお、極めて異なった科学観が併存している。以下、こうした科学観の主要な形式を概観して見よう。

1. 2世紀前までは自然科学者すら、例えば、「とんぼ」の目を正確に描写し、それを神の偉大な創造計画の奇跡として説明した。それは科学と見なされていた。まさにこの意味で、コメニウスにとって世界の秩序を模写することは、神の創造秩序を模写するに過ぎなかった。したがって、この秩序の習得は、学校教育の過程は神の創造秩序を追体験することであった。両者の場合、科学の判断基準は神の秩序の認識であり、この秩序の追体験であった。自然科学すらこの図式にあてはまるものであった。

2. 批判哲学の始まりと共に、思考はこうした神学的前提から分離していった。神学的思考から独立して、固有の思考、固有の経験の可能性と条件が問題とされた。人間はいかにして経験を得るのか。人間はいかにして個別的認識を獲得するのか。どのような方法によって、個別的認識から普遍的命題と法則へ進むのか。こうした問題設定と共に科学概念は変化した。科学性の判断基準を構成するものは、もはや前提されたあの神学的秩序ではなく、自己創造的秩序への思慮である。すなわち、秩序ではなく自己構築を促す体系の論理的基礎づけである。

3. 本来、科学は何をなすべきかという問いが、さらに別の科学の形式を構成する。ヘーゲルの「世界を概念化する」という言葉を用いて、科学は実在するものを説明したり、納得のゆく説明をするだけでよい、と主張する科学的見解がある。このような前提は、社会内部において科学に一定の役割を与える。科学は現実を研究して、その認識を社会に提供する。認識を変えたり、応用したり、否認するのは、社会の別の構成員である。科学は価値に無関係であるので、科学は認識と真理にのみに義務を負っているという見解をとる。この見解は科学の結果を問題にしない。この見解に立てば、物理学者は原子核の分裂もできるし、この知識を応用して原子爆弾を製造したり、原

子力発電所を設立することを社会に委ねることができる。

4.「哲学者は世界をただいろいろ『解釈』してきただけである。しかし大事なことは、世界を『改革する』ことである」。この命題は、カール・マルクスがフォイエルバッハに関する11のテーゼの中で、行為の結果を無視してきたこれまでの科学観に対決させたものである。最初から現実の改革を目指す科学は、ただ現実を説明するだけの科学とは異なった研究をしなくてはならない。改革を目指す人は、当然、予測される新しいものを構想しなくてはならない。概観はせいぜい科学の本来の仕事に対する前提に過ぎない。科学の本来の仕事は、まず概観の外側で始まるのである。

こうした大きな科学概念のモデルの間に、科学について異なった見方をし、科学を変革しようとする多くの問題と課題の領域が現れた。以下、その若干について示してみたい。

幾人かの思想家たちが言う科学の前提では、現実を客観的に認識することは不可能である。現実の認識からかち取ったものは、方法的処置と思考の努力によって変化する現実から獲得した成果である。方法を変えれば別の結果が生じる。適用される方法は結果を生む基礎となる。完全な認識はいつも全体的なものかもしれないが、私たちは一度も全体的なものを持ったことはない。したがって、私たちは決して完全な真理は獲得できないであろう。人間はその都度、部分と側面をもっともらしく説明するしかないのである。このように理解する科学は、個別的現象を全体と関連させて問題にする。

客観的な認識は可能であり、しかも科学性に対する唯一の判断基準もある、と主張する別の科学的試みもある。現在、私たちは客観的な認識を持っていないが、知識は日々増加している。私たちはその知識に反対する理論が確認されるまでは、ある認識を正しいものと見なし、それに相応しい行動をする。その際、科学は全体との関連を問わない。部分の結果に満足してそれに頼るのである。

一方で、科学は中立的でなくてはならない、と主張する人もいれば、他方で、科学は闘争的で党派的でなくてはならない、と主張する人もいる。

納得のゆく論証と修辞学は、関連を納得できるように基礎づけたり、説明

するのと同様に科学と呼ばれてきた。ある思想の構造がそれ自体に整合性があり、論理的矛盾が確かめられない場合、科学と見なされる。その際、形式論理学は真偽を判断する基準になる。

科学はどうあるべきかを他者が決定する唯一のものは、形式論理学ではなく結果と仮説について人間相互が検証する可能性である。すなわち、他者による追検証である。

これまで挙げてきたすべての科学の判断基準は、科学の前提をなしているものであり、それは個々の科学者一般が総じて研究を開始する以前に、根本原則として明言する想定でありまたは公理である。この根本前提はしばしば時代傾向を表していたり、あるいはそれは前科学的、社会的な根本態度から生じたものであったり、または、こうした根本前提を持つ科学的思考が、社会的、世界観的、宗教的、形而上学的見解の絡み合った根に結びついた徴候と見なされたものであった。科学に対するこうした動因と前提は、人間の生から生じたものであり、それはしばしば合意を示しているに過ぎない。同時に、多くの研究者は方法を工夫して、これが科学であり、科学であるべきである、という意見で一致している。

これまで論じてきたのは、科学全般についてであった。こうした一般的な科学の前提は、教育科学が科学であろうとする限りまさしく教育科学に該当する。しかしこの点についての考慮は慎重でなければならない。過去の世代の多くの人たちも、教育という現象に取り組み、その理論を構想し、教育の諸関連を説明し、この基礎に立って種々の教育制度を創設し、教育をしてきた。私たちが今日、個々別々に定義している意味で、彼らが構想した教育の「科学性」を否定するとしても、彼らの誠実さを無視してはならない。

こうした視点に立って、教育史全体を教育を各世代の人たちの人生に重要な事象として把握し、その問題の解決を絶えず試みてきたものと理解したい。二千有余年にわたる教育史が明示しているのは、この問題の解決を目指して、絶えず新たに誠実な努力を傾注してきたことである。社会状況の変化、新しい認識、新たな要求、これらのすべてに結びついた人間の不断の変化は、各世代の人たちに新たな教育学研究を絶えず要請する。

本書は、いずれの根拠のある教育学的試みもその科学性も否認しなかった。これまでいかなる場合においても、多様な教育の現象を単一の因果関係で十分に説明することはできなかった、ということが私の前提である。異なった科学的見解は、生の領域の異なった側面を示している。本書では、個々の異なった立場に対する寛容もまた前提になっている。私が批判しているのは、個々の試みをドグマ化したり、歴史を無視したり、歴史に即さないで不遜な態度で自分の研究を科学であると宣伝したり、他の研究やその試みを素人がすることだ、と考える場合である。

　私は、さまざまな試みはさまざまな側面、すなわち、多様な現象が多様な側面を生じさせると考える。したがって、問題なのは特定の科学理論の試みの正当性ではなくて、「**問題**」の正当性である。私はエルウイン・シュレーディンガーの次の見解に賛成である。

　「古い哲学や新しい哲学のいわゆる客観的・歴史的説明を概観するとき、私を不愉快にするのは次のような見解である。X派のAは一方の見解を『主張』し、Y派のBは他方の見解を『主張』する。一方の体系や他方の体系を正しいと信じたり、あるいは、一部は一方の体系を、一部は他方の体系を信じたりする。この場合、実際には同じ対象について異なった見解が問題なのに、相互の見解はほとんどいつも対置される。

　しかしこうした説明は、両方の思想家の中で一方か他方かを、あるいは、両者をも頭がおかしいと見なすか、さもなければ、両者とも判断力が欠落していると見なすことをほとんど強制しがちである。これは後世の人たちを不思議に思わせ、こうした浅はかな人たちの軽率なおしゃべりも細部にわたって傾聴に値するものだ、と見なす状態にさせる。

　実際、少なくともほとんどの場合、問題なのは極めて思考力に優れた人たちの十分に根拠のある信念である。そして次に問題なのは、いずれにせよ対象の非常に異なった側面が、熟考された意識の中で除去されて決定された判断の多様性が、対象の多様性に一致することがあり得ることである。こうした批判的説明はほとんどがそうであるように、対立を強調する代わりに、この異なった側面を全体像に組み立てようとする試みである。自明なことは、

支離滅裂で初めから虚偽の命題から生じるような妥協を許さないことである」(6)。

　すべての科学的手がかりと方法は、必ずしも教育学的帰結にはならなかったし、教育科学の思想に強大な影響を及ぼすことはなかった。今世紀の初頭に、ディルタイと彼の学派の哲学、エドムント・フッサールの現象学、生の哲学の特殊化されたものとして、ドイツではマルティン・ハイデガー、カール・ヤスパース、オットー・フリードリッヒ・ボルノウに代表される実存主義の哲学が、教育科学の思想に後まで影響を与えてきた。「精神科学的教育科学」と総称されている教育科学は、この基礎の上に多様な特徴を織り込んで生じたものである。精神科学的教育科学については、第1章で論述する。

　続いて今世紀初頭に、オーギュスト・コントの実証主義とその思考モデルが結びついて、論理実証主義の運動が生じた。その哲学的論議は、エルンスト・マッハ、モリツ・シュリック、さらにルドルフ・カルナップ、ヴィクトル・クラフト、エルンスト・ヴィトゲンシュタイン、カール・ポパー、ハンス・アルベルトに至るまでの広範に及んでいる。この哲学的論理実証主義と経験主義は、最近、教育学の理論構築に極めて強大な影響を及ぼしている。すでに20世紀の30年代に、純粋に経験的な知見を基礎にした最初の教育学理論の試みが研究されてきたが、その決定的な影響は第二次世界大戦直後であった。このような理由から、この章は教育科学の精神史的基礎づけの後の章にした。

　教育科学的思考はいつの時代においても、特別な問題を惹き起こしてきた。人間を教育するということ、専門的な教育をするために知識を教えるということは、人間はいったい何のために教育されるのか、人間にとって最も有用な知識とは何か、教育の本質とは何か、について問わざるをえない。ここに、規範、意義、目的の問題が提起される。

　世紀の転換期とナチス時代の初期に、ドイツの哲学者たちはカントに従って、倫理学の根本問題を新たに論議した。この新カント学派の人たちの中でも、特にパウル・ナトルプ、ヨナス・コーン、リカールト・ヘーニヒスヴァルトは、規範問題と目的問題を教育学的論究の中心にすえた。一般的に、新

カント学派の人たちは近代の規範的教育学の創始者とみなされている。この「学派」は国家社会主義によって甚大な損害を被ったのである。そしてその首唱者たちはドイツを離れざるを得なかった。その僅かな試みが復活したのは第二次世界大戦直後であった。

今日、規範的教育学は影が薄くなっている。その理由は、規範、目的、価値の問題に取り組むのは科学の課題ではない、と科学性を強く主張する人たちがいるからである。彼らは科学はこうした価値の成立や機能は説明できるが、科学自体は価値の判断基準は作成できないと主張する。つまり、科学は価値の問題を解決することはできないのである。しかし、規範問題について説得力は乏しいけれど、それをできるかぎり明確に説明しようとするさまざまな観点からの構想が提起されている。このような研究の試みは、多くの場合、評論家によって規範的と呼ばれている。ここでは私は「規範的教育学」という概念を保持したいと思うが、この概念を批判的な意味で理解するのではなく、規範的思考を明確に考慮した試みの表現として理解したい。

精神科学的教育科学、純粋経験的試み、規範的教育学は、最近、ますます厳しい批判にさらされるようになった。ドイツ哲学におけるヘーゲルの思想の所産の復活、この思想とドイツ精神史においては久しく無視されてきたマルクス主義の試みと、精神分析学の試みとの結合は、その一層の発展として社会批判的科学を出現させた。

ドイツでは最初は、マックス・ホルクハイマー、テオドール・R・アドルノ、最後に彼らの弟子であるユルゲン・ハーバーマスによって代表されるフランクフルト学派の社会批判的科学の試みである。それは社会を批判する決定機関として理解され、また、社会の変革に積極的に参加するこの哲学に基づいて、最近では、マルクス主義教育、または広義に捉えて解放教育、あるいは批判的教育科学と呼ばれている教育科学の試みが発展してきた。第4章でこの問題領域を取りあげ、その成立の年代順に従って論述したい。

年代順に論述するのは、例えば、改革教育学には、ジーグフリート・ベルンフェルトのように、マルクス主義の端緒が存在していたのであるが、教育科学全体にはこの端緒はほとんど考慮されていなかったからである。1960年

代の中期にはじめて、科学的論議において至る所で解放的教育学が論じられたるようになった。

　時代順に分類しにくいのは第5章である。学際領域と隣接科学に同時に関わっているのが心理学なので、終章で論述することにした。ヘルバルトは教育学を科学的に基礎づけるために、哲学から目的の設定を、心理学から方法を期待した。すなわち、ヘルバルトは教育学理論の本来の充実と実践への貫徹を期待したのである。それ以来、いつも新たな試みで、学習、精神発達、才能、知能、想像力、意志などを、主に心理学から解明しようとする研究が推進されてきた。今日では心理学と教育科学は相互に協力して、非常に広範な領域にまで研究を進めている。

　20世紀、教育科学は特に精神分析学から非常に貴重な示唆を得た。アメリカで発展した行動主義は、第二次世界大戦直後にドイツの教育科学に活用された。行動主義の基礎に立った行動理論と学習理論は、論理実証主義の科学理解と結合して、独自の教育科学の手がかりを導入した。最終章の第5章では、こうした問題について論述したい。

第1章　精神科学的教育学

第1節　問題と代表者

　精神科学的教育学の偉大な提唱者としてその名に値するものは、全集の中で教育学の思想を扱った分量はわずかであったが、やはりディルタイ（1833-1911）である。彼の学説と根本思想は、全世代の教育学者に大きな影響を及ぼした。ディルタイ学派に属する代表者たちを大まかに分類すれば、その第一世代には、フリッシュアイゼン・ケラー、ノール、リット、シュプランガー、W・フリットナー、ボルノー、ヴェーニガの名を、そして第二世代には、ランゲフェルド、デルボラフ、クラフキの名を挙げることができる。

　もっともここで分類されているのは、数名の主要な代表者に限られている。また彼らのすべてが直接ディルタイ学派に属しているわけでも、ディルタイの学説のみに依拠しているわけでもない。この分類の基準は、彼らの著作にディルタイの思想の基本的な傾向を見いだせるということに過ぎない。教育科学の著作では、たいていの場合、この端緒を解釈学的・プラグマティズム的と呼んでいる。

　精神科学的教育学の活動が優勢になったのは、ドイツで教育学が初めて独立した講座として創設された時に、ディルタイと親交のあったほとんどすべての弟子たちが、教育学の講座を担当したという特別の事情による。これ以前にも、トラップは1779年にハレで、ドイツで初めて教育学の講座を担当している。ヘルバルトもケーニヒスベルクとゲッチンゲンで教育学に多大な影響力を持ってはいたものの、彼が担当していた講座は哲学であった。プロイ

センでは啓蒙主義の時代以来、教育学を講義するのに先立って哲学を講義することが義務であった。19世紀半ば以降には、独立した専門学科としての教育学の代表者たちがいた。(例えば、初めにハイデルベルク後にイエナに移ったシュトイ、同じくイエナのライン、ライプチヒのツィラー、1872年以降ではプラハのヴィルマンの名を挙げることができる)。

　哲学部は躊躇しながらも、正規外の課程として教育学の講座を徐々に開設していった。ほとんどの場合、教育学の講座担当者は、文献学や哲学の講座を担当する義務を免除されていた。

　第一次世界大戦後間もなく、ディルタイの直弟子たちが、現在では一般化されている教育学あるいは教育学と哲学の講座を担当した。ノールは1920年にゲッチンゲンへ移り、最初の正規の講座としての教育学を担当した。リットはライプチヒで教育学の講座を担当するとともに、それまでシュプランガーが担当していた哲学と教育学の講座の後継者となった。シュプランガーはベルリンに移り、同時に「教育学・教授学中央研究所」の所長を兼務した。フリッシュアイゼンケラーは1912年ハレの教授に就任した。ヴェーニガはまず「教育アカデミー」（キール、アルトナ、フランクフルト・アム・マイン）を振り出しに、1945年以降ゲッチンゲン教育大学長を歴任し、1949年以降はノールの担当講座の後継者となった。ボルノーは1939年ギーセンの心理学教授に就任し、1946年にマインツの哲学と教育学の教授、1953年にはチュービンゲンの哲学と教育学の教授に就任した。W・フリットナーは1926年にキールの教育アカデミーの最初の教育学講座を担当し、その一年後にはキール大学の教育学と哲学の助教授に就任し、1927年から1957年までハンブルク大学で教鞭をとった。

　デルボラフは第二次世界大戦後、ボンでリットが担当していた教育学講座の後継者となった。オランダの教育学者ランゲフェルドは、多くの指導者から薫陶を受けたが、なかでもライプチヒでリットの指導を受け、アムステルダム大学の教育科学の教授となり、その後ユトレヒト大学の教育科学研究所の創設者となった。彼はアムステルダムでの4年間（1941年〜1945年）の教授活動の後、1946年に再びユトレヒトに戻った。ヴェーニガーとリットに指

導を受けたクラフキは、マールブルク大学の教育科学の教授として教鞭をとっている。

　誤解を避けるために、すでに序章で述べたあの限定について再度強調したい。これらすべての代表者たちの思想の伝統は、多かれ少なかれディルタイ学派に属しているが、それでも彼らの間にはかなりの相違がある。したがって、完結した精神科学的教育学、あるいは一つのディルタイ学派について語ることは不可能である。彼らの共通点は非常に大まかな伝統的思想の関連においてのみ存在するのであって、ともすれば同世代の共通した体験や、また時には多彩な個人的な結びつきで、ひとくくりにまとめられがちである[1]。

　ディルタイは19世紀後半の哲学の危機以降、危機を打開するための新たな糸口を模索した。彼はこの危機の原因が哲学の体系的思考にあると考えた。彼は歴史の洞察を通して、ある論証された体系が別の論証される体系に連なっていくが、それがまた新しい論証体系によって論駁されることを学んだ。その究極的な体系は、ヘーゲルの壮大な哲学体系が示している。

　歴史の中では、論駁された体系も別の体系に連なっているので、哲学者は生きながらえ、哲学者とともに問いも生きながらえる。しかしその体系には、何らかの誤謬が含まれていたはずである。ディルタイは自らの問題提起をカントに結びつけて、次のように述べている。「カント、ロック、ヒュームの創りあげた認識主観の血管には本当の血液は流れていない。流れているのは単なる思考作用としての薄まった液体に過ぎない」[2]と。

　合理的な認識のみから出発する哲学は、思考し、意欲し、感じ、行為する者としての豊かな関連のなかでの**全体的な人間**を見落としてしまう。知覚、意欲、行為は理性から供給されるのではない。したがって、哲学は**全体的な人間**と**全体的**生命が思考の出発点及び基礎として方向づけられたのである。ディルタイは書いている。「私の哲学の原理はこれまで一度も全体的人間と全体的生命を、したがって、これまで一度も全体的で豊かな経験を哲学する出発点としたことはなかったこの点にある」[3]と。

　ところが、人間と人間の生命を詳細に研究すれば、両者が歴史的に規定されていることが分かる。人間は単なる生物学的存在ではない。人間は自然の

本性を持つばかりではなく、人間に固有の生活史を持ち、その中で常に自らを変化させ変わっていくものである。同様に、人間が生きる場所である社会も歴史の産物である。「人間は自然であるとともに、人間は歴史である」。人間とは何であり、何でありうるか、同じように科学とは何か、社会とは何か、といった情報も歴史が与える。

　哲学の歴史を見れば、この千年の後半期に起こったことのすべてが、哲学として把握されてきたことが分かる。人間の歴史は人間がどれほどの高みに達しうるか、どれほどの悪行を行いうるか、を示している。人間の思考は人間が生きる世界によって規定される。繰り返しになるが、人間は不意にこの世に現れたものではない。人間は歴史によって生み出されたものである。この人間の生命の豊かさを把握し、認識し、科学的思考で表現することは、極めて困難な状況にある。ディルタイは従来の哲学が追求してきた概念や定義でもって、この問題を解決することはできないと考えた。概念と概念によって考えられものと現実との間には、解決され得ない矛盾が存在しており、そのため概念的には把握できるものと生の無尽蔵さとの間には、大いなる溝がある。

　すでにヘーゲルが述べているように、生は概念によって把握されるものではない。生はその形式の豊かさとその表現においてのみ理解される。このような理解は、私たちがニュース、舞台演劇、人間の行為などを理解するように、前科学的領域では誰でも知っているものである。ディルタイは科学的に基礎づけられた技術を発展させ、それを解釈学と名づけた。彼はその際、シュライエルマッハーの文献解釈のための文献学的研究方法を、解釈学の手法のモデルとした。

　ここで私が付言したいことは、ディルタイの解釈学が次の世代の人たちによって、しばしば一面的に単純化されて扱われてきた、ということである。こうして、解釈学は文献学的解釈と文献の意味解釈に限定されていった。この理解の方法の原形は文献の解釈にあった。しかしディルタイの解釈学は、それ以上のものを意味していた。いわば生の解釈である。ディルタイは前科学的な文芸の分野で長く知られてきた形式を、精神科学の基礎的な技法へと

高めようとした。その際、文献の分析と言語分析がその出発点であった。言語的芸術作品について、その意図を表現し、意味を理解し、その起源を説明することができるように、歴史的・精神的世界の現象、例えば、どのようにして契約が成立するのか、それはいかなる意味と効果があるのか、また学校という特定の制度がいかにして設立されたのか、その根源的な意図は何であったのか、どのようにこの制度が発展し、変化したのか、などが明らかにされる。このことによって、生徒の態度や行為が理解できるようになり、教師の行為と反応もその意味内容に基づいて吟味されることになる。

　これらすべてにおいて、解釈学が生の状況に適用されることになる。同時にディルタイは、自然科学の認識方法と精神科学の認識方法は、その対象によって異なる、という信念に基づいて、精神科学的な認識と理解のための科学的方法を追求した。

　自然科学はそれ自体変化しない「死せる」対象を扱う。だから実験が可能になる。自然科学者は繰り返してウランを入手できる。それをさまざまな一連の実験によって研究することができる。その際、自然科学者はその対象を破壊して、新たな対象を同じ方法と状況で自由に使用することもできる。

　ところが、教師は同じ方法で生徒を実験するわけにはいかない。まして実験のために対象を危険にさらし、傷つけることがあってはならない。教師の行った調査は恣意的に繰り返すことはできないし、自然科学者と同じ条件を入手することは全く不可能である。教師が同じクラスの同じ生徒たちに、前回と同じ調査をやり直したとすれば、教師の得る知見は前回とは変わり違ったものになるであろう。人間が人間を任意に実験状況にさらすことはできない。つまり人間が人間を恣意的に実験することは、許されるべきことではない。

　つまるところ、人間を対象とした調査の結果は、そのつど異なったものになる。自然科学の対象はそれ自体は変化しないので、実験で得られた認識が普遍妥当的な法則的認識にまとめられる。これに反して、歴史的に規定される人間と世界は、自らを絶え間なく変化させ、異なった経過をたどり、試行錯誤を繰り返すなかでやがて忘れられる。人間はこうした絶え間ない変化の

過程を前提としているので、精神科学には普遍妥当的な法則認識は存在しない。新しい状況ごとに新たな状況が理解されるに過ぎない。新しい状況自体が、その意味と意義を内包しているのである。

この究極の手がかりを基にして、ディルタイは既存の形而上学的な思考の残骸をさらそうと試みた。人間の生の意義、歴史的世界の意義、状況の意義、あるいは制度の意義は、前もって「あの世」で意義づけられているのではない。生の個々の現象はそれ自体意義を持つのである。ディルタイは事物の意義の内在性について語っている。人間の生は人間の生を超越して措定されるすべてのものを排除し、それ自体から理解されるべきである。

このディルタイの手がかりは、あまりにも簡潔過ぎたため、教育学の理論形成のために役立つ詳細な説得力のある結論を導くことはできなかった。個々の教育学理論はまずその思考の出発点として**教育現実**をすえることを余儀なくされた。教育現象は生自体において、社会制度において追求することが求められた。そこでは、教育現象を一つの概念にまとめるのではなく、教育現象として理解されているものを、共感しながら理解し、解釈するのである。ディルタイ自身は次のように強調している。「教育の科学は……生徒との関係における教育者についての記述に始まる」[(4)]と。この教育関係をディルタイ学派のノールが、後に自らの考察の主要な対象として「教育的関連」と名づけている。

実存哲学はドイツでは、1930年前後に、ハイデガーとヤスパースの二人の偉大な代表者が大きな影響力を持っていたが、彼らの問題提起の手がかりと出発点は、ディルタイの生の哲学と多くの共通性があった。さらに実存哲学の先駆者としてその名を連ねたのは、第一次世界大戦後に偏見のない神学者によって、その意義が認められるようになったキルケゴールである。

実存哲学の立場に立つ個々の代表的思想家を、その多様性のすべてを網羅して記述することは、本書の課題を越えるものとなる。ここでは生の哲学と共通する出発点に力点を置いて、教育科学にとって重要な特徴のみを記述することにする。

すでに見たように、ディルタイが対峙したのは、一方では哲学の「粗末な

長屋の体系的教義」と言われた体系的思考であり、他方では認識主観の構成と呼ばれた思弁哲学体系の「客観的立場」であった。この対峙はまさにキルケゴールが、新たな切り口からヘーゲルに批判を加えた際の根本思考であった。キルケゴールはヘーゲルの思考の中に、ディルタイがドイツ理想主義全体に見たもの、すなわち客観的思想家を見たのである。ディルタイはこの客観的思想家の対極に「主観的思想家」、あるいはキルケゴールが言うところの「実存する思惟者」を位置づけた。

　生の哲学と実存哲学の「実存する思惟者」の思考とは、その出発点においてほとんど同一のものであった。ディルタイにとって思考とは生の一機能を意味する。その際、生という概念は未分化の状態に止まるものである。しかし、生がその根源をなし、生から生まれ、生と生自体を説明しようとする思考は、自らを無視して、自らの実存を無視するあの認識主観とは根本的に異なる性質のものである。それはまた生を一つの概念にまとめようとする「純粋な思考」の形式に無関心な傍観者とは根本的に異なる。

　キルケゴールは次のように書き残している。「客観的思考が思惟する主体とその実存に無関心であるのに対して、主観的思想家は実存者として自らの思考に本質的に興味を持つ。つまり主観的思想家はまさにそこに実存しているのである」[5]。ディルタイの生の概念とキルケゴールの実存する思惟者の構想は、ドイツ理想主義の客観的・抽象的な思考に対する闘争概念であった。同時に、客観的思考では考えることができなかったすべての主観の領域を明らかにした。またそれによって思考の究極的根拠としての人間が、現存在が引き起こす矛盾を解決できないことを、そして究極的目的についていかなる客観的思考も、最初から失敗しなければならない運命にあるパラドクスが、それぞれ明らかにされた。

　このことをディルタイは合理的には解決できない究極的な非合理性の核心と呼んだ。「生自体がそうであるように、非合理的なものはすべての理解の範囲において非合理的なものである。またそれは形式的な表現では表すことができないものである。そして追体験によってのみ得られる主観的な確実さは、理解の過程を明らかにしようとする認識的思考によって推論できるもの

ではない。これが理解の論理的な扱いをその本質において限界づけている境界線である」[(6)]。

　私たちはこれまで、生の哲学が人間についていかなる問をしたか、それとともに哲学の分野に属する人間学にいかなる新しい内容を導入したか、について見てきた。この問題に対して、実存哲学はディルタイよってあいまいに使用されていた生の概念を、より正確に把握することを目指したのである。その出発点はディルタイの基本構想と同じであった。ディルタイの場合、理解は体験、体験による表現、他者による表現の理解、という循環する中で生じる。

　換言すれば、人間は体験を永続的にすることはできない。よく言われるように、人間の生は長い道のりを穏やかに流れて行き、本質的なものは何も体験せずに、記憶の中からまる一日、あるいはまる一週間が抜け落ちても、なんら影響を受けることなく過ごす。そして再び人間は自分にショックを与え、自分の進む道から自分を放り出し、自分の人生を変え、自分自身をも根本的に変革するような出来事に出会う。

　実存哲学は人間を現存在と実存の二つに区分した。現存在とはこの存在によってすべてが常に可能となる唯一の人間存在を意味する。換言すれば、すべての人間のなしうることであるが、それは毎日、毎時間経験するようなものではなく、むしろ非日常的な状況、すなわち今までの自分を越えて成長するか、あるいは悲痛な気持ちで断念せざるをえない限界状況、危機、危険な瞬間において経験するものである。もしかすると、人間はこのような限界状況を一度も経験しないかもしれない。

　この点について、教育学的にはディルタイの歴史的考察方法は、一つの変形として考えられる。人間とは何かは歴史が語る、とディルタイは述べている。実存哲学はそれを次のように補足する。人間とは何かを、人間は限界状況において経験すると。

　ヤスパースによってこのように用いられ、人間の現存在にとって決定的なこの限界状況の概念は、科学理論の前提でもある。現存在には始めと終わりがあり、現存在は限定された可能性のみを実現できる限界を心得ている、と

いう事実は目新しいものではない。当然のことながら、実存哲学が登場するずっと以前から、人間は苦悩、罪、悲劇的な巻き添え、危機、死といった現象を知っていた。ただしそれは宗教的なものか、運命的な偶然として、あるいは既存の秩序からの逸脱に過ぎないと見なされていた。もしかするとこのような思考法は、常に繰り返される人間の考えの一般的な性格かもしれない。

最近の文献では、この世のすべての苦悩は、社会制度によって引き起こされたものであり、それは基本的には除去できるという信念が、算数の九九の知識のように広汎に浸透している。それに対して、実存哲学はこの限界状況を克服することは不可能であり、それはまさに人間実存にとって必然的なものであると見なす。このような限界状況がなければ、人間は単なる現存在から抜け出すことは不可能である。

この限界状況は、知識、認識、経験などの関連においても、既存のすべてのもの、すなわち既知の知識、既知の体験、難解な価値体系、これまで使用されてきた知識、などのすべてを疑問視する「過酷な限界」を意味する。まさにすべてが疑問視され、妥協を許さない矛盾へと駆り立てられる中で、人間は経験を生かすことも、予備知識も、指針となる価値体系も全く無い状況に投げ返されて、独自の決断を迫られる。こうした状況は、人間を窮地と不安へ押し戻す。実存哲学は心理分析と並んで、もちろん異なった方向からではあるが、不安という現象を最も強調する。

実存哲学の豊かな業績の特徴を、全体的に方向づける説明としては十分とは言えないが、この実存哲学の手がかりを教育科学に最も豊かに展開したのはボルノーである[7]。ボルノーは実存哲学の土壌から生じた二つの異形を基礎にして、教育人間学を補完した。彼は人間学の問題提起において、まさにディルタイ学派の伝統を非常に正確に受け継いでいる。

この二つの異形について、次の事情を述べておこう。ボルノーは人間学の研究においては、いわゆる「人間像の人間学」の支持者ではなかった。彼が明言しているように、ボルノーは完成された人間像を提示することはそもそも可能かどうか、について明らかに疑問視していた[8]。実存哲学に関連した教育学理論を展開した他の代表者には、バラウフとシャーラーがいる[9]。

第2節　精神科学の科学的概念

　生の哲学と実存哲学は、具体的な人間、全体的な人間、意欲し、感じ、表現する人間、実存する思惟者、そしてこれに関連した全ての生命関連に関わる。その際、個人の生と社会の生は歴史的に規定されたものとして認識される。ここから科学にとって特有な問題が生じる。それは絶え間なく変化するものをいかに把握するか、自ら変化するものをいかに認識するか、また大きな全体関連からのみ理解できるものをいかに十分に認識するか、の問題である。歴史的存在としての人間を、また変化を創った人間を、まさに活動する人間を把握する場合、問題となるのは行為する人間の科学が、いかにして可能になるかである。この科学は歴史的、人間学的な視点を備えていなければならない。この両者はディルタイによって密接に関連づけられていた。

　人間の行為が人間の生きる時代の全体的な関連から認識でき、理解できるならば、また人間によって創り出される社会的制度、芸術、文学のすべてがそうであるならば、その基本的な課題は、歴史と歴史的関連を理解することである。ディルタイは偉大なカントの三批判に、もう一つの批判「歴史的理性批判」を追加すべきであると考えていた。ディルタイが「プロイセン科学アカデミー」の仕事に着手する際に執筆した、1878年の論述を想起すれば、この歴史的理性批判の対象が明らかになる。

　「私は歴史から生み出されたのである。私がここで研究を始めたとき、私は歴史学派の研究者たちに取り囲まれていた。なかでもベック、ランケ、リッター、トレデレンブルク、たちにさまざまな意味で啓発された。私の最初の主な研究は、シュライエルマッハーの多くの論文から彼の理論の発展史を解明することであった。著名な人物は歴史の母体であるばかりでなく、ある意味において歴史上最も偉大な存在である。

　確かに人間は自然の現象に過ぎず、それは不可解なものであるが、私たち人間は内側から見られた、否、見られたのではなく、体験された現実のみを余すところなく経験する。そこで私は、散乱している文化的な要素全体が、偉大な人物の精神の工房で、人間の生命に逆に作用を及ぼす一つの全体に、

どのように形成されていったのかを研究しようと思う。そうすれば、私は人間、社会、歴史に関する個別科学の基礎づけをすることができるであろう。私は個別科学を形而上学に依存することなく、経験の中でその基礎と関連を探求したい」[10]。

同時にディルタイは、歴史の理解方法についても言及している。それは伝記である。個人の伝記、すなわち個人の発達史には個人的なもの、特殊なものが結晶のように映し出されている。個人は時代という衣服をまとって現れるのである。ディルタイはかの壮大な論文の中で、そのモデルとしてシュライエルマッハーの生涯と彼の著作を歴史から解き起こしている。また彼は多くの小論で、19世紀の偉大な人物の肖像と伝記を書いている[11]。

個人と歴史、伝記と世界史の結びつきについて、私が理解できる簡潔にして要を得た説明をマルーがしている。「偉大なディルタイ自身について調べてみると、多くの真実と並んで彼が出発点とした個々の歴史を中心に、彼の個人的な過去、あるいは彼の個人的な過去を元にして書かれた伝記、自伝には、彼の自己認識に固執した大げさな表現がいくつか見られる。私の旺盛な知識欲と探求心は、個人史から始まり最終的には次第に人類全体へ達するまで広がっていった。このことは、アロンが的確な洞察力と見事な方式で定式化した次の三重の格言にまとめられる。『個人はある時期に冒険に、集団はその過去に、人類はその発展に思いをめぐらせる』。それゆえ自伝が、個別史が、そして普遍史がそれぞれ生まれる」[12]と。

この意味において、人間はまず歴史を体験しその後に歴史を理解する。人間の使命は歴史との結びつきを通して生じるのである。人間は固定されたものではなく歴史の中での行為によって自らを形成するのである。人間学——それは人間精神の経験科学になる。それは自然科学と原理的に異なる。ディルタイはこの原理を堅持し、また彼の弟子たちのほとんどがそうしたのである。

自然科学は人間の世界と異なって変化のない分野を探求する。自然科学の認識は**妥当する**法則である。人間は行為の世界、すなわち歴史、社会をただ理解することができる。こうした状況について、ディルタイは数多くの著作

の中で述べている。自然科学についてである。ルネッサンス以降、確実な認識を得る方法は、観察と実験というただ一つの方法のみであった。ガリレオ以来、自然科学は数学の助けを借りて、別の認識を用いて自然の認識を獲得し、その結果を技術の形で社会に還元するようになった。

しかし大変厄介なことが精神科学者を取り囲んだのである。「数学は科学の領域でのみ適用できる。実験は狭い範囲に限定される。個人的な体験は最終的には個人にとっての基礎である。それによって個人は社会と歴史の生きた力を理解することができる。おそらくすべての経験の最も深い部分も同じであろう。しかし人間社会に関する科学は、普遍妥当性にまで高められるであろうか。自然科学では自明な普遍妥当的な原因の認識と、その原因から普遍妥当的な現象を説明できるであろうか。いまだにそのような科学は存在しないし、それが可能か否かについて論争が続いている」[13]。

この引用には、人間に関する経験科学の研究方法のあり方が示されている。その方法には、人間が熟慮すべき固有な体験と体験の表現と理解が措定されている。その場合、螺旋的な飛躍、つまり円環運動において個人的なものを凌駕する認識の形式へ向かっていく。体験、表現、理解という三つの概念が、ディルタイによって発展された精神科学的方法の基礎を形成している。

理解は「呼び起こされたり」、発展されるものではない。人間は共生するためには、理解に精通していなければならない。理解は最も単純なもの、基本的なものとして、人間に備わっている。人間が共生し共同しようと思うならば、人間は相互に理解しなければならない。交通ルールを順守するためには、交通信号を理解しなければならない。技術の支配者になろうとすれば、機械の操作方法を理解しなければならない。いずれにせよ、人間が相互に出会うところでは、人間は相互に理解しなければならない。この人間相互の理解の基本的形式を、ディルタイは人間の「根本関係」[14]と名づけた。

この基本的な理解から科学的な方法が発展する。ディルタイはまず、簡単な観察によっていつも確認できる状態について指摘している。私たちが見るもの、体験し理解するもののすべてにおいて、すなわち、私たちがこの世界において、行動し、見て体験するもののすべての中で、私たちは自分を理解

するだけでなく、同時に自分とは違ったものを理解する。この体験には普遍的なものの一部が含まれている。あらゆる体験に含まれるこの普遍的なものを、ディルタイは客観的精神と名づけた。

すべての体験の基礎にあるのは、個人的なものであると同時に普遍的なものであり、それは主観的精神であると同時に客観的精神である。この二つの要素は密接な関係にあるので、それはすべての体験と体験の理解の中に含まれている。一方では個人的な体験から生じるものが、他方ではそれに含まれている普遍的なもの、客観的なものが見えてくる。

この関連から教育学的意義が明らかになる。その説明のために次のディルタイの言葉を引用したい。「精神が自らを客観化するすべてのものには、自分と他者に共通するものを含んでいる。私たちは樹木と共に植えられた植物や、各部屋に座る場所が定められていることは、子どもの時から理解している。人間の目標設定、秩序、価値づけが、それぞれの植物や部屋の中にあるそれぞれの物に共通なものとして、その位置を示しているからである。

子どもは家族の成員と分かち合う秩序と慣習の中で成長する。このことと関連して、子どもは母親の指図を受ける。子どもは言葉を覚える前に共通の媒体の中に浸される。子どもの身ぶり、表情、動き、叫び声、そして語彙や文章を理解できるのは、それが子どもが意味し表現するものは同じであり、あるいは同じ関係をもつものとして、子どもの前に現れるからである。このようにして、個人は客観的精神の世界へ自分を方向づけていく。

このことから、理解することの過程に関して重要な結論が導き出される。個別的に把握される生の現象は、個別的なものであるばかりではなく、共通性のある知識であり、共通性の中にある内面的なものとの関係についての知識である。人間はこうした知識で満たされる。」[15]。

生の個々の表現は一回的で個別的なものであり、同時に一般的なもの客観的なものである。私たちが使用する言語は個人的な情報を含むが、同時に**言語**の定理も含む。すなわち、言語は文法と構文論の一般的な規則に従うのである。

このように、生の個々の表現は体験と経験のすべてに含まれる客観的なも

のによって表現されるが、このことは前科学的な理解として解釈の技術、すなわち解釈学に関連していることは明らかである。

　批判者たちは解釈学はまさにその出発点において、主観的なものにならざるを得ないと異議を唱えているが、解釈学は自然科学のように普遍妥当性の立場には到達できない。この点に関して、ディルタイ以来、精神科学の科学性をめぐって繰り返し論争が交わされている。

　この論争の固有の**論点**は明白であり、そこには疑わしい二つの概念が対置されている。主観性と普遍妥当性である。精神科学的理解は主観的なものに過ぎないのか。いつの日か普遍妥当的なものになりうるのだろうか。ディルタイはこの問題を未解決のままにした。ディルタイは精神科学的理解の出発点が主観的であること、長い目で見ると認識が認識の生の範囲と認識の範囲に属していることを、決して否定はしていない。ディルタイの著作を見ると、彼がこの葛藤について語っている多くの箇所を見出すことができる。

　その例の一つをあげて見よう。ディルタイは70歳の誕生日に、理解を有限で制約されたものと見る歴史的理解の相対性と、普遍妥当的な認識への思考の要求との間の葛藤を鮮明に協調している。「私は普遍的な歴史を考察する意味で、文学と哲学の運動の歴史を記述しようと努めてきた。私は歴史的認識の本質と条件を探求した。私はこの課題を通して、最終的には最も普遍的なものへと駆り立てられた。歴史的認識をその究極の結果において追求すると、一見和解し難い対立が生ずる。すべての歴史的現象——それが宗教であれ、理念であれ、哲学体系であれ——の有限性、すなわち事物の関連についての人間の一切の把握の相対性が、歴史的世界の最後の言葉である。すべては過程のうちに流動して止まるものは何もない。

　しかもこれに対して、普遍妥当的な認識に対する思惟の要求と哲学の努力とが現れてくる。歴史的世界は人間精神の最後の鎖——自然科学も哲学もまだ断ち切っていない——からの解放者である。ここに入り込む恐れのある諸々の確信の無政府状態を克服する方法はどこにあるのか。これに関する長き一連の諸問題を解決するために、私は私の生涯をかけて働いた。私の目はその目標に注がれている。私が道半ばにして倒れたとしても、私の若い同志

である弟子たちが、目標に到達することを望む」[16]。

　ディルタイが問題を未解決のままにしていると言う時、それは次のことを意味している。ディルタイは歴史的認識の相対主義の向こう側に、普遍妥当的な真理に到達することが可能である、と考えていた。彼は精神的世界の**構造**を一様なものと把握し、精神的生命は前もって措定された**目的論**に向かうと考えたからである。このような前提のもとでは、精神的世界の構造は普遍妥当性を現わし、それが歴史的な理解に明確に示される。

　しかし、すでに最初のディルタイの弟子たちが指摘しているように、ディルタイ自身が古い立場に戻り、彼れ固有の端緒を後退させたのである。すなわち、反歴史的な自然の体系を構成する要素である目的論を前提にしたのである。

　ディルタイの弟子たちは、批判者の影響と思索を深める中で、主観性か普遍妥当性か、という二者択一を誤って設定した。抽象的に把握された二者択一は、ほとんどの認識領域に応用することは不可能である。

　普遍妥当性は認識する人間のいかなる特殊性には無関係であり、それはすべてのものに関わりがなく、すべての時代に妥当する認識である。その最も純粋な形式が数学の公式である。それは普遍妥当性の要求に煩わされることが最も少ない認識である。

　このことは次の例で明らかにできる。社会心理学者は学校集団の出来事を、多くの経験的手法を用いて研究する。ソシオグラムを作り、テスト、アンケート、観察によって下位グループを突き止め、好意と反感の状況を明らかにして、学習障害の原因を発見し、誰がグループのメンバーであり、誰がアウトサイダーなのかを証明する。しかし活用できるすべての経験的手法を駆使して突き止められた結果のすべてが、普遍的であると主張することはできない。その結果はこのグループの中で、グループを成り立たせている特殊な社会的・文化的条件の下でのみ妥当するのである。なるほど、私たちはここで実施されたことのすべてを理解することはできるし、このグループの内部で進行している過程を理解することもできる。また私たちは社会心理学者が実施した調査と、その際の動機や結果を理解することもできる。

その結果は追証ができ、正確に限定された範囲に関連して確かめられたものであるので、それは正しくて真実であると見なすことができよう。私たちはこのような観察によって、知ることができるものと知ることができないものを、自ら経験することができる。それでもなお、すべての結果が普遍妥当性を持つとは言えない。

ディルタイの義理の息子に当たるミッシュは、非常に早い時期から普遍妥当性と客観性を区別すべきだと主張していた[17]。古典哲学では特に**真理**が上位概念としてすえられていたため、この区別は容易になされていた。しかしこのことが正しければ、普遍妥当性は真理に属するが、真理は普遍妥当性からは生じないことになる。ほとんど確実に真であり、正しく疑念の余地のないものとして通用するものであっても、とても普遍妥当的とは言えないような認識が非常に多くある。このことは、人間に関する科学の領域では一般に起こりうることである。そういうものを、普遍妥当的とは言えないとしても、広範囲に客観的に表現することはできる。

歴史家は入手可能なあらゆる資料を参照して、ドイツ連邦共和国の建国を客観的に記述することができる。また活用できる資料を総動員して、総合制学校創設のための努力を記述することもできよう。これらすべては客観的認識に基づいたものではあろうが、その真理は普遍妥当的なものではない。その真理は問題にしている対象の表現の適切性に関わるものである。

ボルノーはこの問題点を詳細に検討して、認識の主観的入り口から客観的進歩へ移行する要因を明確に指摘している[18]。彼はそれを**抵抗体験**と名づけた。そのことを日常体験に関連して理解してみよう。ある日ある人が、ある本について書評あるいは問題点を書くとしよう。彼はその本を読み資料を収集した後に書き始める。そして若干の事実が自分の考えと異なるのに気づく。それは同時に彼に抵抗するものである。この抵抗は彼に自分の認識を改めさせ、事実をよりよく把握することを余儀なくさせる。その際、最初の素朴で主観的な手がかりは捨てられる。

こうした現象は私たちには周知のものである。科学的な体系や方法に関する解釈は、日常的な用語では次のように指摘される。その要因は認識される

こwith、目に留まることも、考慮されることもなく放置され、解釈されることもない。

ここで証明されたのは、現実は抵抗に満ちているということである。この機能について、ボルノーは認識の客観性は「従来は普遍妥当性の要求を満たしてきたかもしれないが、現在では単なる主観的な恣意性を確実にするものに過ぎない」と述べている[19]。

私の意見は、経験的方法とは別の方法から同じ現象に達するものに、別の名称がつけられたに過ぎない。それはポパーの分析哲学では誤りの訂正である。措定された前提の反証である。個々の命題は経験によって反証されなければならない。経験が前提と一致しないと分かれば、自ずと抵抗が生ずる。反証が可能な事実だけが従来の説明を覆し、新しい説明への挑戦を促すほど抵抗的である。常に新しい手がかりへと駆り立てる実際の抵抗性は、ここで本来のもっとも明確な形で現れる。

精神科学が妥当性の範囲において、客観的な経験が反証できる地点に到達したとしても、第二の問題が残されている。私はこの問題は根本的なものであり、非常に広範囲なものであると考えるが、不思議なことに、人間に関する科学ではそれについてほとんど考慮されていなかった。

一人の人間や一人の研究者が、経験、体験、認識、自己観察などで到達できるものは、不完全であり、偶然であり、各人の人生行路の特定の様態によって彩られたものである。すべてを経験できる人間などはいないのである。各人の偶発的な固有の経験を通して、未知の経験や体験を予想せざるをえない。

各人の固有の経験領域を越える時に、私は次のことが重要だと考える。経験と経験についての知識は同じではない、ということである。このことは学校での日々の実践から明らかにできる。ある教師が私に次のように語ってくれた。生徒たちは集合論の学習が十分にできているので、なんら問題なく束の学習ができるようになり、今では数の体系を理解できるようになったと。私はこうしたことを知識として理解できても、経験することはできないと思う。具体的にいえば、私は教師Xが……という経験をしたことを**知っている**。しかもその経験自体はかなりの広範囲にわたるもので、生の領域全体と結び

ついているが、その経験は知識のみで生じるものではない。ある研究者は他の研究者が獲得した方法についての知識を持つことができる。しかしながら、この知識はある研究者がその方法を用いる時の経験とは同じではない。

　この洞察は根本的なものとして認められるが、こうした間接的な経験に依拠するのは問題である。別の視点から問題が生じる。間接的な経験を知識として理解でき、同化できる前提（実際、私たちはいつもこのように操作しているが）でさえ、原則として不完全なものや偶然的なものが含まれている。社会学者が繰り返し指摘しているように、知識の急速な拡大につれて、私たちはもはやすべての知識、すべての間接的な経験を受け入れることはできない。

　実証的に性格づけられた科学は、偶然性の中から自然な経験を得るために、体系的な問題を立て、理論的に観察し、実験する際に、まさにこのような手順を採る。どのような試みにおいても、実証科学は実際の経験に結びついており、この実際の経験が理論や仮説に問題を提起するのである。

　この点に科学的方法の決定が要求される。問題となるのは、実際の経験をはっきりと認めるか、限定された範囲で理解されたものを認めるか、それとも厳密な意味で普遍妥当性を認めないか、あるいは普遍妥当性の理念の構築を認めるか否か、である。このことは人間の生が最も広範囲に包括することを、断念せざるをえなくなる。しかし限定された意味での科学の立場からすれば、それが影響を及ぼすことはない。

　次のことは思い違いをしてはならない。母への信頼、父の教え、異性との出会い、理解し合った人との共同生活、そして、孤独、寂しさ、身近な人の死のむなしさ、幸運と不幸、仕事の成功と失敗、友情と愛情、ユーモアと快活さ、限りない多くの経験。これらはすべての個人にとって重要で意義のある経験である。しかしこれらは操作されることもなければ調査されることもなく、一般に妥当性でもって表現されることもない。私たちはすべての経験の検証可能性（経験の意味基準）、操作可能性、そして普遍妥当性を科学の唯一の基準として賞賛してきたが、先に挙げた領域すべてを把握できるわけではない。まだ残されているのは、人間には関係のない現象に関する科学であろうか。それはまさしく非人道的な科学ではないだろうか。

ザイフェルトは精神科学の方法が人気を失った理由を、他の科学の手がかりに従うことができないばかりか、従うことを拒絶する新ドグマ主義にある、と考えている。したがって、今日私たちが歴史科学あるいは社会学的方法の「危機」について語らなければならない「真の理由」は、適切な解釈学の認識を目指す企図が、ドイツの歴史的統一を「客観的な」幻想であったと証明されたからではないことは明白である。熟慮の結果明らかになったことは、私たちが時代精神と呼ぶものが、全く私たちの固有な精神ではないということである。

　そうでなくて、危機の根本は別のところにある。それを固有の精神にできないのではなく、もはやその**意欲がない**のである。歴史主義が最終的な成熟段階、すなわち鋭敏な可能性の段階に入ると、多数の研究者たちが解釈学的な可能性の興味を失ってしまった。このことは、「他者」を「他者」として受け入れずに、もっぱら自らの規範に従う「一面的な」新ドグマ主義を利することになった[20]。

　さらに精神科学の科学的理解は、多くの非難と対決せざるをえなかった。ごく一般的に言えば、解釈学にはその事案からして保守的な契機がつきまとう。非難されたのは、解釈学が保守的な科学に基礎づけられたこの非合理主義によって、国家社会主義的またはファシズム的傾向に手をかしたことである。精神科学の代表者たちは、少なくともこの大惨事を未然に防ぐことができなかった。せいぜいできたことは、それを事後に解釈することぐらいであった[21]。

　このことと関連して、次の非難が繰り返されている。解釈学的教育学はその歴史的思考の範囲を、偉大な教育学者の文献を読んだり解釈することに限定していると。ここで保守的な特徴と言われるものは、そもそも解釈学にのみあてはまるものではない。解釈学はそれは何か、いかなる性質のものか、いかなる関連があるのか、を認識しようとする科学の一つであり、その視点は**存在するもの**に向けられる。同様に、実証的、哲学的、分析的手順も、存在するもの、現存するもの、所与のもの、そして実証的なものに手がかりを求める。この区分は手順（方法）に基づいているのではなく、認識の目的（意

図）に基づいてなされる。科学にとって問題となるのは、それが新しいものをもたらしてくれるか否かである。いかなる新しいものも、既存のものを凌駕する。こうした場合、科学は計画、ユートピア、企画あるいは希望を擁護しなければならない。いずれにしても、科学は事実を越えてしまう。科学は企画し、構想を立て、命題を設定する、あるいはは夢想するものにさえなってしまう。

けれども、精神科学に対するこのような非難——保守的な特徴を持つ——の内容は、二つの理由から解釈学には当たらない。その一つは、すでにニーチェが指摘しているように、非難の背後には、歴史が人間の行為を麻痺させる[22]、という暗黙の主張が隠されているからである。私たちは歴史は決してそのようなことはしない、ということを知っている。歴史から離れようとするのは行為者の意志に過ぎない。すべての人間、国民もそのことに成功した例はない。心理学者によれば、連続性を中断した個人はノイローゼに陥る。中断が集団によってなされた場合、どのように表現したらいいか分からないが、それを犯した集団がどれほど「信頼不能」に苦しむかは、ミッチェルリヒの指摘以来、周知している。

解釈学は新しいものに実際どのような態度をとるのであろうか。もし解釈学が文献の解釈に限定されずに、生の解釈学であろうとすれば、解釈学は新しいものに毎日出会うことになる。状況が常に変わり、新しい経験が重ねられ、新しい知識が示される。一般にこの新しいものは、まず煩わしいものと感じられる。これはまさに私が先にボルノーとの関連で述べた、あの抵抗に該当するものである。

私たちは既知の経験の限界に直面して、これまでの人生で疑いもしなかったことが、もはや機能しなくなった時に、初めて私たちの思考は活動的になる。それは常に自明の事柄を突き崩すことから始まる。このことはアメリカのプラグマティズムの哲学において詳細に論じられている[23]。

私たちは熟知した経験の基礎に立って習慣的に行為している。新しいデーターが出されると私たちの信念は動揺する。「思考の出発点は不安であり、驚きであり、疑いである。それは自然の衝動の爆発によって引き起こされる

行為ではなく、『普遍的法則』によって生じるのでもない。思考が呼び覚まされるためには、非常にはっきりとした契機があるに違いない」とデューイは述べている[24]。

　私たちがこのような不安な状況に立たされる時、次のように考えるであろう。ある朝、運転手が車のイグニッション・キーを回してもエンジンがかからない。このような場合、初めて真の生産的思考が生じる。運転手は車の知識があるので、技術者に車の修理を頼まずに、自分でその原因を突き止めようとする。彼は熟考して試験的に仮説を立て、このケースの特徴を明らかにして問題を解決しようとする。彼は問題を解釈する一方で、自分の問題解決の計画が正しいか否かを検証しなければならない。デューイはこのような思考法をプラグマティズム的と名づけた。

　この思考法は実際的な結果を目指すための構想を順序立てるものである。しかしそれは常に解釈でもある。やみくもに突進したり、無思慮に行動したり、軽率であれば、私たちは見境がつかなくなる。また前もって仮説を立てずに、自分の考える物事の正しい関係を思考において証明ししてない場合も同じである。私たちは自分の構想、計画、仮説の結果を究明するが、解釈学もまた「まだ実現されていない」領域にある。人間はこれまでの**生の歴史**を解釈するだけでなく、将来についても、前もって構想し、計画や仮説を立てて解釈し先取りする。これまで解釈学は人間の行為の欠陥面にのみ限定されていたので、あまり注目されることはなかった。

　ボルノーは最近の研究で、人間学の将来について、初めてこの視点に取組んで成功を収めたのである。彼は1968年の論文で、それは確かに解釈学の新しい創造ではないが、「新しい経験を採り入れ、それを習得して、認識を生産的に増大させた」のである。「このように解釈学が新たに入手できるようになった教育的経験を採り入れた点に意義がある」と述べている[25]。またボルノーは、最近、前述した抵抗のもつ生産的な意義を再び取りあげた。それは抵抗、錯乱、摩擦などが新しいものを生みだす、ということを熟考するためである[26]。

　ボルノーはこの考えを会話で明らかにした。彼の考えは、モノローグによっ

てしだいに直線的に発展し、完成され、その基礎が築かれて、実際に継承されるに至った。新しい考えが生み出されるのは、実際の会話での反論や異論に出会い、それと向き合って、行きつ戻りつつ、あるいは脇にそれたりしながら、誰もが予想しなかった方向に会話が進んだときであった。私たちはそれを現実に適用する前に解釈する。つまり解釈学的にその考えの結論を証明しなければならない。そうすることで、解釈学は過去を明らかにでき、同時に未来に開かれていることが分かる。

　さらに、精神科学とその非合理的な傾向がファシズムを招来したのか否か、またなぜファシズムを防ぐことができなかったのか、という批判についても検討する必要がある。この主張には事実的な側面と理論的側面が含まれる。

　事実的な側面については、ここでは詳細に検討することはできない。歴史的に十分に検討された研究はまだないからである。従来の研究はほとんどが一般的な傾向についてであり、ありにも総括的なものなので受け入れ難い[27]。

　理論的側面は、解釈学者や歴史学者の意図に関わるものである。それは体系的思惟者の意図とは異なる。体系的思惟者の意図は物事の関連を記述することであり、彼らにとっては体系を正しく構築することが重視される。そのため彼らは引用や対立命題には一瞥をも加えない。このことは歴史的思考が荒廃している今日、いたるところで容易に散見できる。過去の偉大な体系的思惟者たち（例えばカント、ヘーゲル、フンボルト）を考察する場合、彼らに現代の概念を暗黙のうちに押しつけたり、現代の到達した知的な立場から彼らを判断しようすることが生じる。そのため現代の多くの論文では、こうした人物がいとも簡単にくだらぬ者として片づけられてしまう。第二学期目の学生が、カントの畢生の業績を容易に論破できる、と考えるのはこの例である。このような考えでは、そもそもカントに取り組む意義が全く失われてしまう。

　ザイフェルトは体系的な意図と歴史的な意図の相違について、次のように書いている。歴史科学は、人物研究に携わる歴史学者たちがたとえ**望んだとしても**、自分たちでは創造できない人間の業績が存在する、ということから

出発する。これに対して、体系的な思考は基本的に**すべてのこと**を成し遂げることが可能だと主張する。彼らは歴史的な偉大な業績と、現在行われている事柄との間には、せいぜい程度の差しか存在しないと考える[(28)]。

さらに次の意見をつけ加える必要がある。歴史的解釈学は常に多面的な視点を表現させることである。それは異なるものを異なるものとして存在させようとする。歴史的証言と歴史的真実は常に相互関係がある。このことは特定の範囲において妥当するものであり、いかなる普遍妥当性もない単に客観的なものに過ぎない。体系的な表現は規範的な事態をねらう。体系を志向する科学者は、自分の知識を直接生活に影響を及ぼすために用いる。医学者は治療するために、経済学者は経営計画を立てるために、教育学者は教育を行うために。しかしすべてが成功するかどうかは、何が人間を病気にするのか、健康のためには人間はどのように生活すべきか、健全な経済はどのように機能**しなければならないか**、子どもは何を学び、どのように行動**すべきか**、を知らなければならない。

このような体系的な思考では、別の考え、別の観念、別の体系は留意されないし、真面目に受け入れられない。今日、プログラム学習やオペラント操作に関する文献を読むと、これ以外の学習理論は存在しないかのように思われる。サイバネティックスと教育科学の説明では、教授学において一般的に熟知されているそれとは異なるアプローチは、主張したいことを無理に見つけ出さなければならなかったのではないか、と疑われるほど古びたものに思われる。

これに対して、歴史的・解釈学的な著作では、多面的な視点が表されているので、異なる視点は容認され、ドグマ主義は打破される。そでは抵抗が知識に吸収され、まじめに採り上げられる。このように、根本的に新しい可能性に対して開かれた態度が示される。このような自らを問いに付す雰囲気の中で、抵抗的なもの通して新しいものが、単に錯乱するものとしてではなく、まったく異なるものとして初めて受け入れられる。これは抵抗的なものを受け入れることによって、多面的な視点を持とうとする開放的な思考である。これは前提された原則に従うものではない。歴史の中には異なったものが存

在している、という知識がなければ、私たちの知識は一面的で、制約された、視野の狭い、抽象的で、しかも図式的なものになる。

　だがここで付言しなくてはならないことは、解釈学的・歴史的教育学は、この可能性を常に汲み尽くすことが全くできていなかった、ということである。解釈学的・歴史的教育学は、しばしば自らの領域を歴史的文献の解釈に限定していたし、最悪の場合には多量の引用によって歴史から何かを推論できると考えていた。解釈学的・歴史的教育学が科学的理論の基礎付けをすることができるような高みに到達することは、ほとんどできなかった。

　解釈学と並んで、精神科学的方法と科学理解の領域に属するのが、現象学と弁証法である。ドイツではフッサール (1859–1938) とシェラー (1874–1928) がその創始者であり代表者であった[29]。

　現象学は解釈学とは異なる意図を持つが、解釈学と同じように個々の事物の現象を、科学的な認識にとって重要なものと見なし、また、さまざまなアプローチによって科学へ接近できると考える。その第一のアプローチは次のような考察である。私たちは事物の現象とその背後にある「本質」とを区別することに慣れている。知覚された暖房の暖かさは単なる暖かさではない。物理学者はこの暖かさを解明するために、一つの概念体系を用いるが、それでも暖かさが「本来」何であるかを正確に述べることはできない。ここにも私たちがカント以来知ることになった、あの現象と物自体の区別がある。

　現象学は解釈学の対局に位置する。現象すなわち私たちが知覚するものは、まさしく物本来の規範に他ならない。したがって、私たちは生の全体的状態を直接把握することができ、また私たち自身の経験から知ることができ、さらにそれを分析の対象にすることもできる。現象学はこのような日常的な経験から生じる。

　リューベはフッサールのこのアプローチを「自然的世界概念の再獲得」と名づけた。「この自然的世界概念は、主観が萎縮した自我という姿でそこから追い出されてしまう世界の概念ではなく、主観による生と認識の遂行において、主観に欠かせない世界、すなわち主観の実践のすべてが属し、その中では世界が自分の世界となるような、まさしくそういう世界の概念である。

こうした考察の中で、フッサールが『自然的世界概念』あるいは後に『生活世界』と呼んだ概念を、客観化された自然科学の現実性の概念から区別したものである」[30]。

対象を客観化する自然科学の具体的な過程の中では、人間は生活との接点を失う。後の時代になって初めて、私たちは自然科学と技術の世界が、本来の「人間」の世界ではなかったことを再認識したのである。私たちが人間らしい意識の主体性を再び全面に押し出すことをしなければ、私たちは自分を失ってしまうことになる。現象学による生活世界の記述と分析に際して、私たちが主観的な経験に基づかなければ絶対に知りえない多くのことがある。

しばしば引用されほとんど古典的になっている例が歯痛である。他人が歯痛で苦しんでいるという説明を理解できるのは、説明を聞いた本人が同じような痛みを経験したたことがあるからである。このようなことは、私たちの日常生活ではごくありふれたことである。また誰かが頭痛を訴えたとする。それを聞いた人はその現象を知っているので、同情を示し助けを求めるように助言する。頭痛をほんの稀にしか経験したことがなく、頭痛についてぼんやりとした感覚しか持ってない人は、頭痛もちの人にとって、それがどれほど大変なことかを理解できないかもしれない。もしかするとその人は、上の二人が大げさに振る舞っているのではないか、と思うかもしれない。

私たちは、憧れ、郷愁、苦しみ、心痛、苦痛や悲しみ、を他人が自分と同じ程の強さで感じているのかどうか、について本当は知らずに自分自身の経験から推測するのである。反対に、例えばある人が嫉妬心から何かをした時に、私たちはその感情がどの程度のものであり、何が原因なのか分からずに仰天するほど驚くかもしれない。

現象学も解釈学と同じ争点を持っている。科学的研究において、現象学の領域は基本的に立ち入ることのできないものとして、無思慮に締め出すか、人間の生や生活世界を解明するための方法として認めるか、のいずれかの選択を迫られる。すでに気づいた読者もいると思うが、現象学者たちは「私が考え、行うことは誰でもできると信用する」、という表現に表されているように、人間は慣用句として表現される「ずっと以前から」という独特の言葉

を、無反省に使っている。批判的反省的な現象学は、この源となる状況を意識してその分析をする。こうして現象学はその固有な方法を一歩一歩確実にしていく。

　現象学を批判する多くの人たちは、前科学的で素朴な現象学的理解に逆戻りして、現象学を批判している。批判の仕方は他の仕方とちょうど同じように多大な努力が費やされている一方で、むき出しの主体性に注目する現象学を批判したのは、多くの小粒の達人たちに過ぎなかった。かつてザイフェルトが言ったように、現象学も解釈学もその本当の強さは、それを用いる人の経験と知性の広さの「個人的な水準」にある、ということは、現在の風潮にそぐわないとしても、このことを隠していては無意味である[31]。

　精神科学的方法の中で最も古いものは弁証法であろう。弁証法は哲学と人間の思考の歴史の展開において、幾重にも変遷し、修正されて、他の方法と結びつけられてきた。

　さまざまな異なった解釈がある中で、すべての弁証法的思考を一貫する根本的な特徴がある。その起源はすでに古代にあった。弁証法的な技術は、話し合いのための、科学的立証のための、そして論理学の技術であった。ソクラテスにとって弁証法は、概念と事態を解明するための話し合いの技術であった。

　話し合いの技術においては、反論と弁明が本来の駆動力であり、討論の推進力であった。例えば、話し相手が子どもは両親に従わなければならないと主張すれば、聞き手がそれに反論して、子どもも自分の意志を発達できなければならない、というやり取りが交わされたとする。権利の解釈においては、両者の主張が新しい命題になっていく。その内容は教育の過程は適応と抵抗の間を進む、というようなものであるかもしれない。

　三つの段階が弁証法の三つの段階を特徴づける。命題、反対命題、総合であり、これは弁証法が記述されて以来用いられてきた。その際の総合は「もろい妥協」といったものでは決してない。ヘーゲルの説明によれば、そこには命題と反対命題から受け継がれたものが三重の方法で含まれている。総合は次の意味で止揚される。まず禁止されているものが破棄されるように、も

はや無効と見なされるという場合、次に価値がありまだ使用できるものを保存するという場合である。最後に効力や価値が一段上の段階に置かれる場合である。このように総合は別の関連に組み入れられ、全く別の「より高い」ランクを得るのである。

　批判的対話、話し合いの技術、矛盾から思考する技術という意味で、世界史における偉大な哲学者はすべて弁証法論者であると言えよう。ソクラテス、プラトン、アリストテレス、カント、フィヒテ、ヘーゲル、同様に、マルクス、エンゲルスも弁証法論者である。そして矛盾から思考するという意味で、現代の哲学者も弁証法論者である。

　ここでは、弁証法が他の科学的手続きの方法とさまざまな関連があることについて、語ることはできない。確かに、この話し合いの技術は、異論、反論、反対命題がまじめに受け止められて初めてうまくいくものである。反対論者を簡単に片づけることができるように、人為的に反対論者を設定するような場合には、対話を導く技術は初めから堕落している。反対命題がまじめに取り上げられてこそ、命題が受け入れられる可能性も生まれる。この前提のもとにおいてのみ、両者の議論が総合へと「止揚」される。

　したがって、弁証法的思考はしばしば対話的思考と同一視される。対話の中で対等で同じ権限を持った二人のパートナーが、相互に議論を進めていく。この意味で弁証法的思考は常に「開かれた」思考である。クラフキーは1955年に、当時、教育学上の問題に関して、何度も提示された解決案が一面的である、と的確にしかも正当に苦言を呈した。彼がその解決案が不十分であると見なした理由は次のことである。「基礎をなしている思考の発端のすべてが非常に一面的で、明らかに偏向したものであった。またその解決案は意識的であれ無意識的であれ、**ある**固定的な視点から問題に取り組み、問題を克服しようとするものであった」[32]。すべての解決案には、教育学の領域における弁証法的な構造についての明確な展望が欠落していた。この一面性を抑制できるのは、上述した開かれた脱ドグマ的視点である、とクラフキーは弁証法の効力を強調している。

　私はこの本書において、精神科学的方法についてとても十分に記述するこ

とはできない。まして精神科学的教育学のすべての分派について説明することはできない。それぞれの事例において、個々の哲学者は特有の色彩を帯びながら、異なった方法と関連させて論述している。このことがまさにその豊かさを形づくっている。

ライプニッツとニーチェが述べているように、私はこの多様性の中に世界の豊かさを見出す。ニーチェ自身は良い趣味に反対したのか、彼が多様性を世界から創造することを拒んだのは、私はそれは美学の問題だけではなく、倫理学の問題だと思う。それは人間性の問題である。精神科学的方法の多様性は、私たちに人間の多様性と豊かさを示すものである。私たちがこの人間の領域をいたずらに矮小化しようとすれば、私たちが人間の豊かさを放棄しようとしていることになる。

第3節　精神科学に基礎づけられた教育学理論の形成

すでに繰り返し指摘したように、精神科学的教育学には厳密な意味での「学派」といったものは存在しない。ここでは私はこの名称を便宜的に用いているに過ぎない。というのも、精神科学の哲学的、認識論的基礎づけと方法が非常に多様で異なっているので、その基礎に立つ教育学理論も同様に非常に多様で異なっている。フッサールとディルタイの間には思考に類似性と共通性がある。しかし同様に両者には明確な相違点がある。両者はそのことを承認しつつも、相手を妨げることなく、相互に高い評価を与えている。

このように、精神科学的教育学の多くの代表者たちの間にも、長きにわたる交際と友情があるが、思想上の重要な相違がある。フリッシュアイゼン・ケラーとノールは、二人ともディルタイの直弟子であるが、両者の教育学理論は同一ではない。またリットとシュプランガーの間にも、多くの共通性があるものの、例えば政治に関する記述など、多くの面でその思想傾向は相違している。特に近年の思想はさらに多様化している。

だが精神科学的教育学のすべての代表者たちにとって、彼らの思想の根本的な前提をなしているのは、次のことである。それは現存在の歴史性につい

てである。彼らのすべては時代の経過をさまざまに克服している。リヒテンシュタインが述べているように、彼らのほとんどが第一次世界大戦前には高位高官の地位にあった[33]。また彼らのほとんどが、第二次世界大戦を経験しそれを切り抜けた。その仕方はさまざまであった。そして彼らは非常に個人的な方法で国家社会主義の立場を容認した。ノールのように初志をほとんど変えることなく貫徹した思想家もいたが、それ以外の思想家、例えばW・フリットナーのよう新しい思想を倦むことなく、思慮深く受け入れて、自分の思想を常に修正しようとした人物もいた。ここではさまざまな思想の全体像を示すことにしたい。入門書ではすべてを記述することは不可能だからである。それはすでに公刊されているほとんどの代表者たちの研究書、または精神科科学的教育学の問題のみを扱った内容豊かな歴史の中で論じられている。

　解釈学と現象学が、人間の生、主観性としての人間、あるいは具体的な生活世界を出発点としているように、解釈学的、プラグマティズム的な教育科学は教育現実を出発点としている。教育は「ずっと以前から」存在しており、社会には学校がある。理論はその実践を解釈し解明するものとして着手された。理論はいわば三段階に区分される。まず実践である。次にこの実践を解釈し、解明する、最後にそれを理論的に把握する。この理論的省察は逆に再び実践に作用する。

　このことは、実践的行為にとって第一の関心事である。理論は実践を解釈し（解釈学）、行為に向けられ（実践）るので、このような理論的出発点を、W・フリットナーは「解釈学的・プラグマティズム的」と呼んでいる[34]。

　教育学はプラグマティズム的な行為科学として、さらにそれ以上の使命を担うことになる。教育学が「生の幅広い網状の根」（リヒテンシュタイン）と結びついているからである。すべての精神現象はそこにそのつどの時代を代表し、国家、政党、教会、団体、科学などとの協力とそれらに影響を及ぼし、あるいはそれらを考慮することを要求するからである。このことは教育制度にのみ該当するのではない。国立学校以外にも規範が競合する形で精神的権力が生じる。親たちが服従すべき教育の規範と反権威主義的教育の規範との

間で悩むのはその一例である。このように教育はいつも論争に巻き込まれる。その際、ドグマ的ではない教育を望むのであれば、教育は弁証法的な立場を取らざるをえない。「それゆえ教育科学の形式は弁証法的思慮である」と、フリットナーは結論づけている[35]。

　これまでデルボラフに至るまでのほとんどすべての代表者が、その基礎づけをこの方向で共有している。教育科学はその出発点として、教育現実にすなわち「人と人との交際の教育」に注意を向けたが、しかしこれはまだ真の意味で教育学ではなかった。現実は体系的に解明できるのである。「教育学は教育実践についての科学である。個別科学がそのつど対象を『与えれれた』のと同じように、教育学は実践をその対象にする」[36]。しかしデルボラフはすでに次の段階を指摘している。「その対象は単に与えられているだけではなく、同時に委託されたものである。この対象は同時に前提でもある。教育学はこの前提に立って、自ら義務を伴う教育理論とみなされる」[37]。

　教育学は「子ども」を観察したり記述したりするだけでは十分ではない。子どもは成長しようとする存在であり、成長させられるべき存在である。学級やグループの中で進行している過程を分析するだけでは十分ではない。学級は授業を行い授業をしなくてはならない場である。教育学は分析し、記述し、総括の後に、再び実践に帰らなければならない。「科学としての教育学の性格は、教育学固有の問題であり、難点である。この性格のために、教育学は最初にして最も困難なアポリアに巻き込まれることになる」[38]。リットはこのアポリア（事柄自体に矛盾が含まれているために生じる抜け道、逃げ道がない困難さ）を**存在と当為**の葛藤として記述している。リットが言うように、両者は相互作用的なものである。

　教師は生徒の現在の状態を、単にどのようであるかという視点からではなく、発達と教育の過程で現在の状態になったものを把握する。**同時に**、現在の状態を存在＝当為に関連させて捉える。ヘルバルトの言葉を借りれば、教育者は現在の若者の中に前もって未来像を把握するのである。リットの思想を継承したランゲフェルドは、生徒の存在理解と当為規定の結びつきを強調した。「私たちは子どもを見るのと同じように、彼らの行く道を切り開く。

そしてこの道が再び子どもを形成し、その結果を子どもから読み取れるようにする」[39]。

こうした場合の性急な答は、被教育者を束縛し強制することになる。教育者があまり被教育者を固定的に先取すると、被教育者は自分に固有の方向へ成長することができなくなる。彼らは誘導され操られてしまう。逆に教育者があまり被教育者の才能を当てにすると、何かが欠けて被教育者の成長を促す刺激を与えることができなくなる。

精神科学的教育学は、この問いに人間学的な問題を提起して答える。デルボラフはこの問を開かれた問の原理を用いて探究した。「人間は問を立てる存在であるばかりではなく、問いに付された存在である」[40]。それは次のことを意味している。人間の歴史性は明確に規定されないものが含まれる。それは形而上学や自然的基礎に還元されないものである。逆に言えば、人間の自然性は人間の歴史性の中にある。人間の固有な存在には確固たるよりどころが欠落しているので、人間は不可避的に**自ら**を投企する性格を持つ存在になる。

この思想はリットが詳細に発展させたものである[41]。そこでは、人間は単に所与としての自己ではなく、課せられた自己として現れる。人間はなによりも自己を形成する存在であるが、そのためにはあらかじめある像を構想し、それに従って自己自身を具体化できなければならない。「人間の『歴史的』性格は、まさしく変更不可能な神の摂理として、時間を超越して絶対的な権力から取り出された歴史の姿ではなく、人間が自己本来の意欲、行為、創造から成熟させたものに他ならないと言える」[42]。そこにはデアボラフが自発性と開かれた問と呼んだ同じ要素が見受けられる。リットはこれを「自由の契機」と名づけた。この立場からすると、干渉することはまさに自由と自律、すなわち自発性によって開かれた人間の自己決定に介入することになる。

デルボラフはこの難点は直ちに明らかになると述べている。だがこの状況の克服は言うほど容易ではない。自由には逸脱や間違いの危険が伴う。長所は短所と隣り合わせである。リットはそこから人間の深い不確実性を明らかにした。自由はいつも自己を危険にさらす代償を払って、初めて可能になる。

ランゲフェルトはこの不安定の領域を指摘して、独自の人間学を構築した。ランゲフェルトは、具体的な教育状況において、人間は教育が可能であり、人間は教育が必要な存在であると考えた。彼は徹底して人間学的な問を追求した代表者の一人である。彼はディルタイによって準備された分野の上で、とくに教育学的人間学を自律的な問題の方法として発展させた。

仮に社会に支配される人間、善人、悪人、行動的な人間、衝動の抑制ができる人間といった前提となる人間像が、前もって措定されておらず、また、その前提に従って人間形成がなされることがなければ、さらに、人間に自己と社会を自由に形成する可能性の基礎が常に与えられるのであれば、私たちはこの自由と自発性の人間学的基本概念へ戻らなければならない。

しかし、教育は具体的な生の状況から生じるだけではない。教育はこの具体的な生の状況を体系的に考慮して、逆にその生の状況に影響を及ぼす。つまり、具体的状況は社会や文化と密接に結びついているのである。教育は社会的過程である。このことをディルタイは周知していた。彼は教育過程と社会体系との関係、すなわち、国家、社会、政治、文化、科学との関係、また職業関係と世代関係との相互関係をも考慮に入れたのである。文化と社会の全体が、この問題提起において重なり合うことになる。このことを、かつてリットは「文化的全体状況」という概念で理解した。

この概念は、現在私たちが社会について語る場合に意味する以上のものを含んでいる。リットが述べるように、精神科学的教育学は形式社会学の形式として、文化的全体状況の機能の形式的性格の言い換えであるか[43]、あるいはW・フリットナー[44]が、精神科学的教育学を「意志疎通の共同体」として理解したように、社会の精神的性格の中の多くを含めたものと考えることができる。

その際、文化と社会が分離されることはない。精神科学的教育学者たちは、現実の社会の矛盾を無視していると、陰口をたたくのは正しくない。むしろその逆であると言いたい。リットはこの矛盾する性格をまさしく研究の動機とした。彼は矛盾ばかりでなく弁証法的に共通性を考慮した。このようにして、階級的教育の矛盾が解明されたばかではなく、教育は共通の言語、共通

の価値、合意、伝統などに結びつけられた。

　今日、多くの出版物が社会について言及しているが、文化は全く視野に入れられてないか、社会の付録の一様式と見なされている。まさに文化は社会の生産物と見なされている。社会があらかじめ階級社会として把握されれば、すべての文化は必然的に階級的性格を持つことになる。言語自体も階級言語へ解消されて、言語が依然としてさまざまな集団や社会のさまざまな人たちの相互理解を可能にしているメディアであることが忘れられる。

　当然のことだが、教育が文化的全体状況の中に含まれるという思想は、代表者それぞれによってさまざまに論じられてきた。例えば、リットの思想はシュプランガーの思想とは異なる。それでも、精神科学的教育学はマルクス主義の思想とは相違して、社会と文化に関する理論は構築しなかった。マルクス主義の思想は社会と文化の思想の理論を目指したが、理論の優越性が見られた。そこでは社会における教育と社会自体、そしてすべてのものが、一つの原因から説明され、しかもその機能と同様にその由来についても説明された。これに対して、精神科学的教育学はそれらの由来の説明の扱いを断念し、社会についてはそのあるがままの状況を受け入れて、ただ社会に中で教育がいかなる位置を占めるか、特に社会と教育の絡み合いを解明しようとする。したがって、精神科学的教育学には独自の文化理論、社会理論はない。

　終わりに、教育過程の構想について述べることにする。その例としてリットの著書『指導か放任か』を取り上げる。同書は精神科学的教育学ではほとんど古典的とも言える性格のものである。リットはこの著書で、指導と放任という二つの根本的な立場について考察し、教育過程を弁証法的に展開した。

　リットの考察の第一段階は、この二つの公式が一般に考えられているほど明白に区分された選択肢ではない、という点から出発している。それとは逆に、一見明白に見えるものは、詳細に観察してみると多義的であることが明らかになる。

　放任を必要とする人は何のためか、教育者の指導的な態度に反対するためなのか。もしその人がこの要求を急進的なものと考えれば、それは教育の放棄を意味する。放任！この要求によって、子どもが成ろうとするもの、すな

わち子どもの未来に教育者の影響力の行使が制限されなくなる。未来は自ずと姿を現し、誰も教育を必要としなくなるか、他ならぬ放任している本人が、被教育者がどの方向に成長していくのかをひそかに知っていることを前提としているか、のいずれかである。放任している者が成長の方向を知っているか、知っていると信じているか、のいずれかである。

しかし、成長の方向と目標を知っている人は、「指導者」としての重要な様々な資質を合わせ持つ人である。目標と方法を熟知している人である。

この第一段階で、リットが明らかにしたのは、指導も放任も共通点を持つということである。それは両方が未来を志向し、その名において行動することを要求する点である。リットは第二段階において、未来への関係がどのようなものであるかを考察し、次の結論に達した。「教育学の名のもとに、未来への要求は全く実現不可能である」[45]と。リットが議論の対象にしているのは、教育学的見地から見て確かに最高のものである。未来は簡単に掌握できるものではない。現在の単なる拒絶、それはまだ未来ではない。人間の希望、企画、決断が未来に向けられ、しかもはっきりと現在と過去に背を向けて、未来に向けられているとしても、それらの中に実際、未来があることは、少しも保証されていない」[46]。

さらに悪いことには、そのような具体的に先取りできる未来は、本来の意味での未来ではない。「この現在から理解される未来は、未来自身が理解する未来を窒息させてしまうのである」[47]。

こうした考察の後、リットは次の見解に達した。「いま成長しつつある世代が。いかなる生きた人間像を自ら形成するかということは、全く教育者が想像もできない、処理することもできないことである」[48]。リットのこの見解に対して、多くの教育者が攻撃を加えた。それに対してリットは、教育者の活動は制約されていると反論した。リットはその根拠を冷静に歴史に求めた。どの世代の人たちも彼らの父親や教育者が望んだものとは、別のものになっているのである。その適切な例として、リットは青年運動を挙げた。

リットの考察の第三段階は、過去において教育理想という形式の形成力が教育に存在していたのか否か、に向けられている。リットはこのような問い

が初めに生ずるのは、「現在それが疑わしいもの」になったことを明証している。人間は　ここでいま何かをしたいと思いながらも、不安を感じているので、過去の生の形式を探し求める。その際、見失ってはならないことは、リットがここで言及しているのは、歴史的意識とは別のことである。彼は教育の模範として理想の探究を考えていたのである。

　以上のように、リットは考察の第一段階で、指導と放任の概念が多義的であることを明らかにした。両方の概念はいずれも未来へ向けられている。しかし両方の概念は熱望された程には広まらなかった。いずれもその名が素朴に前提していたようには、教育の照準点を示していない。同様に、この照準価値を過去から誘導することは簡単なことではない。

　リットは第一段階で、概念を明確にして批判を封じた。第二段階で、両方の肯定的な面、すなわち放任と指導の長所を明確にした。

　放任の長所は、熟慮されていない方法による人間形成の作用である。子どもは成長する社会の中で、言語、制度、文化、習慣などの客観的精神に出会う。子どもはこれらの内容に触れて、特定の成長方向の決定的な影響を受けずに自らを形成する。このことをリットは言語を例に明らかにした。言語は人間に意志疎通と表現に必要なすべてを提供する。言語は精神的人格としての人間を、前もって形作るものを一切強要しない。

　すべての客観的な内容は、自然に理解されるものではない。成長しつつある者は二重の意味で**仲介者**を必要とする。第一は、成長しつつある者の擁護者として、第二は、事物（文化内容）の擁護者としてである。しかし、リットは事物を指導する仲介者ではなく、事物の手ほどきをする仲介者が、指導の良い点であると見なした。

　リットは結論として、教育の限界性と可能性を文化の全体状況の枠組みの中で明らかにした。また、教師の役割について理論的考察の必要性を、結論に加えた。教師は対立する一方の観念に自己を限定して、それを正当化しようと自惚れないように、常に自らを反省しなくてはならない。

　実存哲学から生じた刺激によって、教育学的考察に変化を起こそうと努力したのがボルノウである。ボルノーは実存哲学に二つの重要な刺激を見いだ

して、それを彼独自の方法で採りあげた。一つは、人間についての熟慮が新しい認識を導いたこと、二つは、人間と世界の関係がこれまでとは別の方法で認識されるようになった、ことである。

二度の世界大戦とそれに伴う経済的、政治的、精神的危機によって、啓蒙主義の時代以降、中心に据えられてきた楽天的な人間像が実存哲学によって崩壊した。すなわち実存哲学は人間を非常に悪質で堕落した存在として見ようとせず、人間を悪に対して**脆弱な存在**と見た。「本来根源的な悪魔的な悪しき存在が人間の内に、少なくとも人間の内なる一つの可能性として、原則的に認められねばならなくなった」[49]と、ボルノーは述べている。

人間が真価を発揮するか、それとも挫折するかの間断なき生の流れと、限界状況における人間の飛躍の可能性との交差から、新たな人間学の端緒が生み出された。限界状況において決断を迫られる人間の核心は、広範囲の教育の影響力を奪い取るので、教育学の側からは、実存哲学と教育学が結びつくことはないと広く信じられていた。実存哲学は可塑性を否定するからである。これに反して、ボルノーは実存哲学は可塑性を原則的には否定せず、可塑性は人間の実存的核心に広範囲に受け入れられると考えた。

二つ目の考察は、教育過程に関わるるものである。教育過程が話題になる時はいつでも、それは恒常的で連続的な過程と見なされいた。あたかも樹木が年輪を重ねていくように、成長過程を根拠にして無思慮に考えてきた。あるいは教育を意識的に指導することして、すなわち、プロメテウスのような意味で制作として理解してきた。実存哲学はこの両方の形式を容認しない。

挫折、危機、限界状況の出現によって、不規則で不均等な発達観が生じたのである。この洞察と関連して、ボルノーの眼目は「連続的教育過程をを扱う古典的教育学を、非連続的形式を扱う教育学によって拡大すること」[50]にあった。

人間のその後の人生行路を決定づけるかもしれないような、人間を決定的に形成する諸力と出来事は、人間の人生行路を変えるものであり、決断によって形成された経験は、教育計画の中で意図的に計画され、実行されることはなかった。このことから連続的教育形式の無力さが示される。深く浸透して

人間の実存に関わる教育は、危機状況において生じ、それは覚醒、忠告、助言として記述されている。この現象は決して新しいものではない、とボルノーは指摘している。他の教育学者の中でもモンテッソーリは、ずっと以前に精神発達の非連続性を指摘している。また、カントは著書『人間学』において、性格形成の際の一回的、革命的な作用、突然の後戻り、爆発、断片的にしか善き人間になるこができないこと、などについて述べている[51]。

ボルノーはこの非連続的形式を、教育学的範疇として発展させただけではなく、それの「生における位置」を指摘している。例えば、病気の危機、覚醒の身体的・感覚的過程、助言の生命的機能、などがその例である。**同時に、この形式の人間学的基礎づけを指摘している**。その時教育は、冒険と挫折の両極の間で行われる。非連続的形式は古典的形式一般の代理をするものではない。それは古典的形式一般を——不可欠な方法で——保管するものである。ここに教育学的・人間学的問題設定は、その最も独自な領域を見いだしたのである。

このことをボルノーは非常に明確に述べている。彼は教育学研究に多くの新たな刺激を与え、重要な成果を初めて収めたのである。人間と人間の行為である教育的行為とその行為を解明する教育学理論は、いずれも、もともとの性質からして限界を越えたものである。つまり、両者は結びあって相互に影響を及ぼしているので、真性の教育学的でない周辺から両者を解明して、その関連性を見出そうとする。教育学理論がある状態の改善を目指す場合にはいつも、倫理学との関係が生じる。教育は特定の状況、時代、環境の中で行われる。このことを考慮すれば、教育は政治的・社会的枠組みからの解釈で明らかになる。すなわち歴史哲学からの解釈である。

最後に、教育学は子ども、青少年、人間一般についての考察なしでは始まらない。ここに教育学は人間学の領域へ広がっていく。このように、教育学研究は研究分野が重なり合っているので、私は本章で概観した科学的理解の基礎に立って、『一般的教育学概説』を構想した。

第4節　精神科学的教育学における教師と教育者

　前節ではさしあたって教育過程の理論を中心に述べたが、教師の役割形成について、すでに次のように述べた。教師は仲介者であると。すなわち、教師は子どもの擁護者であり、事物の代行者である。私はここでこの考えを再度取り上げたいと思う。

　私の考えの理論的基礎は生命関連に由来している。一般的にディルタイの弟子は、大人と子どもの関係、教師と生徒の関係を、両者が共に人間であるという生命関連として表現している。こうした人間存在がこの理論の出発点の重要な基本構造である。ほとんどすべての教育学者がこのことに取り組んでいるが、中でもこのことについて最も深く追求したのはノールであった。彼はこれを理論に発展させた。彼は教師と生徒との根本関係を、教育的関係あるいは両者が属する結合体、すなわち、教育共同体と呼んだ。精神科学的教育学において提起される問題は、おしなべてこの関連で示される[52]。

　ノールはこの関係を「自律的な方法の精神的作用」と述べている。「要するに教育の基本は、成熟した人間と自分の生命と形を自分の意志で創ろうとする、生成しつつある人間との情熱的な関係である。しかもこの教育的関係は、人間の自然な生命関連と人間の性的特性に根づいている本能的基礎を根拠にしている」[53]。

　ディルタイの思想を厳密に継承したノールは、生命状況は教育的特性を持つと考えた。彼は「父、母、兄弟、姉妹、叔父、叔母であること、また祖父であること、そして何よりも性愛的な関係の中に」教育的な影響力を見出した[54]。この理論の特徴は、このような関係の中で二人の人間が出会う時に、初めて教育が行われる、と考えることにある。精神科学的教育学の各々の代表者は、この関係を人格的な出会い、個人的な関係、人格的共同体、対話的関係（ブーバー）、教育的関係、教育的共同体（フリットナー）、あるいは相互作用関係（リット）、などと呼んでいる。

　ところで、教育的関係を最初に最も広範囲にわたって理論化したノールは、ディルタイの後継者たちが疑問視したこの関係の概念を、自らの理論に取り

入れた。というのも、ノールは教育の成果を創造の神秘にたとえ、それを宣教的な文化意志と同一視し、それに対応した眼力を教育者に要求し、最終的には教育者を精神的影響力の統一者である芸術家にたとえたからである[55]。同様に、シュプランガーンは著書『生まれながらの教育者』において、教育愛、真の教育者の精神、そして精神の情熱について述べている[56]。

これらの論調の多くは、確かに単に時代の気運に属するものである。しかしこのような特性を持たない教育一般は、そもそも考えられない。このような考えの集積が、いわゆる「美徳のカタログ」につながっていくのであるが、美徳はその出発点において、余りにも高尚なものだったので、授業の専門家としての訓練を受けた職業教育者や教師に無視された。

ノールは教育の成果の独自な創造的特性を強調して、教師を芸術家と見なした。しかししばしば同じ意味で呼ばれる両者の名称や概念上の一致は、両者の根本的な相違を隠蔽することはできない。

リットは非常に客観的に、現実に即した両者の相互関係を発展させた。彼は教師を職業教育者として、あるいは被教育者と事物の仲介者であると見なして、教師を芸術家と好んで類比することを批判した。彼の冷静な分析の結果は、教師には芸術家ほど多くの天才はいない、ということであった。そうでなければ、教師は仕事を始める前に落胆してしまう。リットはこの考えを、単なる議論の次元から省察の段階へ引き上げた。

リットは芸術家と素材との関係の構造関連について考察した。そして第一に、教師は芸術家のように「素材」について言及することはできないこと、第二に、教師は芸術家のように自由自在に振る舞うことはできないこと、を明らかにした。例えば、素材が粘土であれば、芸術家は自分の思うままに動物、花瓶、あるいは抽象的な図形でさえ制作できる。教師にはこのような自由はない。

また、教師は技術者ではない。技術者は応用科学者として特徴づけられる。自然科学が前提とする技術と同じように、応用可能な基礎科学が前提とされている。基礎科学は自由落下の普遍的法則を理解するように、物理的な因果性がある場合にのみ成立する。しかし教師は克服しなくてはならない特別な

別の問題領域を抱えている。教師は芸術家が物を制作するほどの自由はない。だが教師は技術者とは異なり、全く別の活動領域を意のままにできる[57]。

　リットは精神科学的教育学との多くの一致点を持ちながらも、この構造分析と基礎づけを含めて、精神科学的教育学の出発点の批判を提供した。それは単に教師の役割との関連からではない[58]。

　ボルノーは最後に、再び教育的関連を取り上げて、一方では制限を加え、他方では補足して、ノールが生命関連から理解したものを、現象学的分析を用いてそれを人間学的に基礎づけた。

　ボルノーは教育的雰囲気について言及している。それを用いて人間の感情に合致した条件と人間的な態度、すなわち、教育を成功させるための背景と基盤――しかも不可欠な――を考察した[59]。彼は美徳のカタログについて言及しているが、それとは明らかに距離を置いていたし、その研究に没頭することはなかった。彼は相互関係をもともと未分化な種類の人間同士の関係と考えた。彼は私たちが日常会話の中で、「職場の雰囲気」という技術化かされた言葉（ボルノーが注釈しているように、嫌悪すべき言葉である）に書き換えられる気分を把握しようとした。

　彼は相互関係を明らかにするために、雰囲気は子どもの期待の態度と教師や教育者の立場と期待の態度によって決定されることを示した。それによって、教育的雰囲気の中から子どもと教師にそれぞれの展望が開かれる。第一に、信頼と守護されているという感情、楽しさ、感謝、従順、そして愛の気分が現れる。第二に、すでに述べたあの教育愛、忍耐、希望、快活さ、ユーモア、善の気分が現れる。

　このボルノーの考えが、従来の美徳のカタログと異なる点は、彼が単に理念を掲げたのではなく、現象学的分析によって、このような気分の前提条件とその作用を提示したことである。その際、彼はそれを別の視点から研究した独自の予備的研究と関連づけた[60]。この分析によって、ボルノーはすべての経験的方法が解明できなかった、しかも、それなしには教育の成功がありえない教師の役割の諸相を、明らかにすることができたのである。

第2章　論理実証主義、経験主義、分析的科学理論

第1節　名称と歴史的側面

　誰も無駄なことや成功の見込みのない仕事や行為を始めようとは思わない。活動的であろうとする人は誰でも、少なくとも意図としては、自分の行為の目標や目的を先取りし、自分の意図を実現するために最善の方法を探そうと思う。自分の仕事のすべての条件がよければ、それだけ確実な結果が期待できる。個々の仕事や行為を実施するにあたって、それらの条件が正確に分かっていれば、必然的に望ましい成功をおさめることができる。

　これは、技術的な行為の簡略化された枠組みを記述したものである。その枠組みとは、既知の事実や経験の基礎の上にたった**応用**である。こうした事実や経験が知られていればいるほど、成功はより確かなものになる。

　西ヨーロッパの西洋的文化圏では、すべての行為を可能な限り確実な技術的過程へと転換しようとする試みがなされてきた。これが現代の技術的発展の基礎を作ることとなった。この基本的な態度には、つねに変化する現実の過程を、可能な限り厳密に把握し、正確で予測しうるように行為する態度が含まれている。技術と計画は不即不離の関係にある。人間の知性への歴史の中で、技術と計画に関する考察は、つねに新たにされながらこの問題圏をぐるぐると巡ってきた。

　アリストテレスは、芸術的、偶発的行為の中から確実な科学的な行為を獲得するために、事実の収集から始めた。デカルトは、数学的な確実性を用いて人間的な知を探究しようとした。彼は、「より幾何学的な」知を求めたの

である。カントは、すべての経験の前提条件と可能性とを探究した。

19世紀には、認識をもっぱら経験から基礎づけようとする方向性が、哲学の中に一般化した。この方面の代表者は、イギリスのベンサム（1748-1832）、ジョン・スチュワート・ミル（1806-1873）、およびスペンサー（1820-1903）である。またフランスではコント（1798-1847）がその代表者である。彼の6巻にわたる主著には『実証哲学講座』というタイトルが付けられている。このタイトルと彼の活動から「実証主義」という概念がこの方向性全体の名称とされた。コントの中心的な原理は、あらゆる形而上学の否定にある。実証主義哲学者は、所与から、事実から、すなわち「実証的なもの」のみから出発しようとした。すべての形而上学的説明は役に立たないものと考えられた。世界の「事実」が取り上げられ、その原因が認識され、原則に従って処理される。この原則から、行為をより確実に導く未来の現象を予測することができる。コントは、その原則を予測のための知識として定式化している。

これらさまざまな試みの根底には、次のような信念がある。すなわち、人間の領域には客観的事実と同じように把握しうる経過や行為、あるいは事実が存在しており、その中から確実な技術的な行為を最終的に実現する法則命題としての一般的命題を、導き出すことができるという信念である。

事実を認識する際、人間の思考には、個々の事実を多かれ少なかれ真実として明晰に把握しようとする強い傾向が存在する。今世紀になってこの解釈は、現実を単に素朴なやり方で把握するのではなく、方法的に確実な行為によって、すなわち、現在までに検証されてきた自然科学をモデルとした方法によって把握しようと努めてきた。このことは、現実が理論的反省によって把握されるべきだと考えられるようになったことを意味している。

教育科学においても、デカルトの場合と同じことが問題となっている。つまり、教育的行為はいかにして幾何学的でありうるか、という問題である。現実を方法的に把握しようとする手続きは、論理実証主義と名付けられているが、時にはクラフトとの関連で、構成主義とか経験主義と呼ばれることもある。

当初は、ウィーンの哲学者モーリッツによって創始された「ウィーン学派」

の研究者集団が論理実証主義と呼ばれていた。この学派の若手研究者たちは、コントの伝統を受け継ぎ、特に彼の方法に関する考えと、科学的な研究方法を人間の領域に適用しようとした。「ウィーン学派」の多くの代表者が、同時に自然科学者でもあった。モーリッツのほか、特にヴァイスマン、カルナップ、クラフトが同学派に属していた。ウィトゲンシュタインも、彼らと関連を持ち続け、思想的交流をもっていた。そのため、時として彼も論理実証主義者であるとみなされることがある。

国家社会主義の台頭にともなって、「ウィーン学派」のメンバーたちは、亡命を余儀なくされた。それ以降、彼らの思想は、とりわけアングロ・サクソンの国々で広く浸透した。クラフトは次のように述べている。「ウィーン学派の中から、論理実証主義や経験主義、さらには分析哲学といった国際的な哲学の運動が生まれた。しかし、この運動は均一の方向性をもつものではなく、ある者は論理的分析を行い、ある者は経験主義の修正を行っていたが、両者は哲学の科学化への要請と修正論理学の応用という点で結びついていた」[1]。

論理実証主義と関連のある分析哲学の代表者の中で、とりわけポパーの科学理論がドイツで有名になり、教育学的思考に幅広い影響を及ぼした。またドイツの分析哲学の代表者として、特にマンハイムのアルベルトの名をあげることができる。

もちろん、この論理実証主義という「ラベル」には、再び多様な手がかりが隠されている。その中には、個別的な事実をデータとして把握する試みから、教育学を基礎づけるメタ理論を確立しようとする努力に至るまで、さらには、教育科学をサイバネティックスのように捉えようとする方向までもが含まれている。

論理実証主義、構成主義、経験主義、批判的合理主義をより明確に理解しようとするなら、方法論的に確実なやり方を徹底的に考察しなければならない。

もちろん、過去の教育者や教育学者も、教育の現実や実際に観察可能な経験を理解し、それらに基礎を置いていたし、他領域の科学の命題を価値ある

ものとして参照してもいた。ロックは、自らの教育論を広範な経験のもとに構築しようとした。彼は、著書のなかで、「私は何々を**経験した**、私は何々を**観察した**」という言葉を繰り返し用いている。第一に、彼は経験と観察を教育学の基礎にすえ、次のように主張している。「これは教えることも本から学ぶこともできない芸術である」と[2]。

ルソーも、経験と観察を『エミール』と『告白』の基礎にすえている。ルソーは、主に当時の旅行家たちの報告や、当時の哲学者や歴史家の正しい、または正しいと考えられていた命題を利用した。特に『告白』第二部に登場する「未開人」ないしは自然人の特徴は、旅行著述家の報告から着想を得たものである[3]。

ジャン・パウルは自分の子どもを綿密に観察し、ノートをとり、体系的に利用できるようにした。『レヴァーナ』の序文で彼は、次のように記している。「ところで、私は自分の子ども以上に、豊かな成果を他の著者たちから得たことはほとんどなかった。生命は生命としてあり、子どもたちはいかなる教育者よりも上手に教育者たちを育てる。レヴァーナが登場するずっと以前から、子どもたちは教育者の教師であり、書物はしばしば落第生であった」[4]。

パウルはまた観察の価値について、次のような重要な指摘をしている。「一人のありふれた子どもについての日記は、ありふれた著者の書物よりも優れている。個々の人間の教育論は、他人が書かないものを書きさえすれば、ただちに重要なものとなる」[5]。

プレイヤーは、この試みをドイツで着手した。彼は観察による別の手がかりから発達心理学を構築したが、それは決定的な新しい衝撃を与えるものだった。彼の息子の発達を生後3年間にわたって記録した日記は、彼の著書『子どもの魂』(1882)の素材となった。

ペーター・ペーターゼンとエレーゼ・ペーターゼン、そして彼らの弟子たち、とりわけヴィンネフェルトは「教育的な事実の調査」を活性化させようと努めたが、彼らが意図していたのは教育の領域をより明確なものにし、そうすることで最終的には教育科学に厳密な科学の形式を与えようとすること

であった。ペーターゼンは、この教育の領域について次のように述べている。「実際に、この領域は最近の世代になってはじめて深く基礎づけられた分野に属しており、『自律的科学』と正当に呼ばれてよいものである」[6]。

「教育的な事実の調査においては、あらゆる形で計画的・意図的に着手され実行された啓蒙や人間形成、教育の科学的な基礎づけが重要であり、また人々の一般的な関心を科学的な関心へと高めることが重要である」[7]。

フィッシャーは、教育学を単なる観察や記述を超えて、科学的な意味での実験を用いた自然科学的方法に依拠する経験科学へと転換しようと試みた。「実験とは、完全に既知で、意図的に反復可能であり、諸条件の制御のもとでの事態や推移の体系的な観察のことである」[8]。

ブレツィンカは1971年に、20世紀初めの30数年間になされたこれらすべての試みを、素朴な経験主義と呼んでいる。「これらの試みはほとんどが成果をあげることがなく、時として経験的教育学は不評さえもたらすこともあった」[9]。

その一方で、ブレツィンカから論理実証主義の手がかりの別の特徴を明確に読みとることができる。彼は、素朴な経験主義者たちが、理論なしに現実の記述に着手していると非難した。「素朴な経験主義の信奉者たちが経験を高く評価することはもっともであるが、現実というものはそれに対する疑問が焦点の定まったものである時にのみ、なんらかの形で経験されることをも見通しておくべきであった」[10]。論理実証主義者は、この焦点の定められた問題設定を仮説として考えた。素朴な経験主義とは対照的に、論理実証主義は事実から出発するのではなく、定式化され証明される、つまり検証されるか反証されることになる仮説の形で、既存の問題やそれらの解決の可能性を検討することから出発する。

しかしここでもう一度、クラフトがこの方向の「統一性の欠如」と呼んだものについて強調しておく必要がある。クラフト自身、例えば1902年にウィーンに生まれ、ロンドンで教えていたポパーを、ウィーン学派の業績を継承する代表者であるとみなしていた[11]。彼は、ポパーが受けた「爵」の称号はウィーン学派の成功があればこそのものであると誇らしげに考えていた[12]。

その一方で、ポパーをウィーン論理実証主義の主要な敵対者、ないしは批判者であると考える人々もいたのである[13]。

教育の科学的調査や理論形成においては、経験主義者や論理実証主義者は、何らまとまりのある集団を形成していない。彼らは並はずれた多様性をみせている。教育学者の中には、社会科学の領域で検証された経験的な調査方法を用いる人々もいれば、分析的科学の理論を好む人々もいる。その詳細については後述したい。

第2節　問題の所在と手がかり

論理実証主義の主要問題は、人間が現実についての確実な認識を持ちうるかどうかにある。この問題は、認識論の問題であると同時に、科学の論理の問題でもある。そのため他の手がかりとは違って、科学自体についての熟慮と認識の可能性がここでの関心の的となっている。したがって、科学論についての議論が、他の章と同様、本章の広い意味での基盤となる。

経験主義、論理実証主義や構成主義が、自ら批判するような「素朴な」段階に留まることを望まないのであれば、先人たちとは違った広い問題圏を扱わなければならない。

経験から出発しようとする者は誰でも、必然的に帰納法をとるよう導かれる。経験、観察や事実は、一般的な形で獲得されることは決してない。それらはつねに個別的な経験、個別的な出来事、個別的な現象として生じる。それならば、どのようにしてこうした個別的な手がかりから一般的な法則へと到達することができるのだろうか。

帰納法では、出発点が特に重要な問題となる。出発点は、ある特定の場所でなければならない。このような出発点が与えられたならば、そこから推論したり、分類したりすることが可能になる。しかし、出発点そのものは、推論によって導き出すことができない。出発点は「措定」（仮定）されるか、構成されなければならない。そこで見いだされるのは論拠であって、科学的な証拠ではない。そのため出発点は特別な問題となってしまう。というのも、

諸前提が十分に考え抜かれたものでなかったり、不正確なものであった場合には、それらが容易に標準化された要素となってしまうからである。

　個別から一般へと向かう帰納法を採用する場合には、確実な（法則的）認識、あるいはより広い意味での真理が追究される。このような思考体系では、「正しい」か「誤った」かのどちらかしか存在しない。そこでは「良い」か「悪い」か、あるいは「有用」か「無用」かといったことは問題とされない。この問題は、科学的論争の一つとしての価値判断論争として知られている。たいていの場合、論理実証主義の代表者は、この論争はドイツのウェーバーによって広範に基礎づけられ、クラフト、ポパー、アルベルト、トピッチュによって継承されたものであるという立場をとっている。

　彼らの意見は、次のように一般化される。規範も価値も科学的に確定された事実から導出することはできない。科学的命題の体系は、現実についての認識（情報）以上のものを作り出すことはできない。すべての価値命題や規範命題は、科学的判断の範囲外のものである。規範は現実生活との関連で形成されるものであって、科学的に妥当かどうかが証明されるものではないのである。

　他の科学的議論の手がかりと同様に、論理実証主義も自己理解を表明しなければならない。つまり、論理実証主義の自己理解において科学とは何を意味するのか、どのような条件のもとで、ある命題や観察が科学的であるとみなされ、どのような場合にそうみなされないのか、要するに科学にどのような基準を採用するのか、を確立するか証明しなければならないのである。この複雑な問題の中にあって、論理実証主義の代表者たちには、すべての結果の間主観的な検証可能性が要求されている。もちろん、他にもいくつかの規定が加えられるが、間主観的な検証可能性が主要な問題である。

　帰納法、出発点と前提の問題、価値自由な判断、そして科学としての自己理解というこれら四つの特徴は、別の形で定式化されうる。コラコウスキーはこれらの特徴を、第一に現象主義、第二に唯名論、第三に価値判断と規範命題の認識価値の否定、そして第四に「知の方法の根元的統一への信念」という四つの規則として述べている。これら二通りの記述をより厳密に検討す

るならばそれぞれの記述では、同じ問題が扱われており、それが別の観点から述べられただけであることが分かるであろう。科学的な方法論は本来、同一のものなのである[14]。

以下では、主要点を個別的に検討し、論じていくことにする。

a) 帰納法

現象学、解釈学、弁証法は、「対象」を**全体**として観察し、研究し、そして理解する、その方法によって規定されている。1960年代の初め以来、ドイツで発展し、今日の非分析的な方法を重要性と影響力の点でほぼ凌駕してきた論理実証主義的な手がかりは、個別事象を分析するために、それらに対して「価値中立的」な方法を用いる。

分析的な方法は、必然的に個別事象から出発しなければならない。科学論的に言うならば、**帰納法**を採用することになる。ここに個別と一般の困難な問題が生じてくる。この不可避の事態は前提から生み出される。もし、経験によって何が得られたか、何が間主観的に証明可能で価値自由か、といった分析的な手がかりのみしか許されないのなら、経験以前の先験的ないかなる命題も放棄されなければならない。出発点は、個別的な経験に置かれなければならない。もし価値があり、妥当性をもち、さらには普遍的でさえある命題や言明に到達したいと思うならば、いくつかのありうる、そして考えうるすべての個別的なケースから推論していかなければならない。

今日では、ありうるすべての個別的なケースを検討することが不可能だという理由からだけでも、このような推論はつねに不確かなものであることが論理的に分かっている。例えば、人間について何かを言おうとすると（すべての人間は何らかの形で承認を得ようとするというような）、理論的にはすべての人間に質問しなければならないし、過去の人間、人類の歴史の過ぎ去った時代についても考慮に入れなければならなくなってしまう。たとえこうしたことが、歴史的な文書により可能だったとしても、さらなる問題にぶつかることになる。というのも、この命題はありうる未来のすべての可能性を考慮に入れてはじめて、一般的な法則と言えるようになるからである。

教育科学では、その活動のはじめから解決不能な矛盾（アンチノミー）を抱えている。つまり、経験科学の基礎の上にたって、帰納法的推論のみをとることは可能である。しかし同時に、すべての個別的なケースを調べることは不可能なのである。

今やこの手がかりの主要問題は、どのような状況において帰納法的推論が可能であり、いつそれが証明力を持ち、いつ持たないのかを検討し確定することである。このことは、ますます重大な問題となっている。統計的調査では、この問題を「代表的」という概念を用いて対処している。一般的な統計学は、素人がどのようなイメージを抱こうと、全体から出発するのである。例えば、国民の各宗教団体への分布状況を確認するためには、すべての国民が調査されることになる。そして、各宗教団体への分布がパーセントとして正確に表現される。**同じように**、すべての職業、男女構成の比率、収入なども明らかにされる。その際、前提条件は、すべての住民がつねに前もって統計的に把握されているということである。

このように、素朴な意味での事実の集積を統計のなかに見いだすことができる。それに対して、アメリカの統計学者ウォーリスとロバーツは、統計学を「賢明な決定を可能にする方法体系」と呼んでいる。彼らは、統計的な手法と体系には、すでに決定を下すことが含まれていると考えている[15]。

しかし、分析的手法としての統計学は、上述したようなアンチノミーのために、まずもってすべての考えうるケースを網羅することができない。もし、統計的調査によって、人々や人間集団の行動について何か言おうとしても、すべての参与者を統計的に把握することはほとんどの場合において不可能である。統計的調査者は、問題状況をまさに逆転させなければならない。第一に、全体の縮小モデルが作られなければならない。例えば、社会統計学者たちが、オズナブルックという都市が社会的にも、宗教的にも、そしておおよそ年齢的にも、職業構成的にも、ドイツの平均と合致していることを発見したとする。その場合、オズナブルックはドイツ全体の統計的縮小モデルであると言えるのである。

アンケート調査や動機調査などをする際に、オズナブルックが縮小モデル

として手に入ったとしても、オズナブルックの住人すべてに質問をすることはあまりにも時間と費用がかかるし、時として不可能でもある。統計的調査は、再び住民カードから知りうる要素に基づいて、さらに1000人の縮小モデルを作り、彼らに質問をすることになる。今度はこれらの1000人の人々がオズナブルックを代表すると想定されることになるのだが、そのオズナブルックはドイツをも代表しているのである。

　この例から、統計学の主要な問題点を理解することができる。それは何を「代表」と規定するか、また計算や調査範囲の確定の際に、どれだけの偏りが許されるのかという問題である。5％は許容できる偏りとして（重要でないとして）考慮されないままでよいのだろうか。それとも3％がすでに重要なのだろうか。無作為抽出法が代表的であるのはどのような場合か。ドイツの代表として1000人分の調査で十分なのだろうか。どういう要素から縮小モデルは構成されるべきなのか。これらすべてのことは、その大部分が統計学の裁量外の問題である。しばしばこういった問題は安易に措定されてしまう。特に最近の教育科学における統計的手法の使用によって、それがもつ多くの可能性が腐敗し、評判を落とすことになった。代表的要素を無責任な態度でいい加減に扱うことは、統計学全体の信頼を損なうことにもなりかねない。

　統計的手法を用いた数多くの研究が公表されている。例えば、20人の学生の一学期間の行動を観察し、こうした数少ないサンプルをもとに、大学の教授法についての広範な結論が引き出されるといった研究が数多く出版されている。もっと少ない母集団から、より広範囲にわたる結論が導かれるような、経験的で統計的な研究が跡を絶たない。統計的研究の第一の任務は、自らの権威と価値を守るために、こうした研究はまともでないものとして拒絶することにある。

　原則的には、統計的手続きに関して、何が代表的であり、何が重要で、どの限度まで偏りが許されるのかについて、少なくとも統計学の手続きで扱うことができる領域以外のことに関しては、実践的な合意によって確定されなければならない。

　帰納法は、当該の事態のうちに**合法則性**が前提される場合にのみ、証明可

能なものであるとみなされうる。すべての場合について検討することはできないが、外挿法的に結論を下すことはできる。つまり、同じ条件の下で対象となる**多くの**場合に同じことが起これば、それは**すべての**場合に当てはまるという考え方である。規則を前提とするこうした原則は、あまりにも一般的な方法をとるために、論理的に証明することも、経験的に導き出すこともできない。しかし、この原則は、明らかに分析的方法の重要な要件となっている[16]。

　帰納法のもう一つの問題点は、事実の把握にある。確かに広い意味では、観察が経験科学の基盤になっている。このことがどれほどもっともらしく聞こえようとも、ここで言われている状況は非常に複雑なものである。経験主義は、「ただ単に」観察だけをしているのではないことを認めるようになった。

　私は、このことを例に基づいて明らかにしていきたい。学校での休み時間に、生徒たちを校庭で観察するとしよう。生徒たちは、どんな遊びをするだろうか。集団形成は見られるだろうか。休み時間のうちのどの時間帯にサンドウィッチやおやつを食べるだろうか。スポーツはするだろうか。衝突や対立はあるだろうか。男の子と女の子では、違った振る舞いをするだろうか。喫煙をする生徒はいるか。こうしたリストは、いくらでも引きのばせてしまう。それは、問題設定の関心に依存しているのである。つまり、観察の対象は決して初めから決まっているわけではない。観察は、あらかじめ決められた問題設定に従って、何か特定のものを対象として行われる。この問題設定が観察を**先導する**のである。その他の出来事、例えば、生徒たちが校庭から出ていくかどうか、もし先生がいたら生徒たちはどのように振る舞うのか、誰もいなかったらどうか、生徒たちは休み時間にお金のやりとりをしているか、あるいは物々交換をしているかといったことは、記録もされなければ、重要なものとして扱われることもない。

　こうした観察は、校庭での出来事だけを記録する、いわば「関与していない」観察者によって行われることができる。しかし、観察者が自分の居場所を離れて、どうしていつも集団を作るのか、どうしてスポーツをしないのか、

どうしてみんなはミルクをよく買うのか、といったようなことを生徒たちに**質問する**こともできるのである。

　たやすく理解できることだが、純粋な観察は、現象のみを対象とすることができるのであって、動機やモチーフ、前提について突きとめるものではない。

　純粋な観察とアンケート調査によって、最初の結果と洞察を得たならば、その妥当性に取りかかることができる。例えば、食事をしてから遊ぶという子どもたちの習慣は、一週間後、一ヶ月後、一年後にも同じ状況にあるだろうか、といったことを確かめるために、無作為抽出法やテストによって検証するのである。

　さらにまた、観察の状況を観察者自身が変えることも可能である。例えば、観察者は、生徒たちをしばらく観察した後に、ボールや縄跳びの縄を置いて子どもがどう反応するかを確かめることができる。

　観察者は、観察場所の条件を構成することから始める。そして実験する。そうすれば、元々の状態での生徒の行動と、条件を変化させた後の生徒たちの行動を比較することができる。休み時間中の生徒たちの行動は、どのように変化するだろうか。別の集団形成は見られるだろうか。インフォーマルな集団は崩れるだろうか。もしゲームやスポーツの準備がなされていたら、よりよいコミュニケーション行為が見られるだろうか。こうした実験は、休み時間の使い方の手順についての発見をもたらしてくれるかもしれない。

　また、社会的な領域での現実を理解するにあたって、実験がいかに限定されたものであるかを明らかにすることができる。例えば、私たちは校門を開けて一年生に車の渋滞する往来の激しい通りをわたらせて、彼らが激しい車の通りのなかをうまく通り抜けられるかどうかを観察するようなことはできない。実験のリーダーが担う責任のもとに、生徒たちを危険にさらすような実験は禁止される。多くの実験が、そうした境界線上にある。もし観察中に他の生徒がどう反応するかを観察するためにケンカが引き起こされたり、あるいは私は常々、観察者がそこにいなければそうしたケンカは起こらないのではないかと思っているのだが、観察中にケンカが起こっても、それを「絶

好の機会」として観察のために利用するだけで、例えば言い合いの仲裁に入ったり解決したり、場合によっては、そうすることで子どもたちに危害が加えられるのを防がないのであれば、私はそうした事態を非道徳的であると思う。

要するに、観察者は、その観察が彼のいわゆる「実験」にとって、たとえどんなに重要なものであろうとも、子どもたちの争いを避け、防ぎ、解決するよう努めなければならないのである。

観察、アンケート、テスト、**実験**は、経験的把握の主要な方法である。しかしこの主要な方法には、明らかな一連の問題が付随している[17]。

こうした観察はどれだけ長く続けられなければならないのだろうか。一ヶ月か、一年か、一週間か。何曜日を選んだらいいのか。生徒たちの行動はどのような周辺状況に影響されるのか。観察される学校が田舎の総合制学校である場合と、小都市の学校である場合と、都市にあるマンモス学校である場合では、何か違いがあるのだろうか。こうした学校の独自の伝統は、何らかの役割を果たすのか。教員たちの状況（協力的な行為や緊張）は何らかの形で影響するのか。どのように質問が作られたかを教えたりして、生徒たちは質問に対する特定の解答が前もって与えられているのか。経験的な方法は、質問を（標準化された）固定的な形式で行うのか、あるいは自由な会話（オープン・インタビュー）の中で動機を調べるのかを決めなければならない。

どちらの手続きにも利点と欠点がある。標準化された調査は、解答の可能性が選択肢によって制限されている。しかしこうした調査は、統計的にはより高い評価がなされている。自由調査法は多様性に富んでおり、場合によっては、より多くの動機を把握することができるが、調査後に標準化された枠組みに当てはめられなければならない。

同時に、経験的方法は、次の問題に応えなければならない。すなわち、どのように観察方法は採用され、評価されるのかという問題である。

評価の場合と同じように、諸事実を採用し把握する際、調査者は純粋な経験を放棄することになる。調査者は別の方法を用いなければならない。経験的社会調査では、ここで述べられている問題領域を操作という概念で言い表している。

諸事実は、単に目の前に現れる観察可能なものでは決してない。多くの現象（側面、現れ）が諸事実を構成している。調査者は、諸事実を観察可能なものにするために、それらを前もって操作し、観察可能な要素に解体しなければならない。

　教育科学では、人間形成の現象がそうしたケースに当てはまる。アンケート調査やインタビュー、あるいは国勢調査に、人間形成を簡単に観察することができるわけがない。たいていの場合、教育に関しては卒業資格について質問する。卒業資格があれば、大学卒業者として「より良い」、「より高等な」、「より徹底した」人間形成を受けてきたであろうと通常は考えられているのである[18]。

　同様に、教育現実の中にはその他に多くの現象が存在している。例えば、集団形成、社会階層への帰属、健全なあるいは問題を抱えた家族、社会連帯的行動や教育的成功といったことを観察する際には、観察が可能になるよう前もってそれらを構成する要素である社会関係、友情、愛情などを操作しておかなければならない。

　例えば、調査者は社会関係を探求するために、「次の誕生日に誰を招待しますか」と質問する。こうしたケースは、経験的社会調査では「理論的定義」についても語られる。日常言語や前科学的観察によって知られている諸現象は、理論的定義の中に移し替えられ、理論言語の領域へと転換される。こうした理論言語によって、今や理論的定義は観察のための言語へと移し替えられるのである。そうすることで、二重の転換が行われる。日常言語で言う「友情」は、仮説的定義では「社会関係」という言葉に近似的に置き換えられる。次に、操作的定義を通して「週に何度会いますか」とか「あなたは彼に自転車を貸しますか」といったような観察可能で測定可能な質問、あるいは段階づけられた質問へと近似的に置き換えられるのである。こうした二段階の置き換え操作によって、感覚的観察や直接的観察によっては到達しえなかったものが、感覚的認知と測定機器によって、把握可能なものとなるのである。

　教育のスタイルや指導のスタイルを観察しようとする際には、この二重の

置き換えの過程が決定的に重要な役割を果たすことになる。民主的な教授活動や社会連帯的な教授活動といったものは、どのように操作されるのだろうか。それらを教師の発問から読みとることはできるのだろうか。それとも、教師と生徒の間で交わされる会話の配分時間からだろうか。

社会連帯的行動というのは、直接観察することのできない理論的定義の代表例である。操作によって、例えば言葉遣いが分析される。その際、社会連帯的な方向への行動の変化は、言語上の変化として捉えることができると想定される。権威主義的に教育された子どもは「僕は」という言葉をより多く使うし、社会連帯的に教育された子どもは「私たちが」とか「私たちを」という言葉をより頻繁に使うと考えられる。

同じ問題が観察の評価の際にも再び現れる。社会的な領域での評価は、理論的な言葉へと置き換えられ、一つの連関のなかに置かれなければならない。

例えば教育評価の記録をした際に、生徒全体の3分の1が議論に3回か、あるいはそれ以上参加していたとする。他の3分の1の生徒は1回だけ、残りの3分の1の生徒はまったく参加しない。この議論は「良い」、「うまくいった」、「効果的な」、「社会連帯的な」ものだったのだろうか。

グループのリーダーはまったく話さない方がいいのだろうか、それとも少しは話した方がいいのだろうか。記録者が、はっきりと不快な**そぶり**を3人の生徒が見せているのを観察したとする。こうしたことは記録すべきなのか、それとも重要でない（あるいは無意味な）副次的な出来事として無視すべきなのか。

観察から理論へと至る間には、長い道のりが横たわっている。この時点で、観察は個別的なケースについてのものなのか、それとも一般的な現象についてのものなのかという問題に答えなければならない。いくつかのケースから全体を推論することが、どれだけ許容され、信頼性をもつのか、それはそもそも可能なのだろうか。

b) 出発点の問題

解釈学的な志向をもつ科学の大きな利点は、友人、生活といった「ずっと

以前から」そこにあったものを出発点にしていることである。このことは、シュライエルマッハーの有名な次の言葉の中で述べられている。すなわち、「教育について語る人は、ずっと以前から教育とは何かを知っている」、という言葉である。

こうした前科学的な理解は、どの科学分野にも存在している。生物学者は、例えばある樹木が維持される条件や環境を科学的に探求するために、その樹木と関わりをもつ「ずっと以前から」人間、動物、植物とは何であるかを知っている。

前科学的な理解は、日常言語の分析によってはじめて明らかにされる。したがって、解釈学的な手続きは、こうした前科学的な理解が日常言語の中でどのように分節化されているのかという点から出発する。そこで、特定の出発点が問題となることはない。どこに科学的な疑問が置かれているかは明白である。

しかし、もし方法的に確実な調査における前科学的な事柄や「前提なしに」研究を始めることができると考えるならば、出発点の問題が生じてくる。私たちはどこで観察を開始すべきか。誰も自分の秘書に「学校へ行って、あなたが見聞きしたものすべてを記録しなさい」と命ずることはできない。観察者は、壁にどんな絵が掛かっていたかとか、窓がきれいに拭かれていなかったとか、先生のネクタイは何色だったかとか、あらゆることを書きとめることができるのである。

依然として条件つきの観察課題が問題になっている。生徒たちの授業時間の記録をとる場合について考えてみよう。その際には、何が授業であるのかを知っていなければならないという条件がすでに存在している。それとも、幼稚園の先生が園児と一緒になって遊びや教材に没頭している時にも、授業と言えるのだろうか。

答えは決して自明なものではない。例えば、基礎学校の女性教師が歴史について子どもたちに興味をもたせようとする時、それについて絵を描かせたり、出来事を図で表現させたりするならば、私たちは容易にそれを授業として理解するだろう。

しかし、幼稚園の先生自身が、絵を描いたり粘土細工や工作をすることに没頭している場合にも、授業と言えるだろうか。

あるいは家族が週末にドライブに行ったとする。その時、小さな娘がとても強い印象を受けたとする。月曜日になっても彼女はドライブの話をする。母親は、子どもにしっかりと思い出してもらおうと「あの時には車と何を見たっけ、あの時にはどうかな」と聞いたとする。これも授業の一種と言えるのだろうか。

この例から、どれだけ私たちの思考が固定した前科学的な把握にすでに規定されているのかが明らかになる。私たちにとって授業とは、何よりもまず教師と生徒が存在するという事実によって無反省に規定されている。しかし、私たちは集団指導の中で、生徒たちはクラスメートからものを学ぶことが明らかにあることや、本やプログラム、あるいは学習器具から学ぶこともあることを知っている。

そのように考えると、ある生徒が語学講座をレコードで聴くことも、授業とみなされるかもしれない。しかし、もし生徒が作り話をレコードで聴く場合でも授業と言えるのだろうか。それでは、ある男の子が週末のドライブ旅行の時に経験したことの絵を放課後に自発的に誰からも指示されたわけでもなく描いていたとしたら、なぜそれを授業と言ってはいけないのだろうか。

それゆえ、学生たちが私たちの学校体系のクラスのなかでの授業で起こったことを記録するように要請された際、重要になるのは開始時の状況ではなく、そこで前提とされていること、すなわち授業とは何かということについての特定の意見なのである。こうした諸前提の上にたってはじめて、学生たちは何を記録すべきかについての指示を理解できるのである。

時として、この問題は選択の問題として捉えられることがある。観察のために、どの「対象」が現実の中から選び取られるのか。この手がかりに適する理論的な基準が、選択のためにあるわけではない。理論はいつでも最終地点に存在しているだけであり、せいぜい多くの実証的な個別的調査の結果、形成されるものに過ぎない。しかし原則的には、こうした最終地点には決して到達することができない。

私たちはつねに、その途上にいるのである。既存の知識は、つねに追いつかれ、補足され、変更され、修正される。要するに、反証されるのである。ポパーのような批判的な科学理論の代表者は、帰納法が究極的な保証を得ることはできないという見解を示している。自然法則もまた、究極的に確証されることは決してない。自然法則もつねに「より蓋然的である」という意味で妥当であるに過ぎない。

ポパーは、仮説の措定、作業命題、最初の理論構築といった、ここでは出発点として議論した研究の手がかりが、科学の外の問題であり、おそらく心理学的なものではありえても、科学の論理の問題ではないとみなしている。帰納法によって確実な真理に到達することは決してありえず、経験的方法のもつ可能性は、単に措定されたテーゼや仮説を単に**経験的に検証**し、これらの命題が経験的に検証されえないかどうかを調べることだけになる。帰納法によって立証可能性を得ることはできず、帰納法は**誤りの証明**、すなわち反証可能性を持つのみである。帰納法では、それまでの反証の試みに持ちこたえたものが一時的に妥当なものであると考えられるのである。

この問題は、哲学と科学論において繰り返し議論されてきたものである。科学もその諸前提が証明可能なものでないことを知っていた。自然科学では、このような証明することのできない諸前提を**公理**と呼ぶ。古代以来、証明することのできない、直接本当であると認識されるか、さもなければ人々の合意によって妥当なものだと考えられる、このような原理が存在することが知られていた。

数学者にして哲学者であったパスカルは、公理がそれ自体「自明なもの」についての言明であることを要求した。証拠を必要としないほどに明白なものは、それがどんなものであっても、証明を必要としない。

その後、数学者たちはこの要求から離れてしまった。彼らにとって、公理とは任意に選ばれ、純粋に形式的に解釈される出発点である。そのため、今日の数学においても、証明することができなければ、理解することもできず、また合意に達することもできないようないくつかの公理が存在している。例えば、ゼロは自然数に数えるのかという問題がそうである。幾何学では、「二

本の平行線は永遠に交わることがない」という命題があるが、これも証明されることもなければ、証明可能でもない公理の一つである。

　公理は容易に理解できるものでなければならないとする、多くの試みや新たな手がかりにもかかわらず（例えばロレンツェンなどの）、私たちが理解できるものは、私たちが作り出したものだけであり、それゆえ問題は未解決のまま放置されることになる。ロレンツェンは、根本命題を構成しようと試みた。そのためこの形式は**構成主義**と呼ばれる。しかし公理の構成が、今日まで知られてきたものとは根本的に異なるような、根本命題についての合意を生み出すかどうかは検討の余地がある[19]。

　こうした議論は、単に論理的な飾り物であるわけではない。ポパーによれば、科学の出発点は科学の論理の外にあり、心理学的にもっともよく説明しうるものであり、科学的研究の出発点は不確かで偶発的なものである。このことは、ごく最近の科学史をひもといて見れば、実際多くのケースに当てはまることが分かる。経験的手続きはいかなる理論をも提示することができないため、個々の研究者はその時々の政治的、あるいは経済的な関心を直接得ることのできる研究に飛びついてきた。ギムナジウムの機能不全が教育政策的に議論された時には、研究者たちは移行や、中等教育での選抜や、両親の高等教育に対する態度の問題を検討した。

　カリキュラムの議論が始まると、そこに経験的探究が加えられた。権威主義的教育の議論がクライマックスを迎えると、権威に関わる現象を探究する個別研究が行われた。

　これらの例から手がかりの恣意性、科学の政治的関心への従属が印象づけられる。また政治から独立し、科学からあらゆる価値判断と政治的な基準を排斥しようとした、まさにそうした研究者たちが自らが抜きがたい従属状態にあることを目の当たりにしたのである。この従属状態は、いまだ解決されない出発点の問題から生み出される。そして経験的研究は政治的な趨勢や問題に対して無力であり、その無力さゆえに科学の方向性を政治的な趨勢や問題によって左右されてしまっているのである[20]。

　ここでは、すでに第三の問題圏である科学における規範の問題が言及され

c) 価値判断の問題

人間は、すべてのものや出来事に価値を与える。例えば、マイホームは、ある人にとって価値あるものとも、有用なものとも、望ましいものとも、不必要なものとも、関心のないものともなりうる。またある人の行為は、彼にとって良いものとも、合理的なものとも、高貴なものとも、無意味なものとも思われる。またある芸術作品は、ある人にとって美しいものとも、醜いものとも感じられる。こうした言葉はすべて、価値判断を表現したものである。人間は、ものや出来事を価値判断のなかで把握する。こうした言葉の内容は、良さの価値（有用——無用）、論理的（正——誤）、倫理的（善——悪）、審美的（美——醜）に関わるものに区別される[21]。

人間は多くの欲求や感情をもっているため、そのなかから数多くの価値の措定の仕方を説明してきた。科学はその誕生以来、この問題に時間を費やしてきた。重要な点は二つある。第一に、個人や集団、あるいは社会がこうした価値にどのようにたどり着いたのか、すなわちどのような過程を通り、どのような条件の下で、価値判断と価値づけが生み出されてきたのかという問題である。

第二に、科学は研究や、諸命題や、「結果として何が生じるのか」を問う際に、価値判断を扱うことができるのか、そうすべきなのかを熟慮することができるし、またそうしなければならない。

20世紀の科学は、この第二の問題圏をますます取り上げるようになった。ニーチェは自らの位置づけを確定しつつあった科学にとって、価値がどれだけ重要なものであるかを力説した。ニーチェは、こうした価値づけには、強い意志と弱い意志が含まれると考えた。彼は飽くことなく、価値の序列と「すべての価値の再評価」を求めた。その際、価値づけをする力への意志として理解される意志は、すべての価値の再評価としての科学的認識と、永遠のプロセスのなかでの新たな生命の形成とが一致する。

このような価値の措定や価値認識の過程は、（アンチテーゼのように聞こえ

るかもしれないが）生命に由来し、行為の指針となるものである。しかしこれは、せいぜいのところ政治ではありえても、科学ではない。価値自由な判断の原理の科学的創始者であり、熱心な主導者であったのが、ドイツのマックス・ウェーバーであることは記憶に値する。彼は、社会学を純粋な記述的経験科学として基礎づけ、それを規範的な形而上学、そして政治的な勢力から独立したものにしようとした。そのことを実現するため、彼は科学と政治の峻別を要求した。

　この手がかりは独特である。ウェーバーは諸領域を**区別**したのである。後の議論により明らかになることだが、価値自由の要求は、科学と政治ないしは理論と実践、方法と目的ないしは目的と手段、これらそれぞれの**区別**が同意されてはじめて実行可能なものになると考えられる。

　価値自由を要求する代表者たちは、この分割が可能だと主張する。反対論者たちは、この主張に異議を唱えたり、この分割は危険だとさえ考える。第二次世界大戦後、科学と政治を不幸な形で合併したファシズムの陰鬱な圧力の下で、ウェーバーによって創始された議論が再び活気づいた。

　ハンス・アルベルトは、この手がかりを修正し発展させた。原則的に、彼はウェーバーの要求を忠実に受け継いだ。「いかなる問題も、価値判断に逃げ込むことなく客観的に議論することができる。価値自由の限界は、批判的議論の限界と一致する。規範に関連する問題についても、原則的には価値自由に扱うことができる……。もちろん、科学が実践的に応用される際に、学者の助言が実践的行為のモデルとなる機能を果たす時が、いつの日か訪れることだろう」[22]。

　この言葉から、アルベルトがどのように分割をしなければならなかったかも、明らかになってくる。科学的研究や命題は、価値自由なものでなければならない。しかし、それを実践に移し替えていく際には、どこかの時点で、まさにこの価値自由な科学が実践のためのモデルとなることが証明されるのである。なぜならば、徹底的に探究されたものは、すべての反論に耐え抜いたものであり、間主観的に妥当で、**正しい**と検証されたものであり、それに反対することは、無意味でもあれば非理性的でもあるからである。

価値自由は研究過程に必要なものであるが、ウェーバー以来議論されてきたものは、いまだに解決されていない。研究対象はどのように見いだされるのか。選択の際の観点は、つねに価値判断を映し出すものである。

　ポパーは、次の分割をここで企てている。対象は科学に対して与えられるものである。科学は決して絶対零度から出発するのではない。諸問題や、諸問題についての仮説や、それらのありうる解決策は、ずっと以前から存在している。科学は次のような態度とそれらの検証から出発しなければならない。「科学は神話とその神話の批判から出発しなければならない」[23]。

　このことを通して、出発点、既存の状況、そして諸対象は価値を含むものであることが認識される。この認識もまた、分割されなければならない。アルベルトは、選択の問題をあらゆる評価的視点から捉えると同時に、この選択の問題はメタ科学の領域に属するものだと考えた[24]。

　選択の問題の科学を領域から除外することによって、経験的研究は解釈学的哲学の手がかりがつねにとっていた立場に到達する。対象は研究者に与えられるのである。ポパーのこの命題によって、経験的研究も「所与の問題」から出発することになる。

　しかしながら、価値自由な諸事実とデータの収集、観察とその記述、諸命題の法則への整理、そして可能な予測の定立といった想定は、また新たな困難に直面する。研究は言語なしに行うことはできない。そして何かを言う際には、価値判断がすでに含まれてしまう。このことは評価の違いを意味している。例えば、評価票と言うのかそれとも通信簿と言うのか、修了証書と言うのかそれとも業績証明書というのか、授業と言うのか情報伝達と言うのかの問題である。

　もし価値自由の要求が妥当なものであるとするなら、ここで再びさらに多くのものを分割しなければならない。アルベルトはこの問題を実によく見通している。実践の言葉であり規範的な言葉を含む日常言語は、価値判断を含むことができるし、また含んでいるべきである。そこから分離されるべきなのは、価値自由でなければならない科学の記述言語である。アルベルトは日常言語を対象言語とも呼び、科学の表現の仕方をメタ言語と呼んでいる[25]。

私たちは、メタ言語のもっとも一貫した表現を数学の公式に見ることができる。

これほど多くの分割と除外をした後には、方法としての価値自由のほかには実際にはもう何も残らなくなってしまう。価値自由な方法を科学の目標とするにあたって、一般にはそうすることが科学的な活動と考えられているのだが、次のような要求が掲げられることになる。アルベルトはその要求が「認識の理想」に備わる義務だと考えているが、その要求とは「現実の間主観的に検証可能な情報」[26]、すなわち妥当な真理であると感じざるをえないものの要求である。

またここでも、科学理論にとって決定的に重要なものが、科学の論理の**外**に置かれている。重要なことは、研究者たちの倫理的な義務である。アルベルトもこのことは熟知していた。アルベルトは、方法論的な手がかりは「当然だが、当該の問題の方法論的構想と、それに備わる認識の理想を受け入れた者だけが受け入れることができる」と考えている[27]。

現在、価値判断の問題に関する諸著作に対峙する場面ではつねに、価値自由の代表者たちは、別の分離を要求することなしに彼らの公準を保持することは不可能であるように思われる。

そのため、アルベルトは、情報理論でいう変形と同じ意味での技術と、実践の一形態としての技術の、それぞれの応用領域をさらに区別する。アルベルトはその区別のために、社会技術と政治という用語を用いている。もし「これらを分離しないならば、容易に混乱が引き起こされる」と彼は言う[28]。

価値自由の公準には、もう一つの前提が隠されている。対象や事実としての現実は、ここで論じているように、価値自由に理解できるものでなければならないが、そのためには現実のうちにメタ言語によって定式化される一般法則がなければならない、というのがその前提である。そしてその一般法則が社会科学に、そして人間の領域に当てはめられることになる[29]。

また、この立場に対しては、繰り返し異論が寄せられてきた。というのも、技術は法則のみに従うものであるが、こうした法則は実践を規格化するものとなる。アルベルトはここで、何かを簡略化してしまっている。彼は、法則というものを自然科学でいう厳密な意味で解釈しようとはしていないのであ

る。社会科学の理論でいう法則は「現実の出来事がその間を縫って生起する隙間である」と彼は言う[30]。

社会の領域や人間の行動にも法則が存在するという想定は、人間学的な命題を含んでいるのである。このことについては、すでにリットが注目していた。人間が自然や人間自体について何かを言おうとする時には、人間はどうでもよいものでも、**価値自由**なものでもない。「自然の必然性のみに従う人間は、いかなる独自な本質にも触れていない。人間は、歴史の必然性にも従って初めて、根本的に重要なことがらから判断を下すことができるのである」[31]。社会の領域において、価値自由なメタ言語によって表現され、まさに価値自由な技術へと転換され、予測の基盤となる、そういう法則が見いだせると想定する人は誰でも、自然の領域と人間の領域の間にはなんら違いはない、「人間の行動は、落下する石や、成長する植物、なんらの人間的本質も示すことなく本能のみに従って生きる動物と変わるところがない」という**人間学的な断定**を下すのである[32]。

経験科学の代表者たちのこうした解釈は、文章の端々や、うっかりもらされた表現のなかに見いだされる。例えば、アルベルトは、科学者が追究する法則によって「人間の作用可能性が一定の仕方で制限される」[33]と書いていたり、「いわば誘導するのだ」とか「それゆえ、行動の可能性の余地が制限される」(同書)と要約的に補足していたりする。

価値判断の要請と区分の原理については、繰り返し激しい異論が寄せられている。価値自由の科学は、技術化の傾向に無批判に屈服し道具的理性を素朴に用いている。この種の理性にはイデオロギー批判が欠如しているというのである[34]。

ハーバーマスは、次のように批判を始める。技術への転化をめざして法則的知識を獲得しようとする者は誰でも、技術へと転化するプロセスを制御しなければならない。ハーバーマスは、目的合理的行為や道具的行為は、制御の実行によって生じる構造であると結論づけている[35]。ハーバーマスは、そこから「合理的」であるかのようにカモフラージュされた支配が生じてくることを懸念している。この合理性の影に、支配の政治的性質が隠蔽されて

しまう。「今日、支配は技術を手段とするばかりでなく、技術そのものとして存続、拡大している」[36]。そこから生じる不自由は、もはや不合理なものや政治的な不自由ではなく、技術的道具立てへの屈服と感じられるのである。

この議論から、当初の手がかりが、いかに正反対の方向へと転じられたを見て取ることができる。ウェーバーは、科学が政治から独立し、政治によって誤用されることのないよう、価値自由の科学を要請した。フランクフルト学派は、論理実証主義が抑制されすぎていると批判し、科学としての責任を遂行すべきであると論じる。科学は「象牙の塔」へと引きこもることは許されず、自らの社会的要件や自らの行為の帰結を考慮しなければならないというのである。

教育科学にとって、価値判断論争は重大な意味合いをもっている。現在もこの点についての激しい論争が交わされている。ブレツィンカは修正された価値判断自由の立場をとっている。「理論は価値判断から独立したものである。理論の目的は情報伝達にある」[37]。

疑いもなく、理論とは「それが何であるか」という現実を探求するための詳細な議論の全体像から構成されるものである。ブレツィンカは、こうした知識を一つの命題体系のなかで要約しようとする。価値自由とは、この命題体系のためだけに要請されるものなのである[38]。

批判家たちは、こうした見解が既存の状況に変化を与えるものではないという理由から、論理実証主義がその重要な意図とは関わりなく、非政治的であると見なしている。その一方で、ブレツィンカは、既存のものを変えようと望む教育学は、ユートピア的であると言う。その目標と理想は、科学的に基礎づけられるものではなく、ただ単に立案され、実行されることだけができる。価値判断論争は、科学とは何であり、どのようであるべきかについての観念とかかわっているのである。

第3節　経験的・分析的科学理論の自己理解

人類の歴史と認識の流れの中で、さまざまな活動が科学と呼ばれてきた。

そのことについては、すでに序章で述べた。科学とは何か、その問いに対する明確で固定的な答えが初めから存在しているわけではない。それは人々の合意によって明らかにされなければならないものである。

実証主義において、このことを決定的に解明したのはコントであった。彼は、哲学史の重要な編纂者であると同時に、認識の発展法則を発見し、それを三段階の法則と名づけている。

コントによれば、すべての人間の認識や科学は、この法則に従っている。第一の**神学的**段階では、人々はすべての現象を説明しようとする。その際、原因、理由、誘因が探究される。しかし、多くの事象が単純には説明されえないので、自然は奇跡にあふれ、全能なる神の仕業だと人々が考える秘密の力に満ちている。

第二の**形而上学的**段階では、神を究極の説明原理にすえることを放棄できるほどまでに、人間の認識は大幅に進歩している。しかし、依然としてさまざまな現象の原因や、それらの理由や本質が問われる。これらの問いは、天上の神に関するものではなく、力、質、性質、本質や発達といった一般的な形而上学的概念に関するものになったのである。

この段階をより子細に検討してみるならば、この段階が数多くある神学の一つに過ぎないことが分かるであろう。問いの立て方や、問いの方向性が、いまだに神学と同じなのである。

第三の**実証的**段階になって初めて、科学者たちは、何故かという問いや、さまざまな現象の背後に潜む「力」に関する無用な問いを放棄するのである。そこでは「事物は**どのようなものであるか**」が問われる[39]。

科学はここにきて、現象がどのように生起し、作用し、展開するのかを問うようになり、事実が集められ（論理証的知識）、知覚可能なものについての言葉が用いられるようになる。コントにとって説明とは、個別的な事実を一般的な事実へと関係づけることであった。

コントはこの発展を法則と呼んだが、それにはいくつかの理由がある。第一に、人類の知的発達は、すべて同じようにこれらの段階を踏んできたからである。その意味では、この法則は、系統発生の一要素ということになる。

人類はまず神話的・神学的段階を経て、形而上学的・哲学的段階へと至り、さらにその後に科学的段階へと到達するのである。第二に、このことは個々人についても当てはまる。誰でも子どもの頃には神話的段階を経て、若者の頃には形而上学的・哲学的に考え、その後大人になると、自分が経験した現実に興味を持つようになる。第三に、この法則は個別科学にも当てはまる。

　このことを教育の言葉に移し替えてみると、次のように言うことができる。教育はまず、神学者の仕事であった。その後、教育は哲学によって正当化されるようになり、実証的段階になると、出来事や事実は科学的に記述されるようになる。そのため、いかなる科学においても、神学的な概念や形而上学的な概念の遺物が残存している。実証科学の任務は、個々の科学のうちに残存する、こうした形而上学的な最後の遺物を取り払い、解体することにある[40]。

　コントはまた、この三段階の法則によって、**すべての科学に共通する一つの方向性**を示した。何よりも、すべての科学に適用することができるような同一の方法が存在し、また第三の段階に到った人類は、より明確な認識へと到達しうるほどに、認識的に進歩するという希望がここでは抱かれているのである。

　もしすべての科学がこの段階に従って発展するのであれば、すべての科学が実証的段階に到達し、神学的あるいは形而上学的な遺物が取り除かれ、同じ方法によって経験が獲得され、それを処理することで同一の考察が生み出されるようになるのは、時間の問題である。そうなれば科学が統一されることになる。コラコウスキーも、これが実証的哲学の根本的特徴であると言っている[41]。

　しかし実際には、コントの三段階の法則でいうような、厳密な法則性があったわけではない。それゆえ、現在の経験主義の代表者たちは、科学とは何かという問いに対して、それは合意よって決定されるものであるか、あるいは科学以前に取り決められた、それ自体科学的に証明できない想定に関わるものであることを認めている。この意味で、ポパーとアルベルトは、科学の論理が規範的なものであると見なしている。教育の科学について、ブレツィン

カは特に次の点を強調している。「したがって認識論（エピステモロギー）を構成する科学論（メタ理論）は、経験科学ではなく、倫理学と同様に、規範的哲学の手がかりなのである」[42]。

こうした合意は、問題が発生しない限り、つまり関連領域の代表者がそれらの諸前提を明確に知っており、それらが他の合意に抵触しない限り、保持される。この排他性の要求には危険が潜んでいる。もし合意によって、科学とは何であるかが記述されたならば、その合意にそぐわないものは、ただちに非科学的か前科学的であるとか、あるいは神学的・形而上学的か観念論的であるように思われてしまうのである。

シュテークミュラーは、経験主義や論理実証主義が想定する前提（根本態度）を、次のように要約している。

「1．科学で用いられる**概念**は、それが論理学や数学の形式的概念でない限り、経験的概念でなければならない。すなわち、**個別のケースにその概念を適用できるかどうかは、観察の助けによってのみ決定されうる概念でなければならない**。こうした条件に適合しない概念は、見せかけの概念であり、それゆえ科学から排除されなければならない。

2．科学的に容認可能な**命題**はすべて、純粋に**論理学的に基礎づけられる**ものであるか、あるいはそれ自体**経験的に証明される**命題に関わるものでなければならない」[43]。

またシュテークミュラーは、すべての科学的命題は、経験的に証明可能でなければならないとも付け加えている。

ブレツィンカは、まさにこの視点を教育科学に適用している。「妥当性や真偽値が決定された命題のみが認識と見なされるべきである。原則的には、すべての科学的命題が間主観的に検証可能でなければならない。重要なのは現実についての命題であるから、この証明も命題間の比較、すなわち論理的に導かれた推論と現実との比較によって行われる。命題の妥当性は、論理学の適用と、誰もが繰り返すことのできる知覚によって決定される。命題は、検証ができるように、すなわち経験によって反証したり証明することができるように、非常に厳密で明白なものであることが要求される」[44]。

この命題から、経験主義の合意を支持しないものはすべて、非科学的であると見なされる危険性を見て取ることができる。シュテークミュラーは、彼の諸前提に合致しないすべての概念を、科学から「消し去る」ことを望んでいる。それに従ってブレツィンカは、教育理論や教育哲学は、教育の科学に属するものではないと説明している。

　シュテークミュラーもブレツィンカも、この点については明らかな制約を受け入れなければならない。証明可能な概念は、科学に受け入れられ、そうでないものは排除される。この命題の帰結は、ここで要求されるようなタイプの諸概念を提示できない生命の全体領域があり、こうした領域は、科学から排除されなければならないということである。

　それに対して、解釈学的、現象学的、弁証法的な手続きは、現実の記述や説明のために役立つものはすべて考慮に入れる。何よりも、このことは次の二つのことを意味する。これらの手続きは、可能な限り包括的で完全なものであろうとする。というのも、これらの手続きは、社会的領域における現象は一つの前提構造や意味構造のなかで生じるものだという事実から出発するからである。しかし、この解釈によれば、ある個人的な経験や、主観的経験、個人的な観察は、全体的な文脈の一側面を表す。そこでは、全体の一部分としての部分的客観性が考察されるのである。

　例えば、自分のクラスの観察を行う個々の教師は、自らの視点が全体連関に埋め込まれていることが示される。彼の観察は、それほど単純ではない。彼は、研究過程の援助を受ける一方で、観察のための方法を習得しなければならない。彼は、教育学の理論と実践について幾らかの知識をもっていなければならない。彼は、ドイツ連邦共和国のある特定のクラスを観察しなければならない。そして、生徒たちは、報告可能な社会的連関のなかで行為しなければならない。こうした文脈は、どのような個別的観察にも当てはまるものである。この観察のための対象が包括的であればあるほど、ますます正確に限界条件があらわれることになる。

　ごく少数ではあるが重要な分析において、歴史的教育学はこの方法を繰り返し用いてきた。そのなかの代表的な研究には、時間をあたかも結晶化して

しまうようなものもあった。歴史的教育学の代表者は、過去の偉大な教育学者をそのように理解するのである[45]。

　論理実証主義は、こうした前提から自らを切り離してきた。論理実証主義にとって、世界に存在するものすべてが、科学的発見の対象となるわけでは全くないからである。論理実証主義は、個人的な経験と科学的な経験、すなわち主観的に記録された事実と、他人によっていつでも検討されうる事実を厳密に区別してきた。実際、そのための基準となったのが、間主観的な証明可能性である。

　こうした区別は、並はずれて実りの多いものであることが明らかにされてきている。それによって、各領域に科学的な方法の知識が準備された。その知識とは、つねに孤立したものではあるが、確証されたものとして広く伝播した。このことは例を用いて明確されるべきだろう。経験的な手続きによって、人々の行動と動機は部分的に解明されることとなった。これらの個別的な成果は、総合理論へと接合されることなく、例えば、商業活動は人間の行動や動機を部分的な成果のみから把握し、それらを説得から無意識状態での行動制御までにも及ぶ販売心理学で用いたのである[46]。

　それゆえ、動機研究の成果は今日、人間に次の二通りの形で活用されている。一つは、宣伝がこの知識を他人に影響力を及ぼすために用いているという形で、もう一つは、教育者がその知識を全く異なるやり方で、学校やその他の教育領域で、成熟した人間を教育するために用いるという形においてである。

　もし仮に生命にかかわる各個別領域について間主観的に検証可能な認識を獲得することが可能であったとしても、すべてのありうる経験や現象が検証されることはない。分析的科学理論は、その前提にそぐわないものを必然的に排除しなければならない。ブレツィンカははっきりと次のように言っている。「それは専門化という代価を払ってはじめて可能となる。教育科学の理論は、比較的限定された対象領域を扱い、関連する経験的方法によって処理されうる問題を扱うよう自らを限定しなければならない。……教育科学の理論は、教育に関して人々が抱く**すべての**問いに対する責任を持ってはいな

い」$^{(47)}$。

　おそらくこのことを聞いた人は誰でも、ウィトゲンシュタインの著書『論考』の次の言葉を思い起こすだろう。「たとえすべてのありうる科学的な疑問に対する解答が見いだされたとしても、私たちの生の問題にはまったく触れられることがないだろう」$^{(48)}$。

　分析的科学理論の科学的概念の問題は、次の例のなかで明確にすることができる。私は、大学の領域に関する出版物から4冊の書物を選んだ。一つは、すでに聖職についている神父が、集中講義のためにチュービンゲン大学に戻り、その時の「経験」を報告した書物、トレープストの『研究か階級闘争か』である。「もちろん私は客観的な報告を書きたいし、憤激なく偏頗なく発見し表現したいし、またもし可能であれば、どんな小さなものであってもいいから、大学と社会の疎外関係を克服するために貢献したいと思っている。誰でも知っているように、両者の関係は不健全で問題に満ちたものなのである」$^{(49)}$。

　「困惑する神父」の主観的な経験を、間主観的に検証することはできない。この本には、チュービンゲン大学のキャンパス生活に関する並はずれた分量の情報と、生き生きとした報告が含まれてはいるものの、私たちは分析的科学理論の厳密な意味で、この報告を科学的であると認めることはできない。

　それなら、大学の教授によって提示された研究であれば科学的であると見なすことができるのだろうか。1969年に、ハーバーマスが『抵抗運動と大学改革』という著書を出版した。その序文で、彼は次のように記している。「この本では、私の政治的見解と分析が時系列的に網羅されている。私はそれらによって、ここ数年間にわたる学生の抵抗運動と行き詰まった大学改革に影響を及ぼそうと試みた」$^{(50)}$。同書は、印刷された講義録、序文、ゼミの記録、宣伝ビラ、新しい学則の構想、そして書簡といった多くの「検証可能な素材」を含んでいる。そして本文は分析によって構成されている。しかしこれは解釈であり、すべての人がハーバーマスと同じ結論に達するわけではない。

　同書についても、分析的科学理論の厳密な意味においては、非科学的であると言わざるをえない。彼自身の論評と政治的評価がそこに含まれているこ

とが、その大きな理由でもある。

　チューリッヒで哲学の教授であり、以前にはルール大学評議員会の創設メンバー、ビールフェルト大学の創設メンバーを歴任し、ノルトライン・ヴェストファーレン州政府の大学制度担当次官として厚い信頼を受け、大学改革の問題を任されていたリューベは、彼の経験を小冊子『大学改革と反啓蒙主義』に記している。彼はこの印刷物について次のように述べている。「この本は、1965年から1971年までの大学政策と科学政策に関するエッセイ、講演、記事と論評を集めたものである。これらの寄稿物は、1960年のルール大学の創設に始まり、1970年の『科学の自由』協会の創設に到るまでの、時事的なきっかけから予期せず生み出されてきたものである。私は各寄稿物の中で(1)政治と科学の関係を、基本的で実践的な意図から分析し、(2)学問的な新青年運動を、近代科学の理想と制度的条件を危機におとしめる反啓蒙主義の一部として説明し記述した。(3)また大学改革のさまざまな側面を歴史的かつプラグマティックに取り扱った」[51]。

　本書には、科学に熟知しており、大学政策に過去においても、現在においても現在でも活発に関わっており、他の大学教授たちよりも容易により多くの経験を収集することのできた科学者が執筆をしている。しかしこれらの詳細な知識と個人的な経験は、大規模な間主観的検証の対象とはならない。私たちはまたしてもこの出版物を、分析的科学理論の厳密な意味において、非科学的であると見なさなければならない。

　ハーバーマスと同年に、アハティンガーは『教師の研究』という書物を出版した。この著作は、分析的科学理論の意味での経験的著作の典型である。検証可能な方法（標準化されたアンケート調査）により、ニーダーザクセン州のある教育養成大学の全学生のうちの20％が調査を受けた。「サンプル数は合わせて775人であり、そのうち回答の回収率は84％であり、この種の筆記調査としては非常に高いものであった。そのうち648人分のアンケートが最終的に使用された」[52]。

　また検査対象として、ゲッティンゲン大学の哲学部の全学生のうちの20％が質問に答えた。この研究は、学生の意識において、大学がどのような役割

を果たしているかを検討しようとするものであった。職業と学問に対する期待、および社会階層が検討された。教員養成に役立てるため、「教育養成大学の学生と同様、哲学部の学生のいくつかの典型的なタイプ」が強調され、議論された。

この研究では、手がかりの点においても、方法の点においても、科学の理解の点においても、分析的方法に要求されるすべてのものが提示されていた。しかし、同書が出版されたのは1969年でありながら、この研究の最初の手がかりは1963/64年の冬学期に遡るものであり、主要な調査は1964/65年に実施され、哲学部の学生に対する調査は、1965/66年の学期になって初めて実施された。最終的な結果は1969年に得られたのだが、教員養成大学における状況は全く変化してしまっていたため、確かめられた事実はほとんど無意味なものとなってしまった。

この研究では、学生騒動、大学改革、そして紛争さえもが、ほとんど取り上げられることがなかった。いくつかの根本的な問題点が、例えば、教育養成大学の将来について質問された場合などに、きわめて明瞭になった。その質問に対する解答の中には、学習期間の延長に始まり、職業訓練の補習に到るまでの、考えうるあらゆる可能性が予見されていたが、しかし総合大学への統合という現実に起こったことはそれらの予見には含まれていなかった。莫大な出費（したがって財政）をともなって実施された間主観的に検証可能な研究は、結果が出た時点には古くなり、実際に無意味になってしまった知識を生み出したのである。

それに対して初めの三冊は、読者をはらはらさせ、部分的には興奮させるような書物であり、学生と大学教員たちが自ら日々繰りひろげてきた問題を、もちろん違った側面からではあるが、確かに浮き彫りにしている。

もう一つの根本的特徴は、経験科学と論理実証主義の間の論争であり、それは今日に到るまでいまだ解決されていない。ポパーは、科学とは仮説を反証することができるだけのものであるという見解を支持している。確実で、一般的に支持されている知識は、仮説へと転換され、再び検証される。それゆえブレツィンカは、それが「決して終わることのない認識獲得のプロセス」

であると言っている[53]。

今日に到るまで経験に際して破綻していない仮説、反証されていない仮説、間主観的な検証をくぐり抜けた仮説、そうした仮説が妥当なものである。それが、たとえ一時的にではあっても、真であると見なされる。そのように法則の仮説、すなわち経験的一般化ないしは帰納的一般化に基づいて検証された仮説は、いわゆる法則的価値を持つことになる。その仮説には予測、少なくとも条件的予測が続き、さらにそれに技術が続いていく。シュテークミュラー、アルベルトやブレツィンカといった経験主義の代表者は、状況についての正しい説明と予見との間には、論理的にいかなる相違もないということを、繰り返し強調してきた[54]。

この同一視が可能なのは、説明されるべきプロセスのうちに真理と法則性が**前提**とされているからである。シュテークミュラーによる論証から、このことを徐々に読みとることができる。彼によれば、いかなる科学的説明も、次の条件を満たさなければならない。「1. 説明項は**少なくとも普遍的法則**を含んでいなければならない。2. 説明項は、被説明項と同様に、**経験的内容**を備えていなければならない。それゆえ、説明項はもっとも広い意味での経験的な感覚基準を満たさなければならない（一方における論理学的・数学的証明と、他方における『形而上学的』説明との区別）。3. 被説明項は実際に、**純粋に論理的に**説明項から導き出されるものでなければならない。4. **説明項が真実であること**が前提とされねばならないのは奇妙に思われるかも知れないが、説明項には一般的な仮説が含まれるという事実にもかかわらず、それが原則的に真であると証明することはできないのである」[55]。

すでに第1において、次のような前提が含まれている。すなわち、説明項には一般的な法則が含まれなければならない。そして第4では真であることが前提とされている。シュテークミュラーは、それが奇妙なことだと考えている。

法則科学、明確な証明、法則、予測へのこうした志向には、技術への欲求が後に続く。経験主義と論理実証主義の代表者は、教育科学の領域にあまたの技術との複合語を導入した。教授技術、あるいは教授のための技術、学習

技術、授業準備の技術、カリキュラム・テクノロジーという語がある。また心理学の領域では、サイコ・テクノロジーという語が使われるし、社会学の領域ではソシオ・テクノロジー、コミュニティ・テクノロジーやインフォメーション・テクノロジー、少し挙げただけでもこれだけある。これにプランニング・テクノロジー、教育テクノロジー、行動テクノロジーを加えれば、カタログは完成されたものになるだろう。

コープは、教育学が他の社会的な発展から遅れを取っていることを気に病み、教育科学は新たな教育テクノロジーを発展させ、徹底化し、収得することでしか、その遅れを挽回できないと考えている。現在の社会化研究では、教育テクノロジーが一貫して語られるようになった。

批評家たちは、もちろんあまりにも皮相にではあるが、論理実証主義のこの自己理解の領域に批判の矛先を集中してきた。ボレウスキーは、この技術志向の興味深い心理学的動機について、すなわち技術的思考の凱旋行進の考える原因について述べている。自由で批判的な交際をする地位にいる人々は、実現可能な世界について、そして実現可能な人間についての構想へと踏み出すであろう。「しかし私たちにとって意外なことは、同時代の若者たちだけでなく、大人たちも同様に、実現可能性の自由を守るのではなく、ただ激情に駆られてその実現の方法に疑いの目を向けるだけなのである。このことを引き起こしている原因は、人間がプログラム化されているということではなく、誤ったプログラムや誤った人間が存在するということにある」[56]。

第4節　教育学的・経験的理論の形成

経験的手続きを社会的行為の科学に応用することは、今日ではもはや自明のことである。あまりにも多くの重要で意義深い個別的事実が提示されてきている。ドイツでは、教育学者たちは、まず社会学において経験的方法を採用し、これらを教育的な問題へと、ますます独立的に適用してきた。その際、多くの問題が、非常に異なる意味合いから検討され、分析された。しかし、これらのうちから、いかなる教育理論もいまだに生み出されてはいない。だ

が、理論が科学の目標であるとするならば、複雑な状況の記述と説明が、すなわち、考えうる予測と代替行為を可能にする記述と説明が要求されるのであり、経験的研究は個別的現象の分析以上のものを達成しなければならない。

アルベルトは、理論とは「当該の分野における現象の振る舞いの説明と予測のために用いられる、論理的に相互に関連しあう名辞的仮説の総体である」と理解している[57]。ブレツィンカも、理論の機能を同じ様に記述している[58]。

このような理論理解が前提とされるのだが、いまだに経験的教育学の理論が存在していないということは認めざるをえない。第一に、それについての議論は、方法論的な基礎づけと関連する。こうした理論はどのようにすれば可能であるかを問い、その可能性についての論争が交わされている。

もし、科学とは仮説を反証することができるだけのものである、というポパーの言葉を純粋に論理的に適用するならば、経験的教育学はまったく不可能なものとなってしまう。

それゆえ、アイグラーも次のように認めている。「疑いもなく現在の経験的教育学研究は、本来のものからほど遠いものである。より包括的な理論が提示されてしかるべきである。多岐にわたる調査が希薄な関連しかもっていないというのは疑いのないことだが、(強調されるべきことは)それでも多くの調査が『理論関連』のものだいうことである。このことは、それらの調査が包括的な理論に接合されているのではなく、証明したり否定することが可能であるという場合には、ある一つの理論が(ごく稀に包括的な理論である場合もあるが)検討され証明されるということである」[59]。

上記のことから、科学理論的な手がかりは、何よりもまず**研究**のための問題であることが明らかになる。もし各研究者が教育学理論の獲得をその都度目指さないのであれば、彼は個別的現象を研究するにあたって、方法的態度に拘泥してしまうことになる。教育科学の領域では、経験的**方法**によって個々の仮説が検証されるのである。

アイグラーは、このことの可能性と限界をまことに正確に見通している。彼は、ここで述べられているような手続きに規定された方法では、教育学の

問題には接近することができないことを知っていた。彼は、「教育学」と「教育科学」の多様な問題の間には共通性があるが、教育科学は経験的調査によって接近できる領域だけで問題を扱うのに対して、教育学の側では、経験の裏づけを持たない理論的な言明によって問題が置き換えられていると考えていた[60]。

しかし批評家たちが繰り返し指摘するもう一つの問題が、ここで立ち現れる。諸仮説は、経験的方法による間主観的な検証を通して反証されるのではなく、証明されるのであり、そうしてこれらの諸仮説は——少なくとも一時的に——**真実であると見なされる**のである。

実際、そうである。もしこうした諸事実が論理によって結びつけられるとするなら——また仮に中範囲の理論が存在するなら——それはどのような理論になるのだろうか。それは技術ではないのだろうか。

教育科学では、ほとんど古典的になった例がある。学習の条件と学習プロセスが経験的方法によって研究された（スキナー）。確実な諸観察を一つの理論に接合することによって、学習理論が生み出された。計画された指導の一貫した実行が、指導の技術となったのである。要するに、理論と技術は大幅に重なり合うものであり、技術は理論を転換したものに過ぎない。技術は、必然的にそのようなものでなければならない。なぜなら理論の基盤となっている事実が、疑う余地のない妥当性を持つものだからである。

理論の技術への再編成は、保証されたものでないか、あるいは経験的・分析的な教育科学のほとんどの方法論的議論の背後で保証されているに過ぎないものである。ブレツィンカは別の見方をしている。彼は、単純に理論を技術へと転換しようとはしない。彼は、自身の著書の結章で、理論はもはや「現実についての情報」を提供する役目は果たさないと述べるに留まっている[61]。それ以上のことを言おうとする助言や警告は、すでに評論の領域に属するものであると言う。

しかし彼の論文には、違った表現をしている箇所があり、問題がある。そこで彼は、はっきりと次のように言っている。「教育実践において解決されなければならない問題に関して言えば、教育科学はまず第一に技術的な科学

である」⁽⁶²⁾。

　アイグラーは、経験的な志向をもつ個々の手がかりの裏側に潜む確信について、ブレツィンカよりも強く強調している。「指導と教育の技術は、教育科学的理論の上に立ってはじめて、確固たる基盤の上に形成されうる」⁽⁶³⁾。

　しかしながら、技術としてのいかなる洗練された構想もいまだ提示されないため、計画的指導の領域は度外視されている。そこでは、個別的領域としての学習と同様に、経験的データから理論と技術が作り上げられていった様子を跡づけることができる。

　しかし、こう言ったからといって、経験的な教育研究が、まだ全くの黎明期にあるということを意味するわけではない。アイグラーによって強調された意味において、研究方法として、作業仮説として、（例えば、統計データなどの）事実の調査として、経験的教育学は著しい業績を残しているし、最近ではその全体像を把握することができないほど多くの素材が提示されている。教育科学において、経験的手続きによって検証されることのない領域は、全く存在しない。このことは、ほとんどの場合において、新たな洞察をもたらすとともに、新たな問題や他の研究に対する挑戦へと導いてきたのである。経験的教育学の研究は、ここ数年の教育学的議論を大いに活気づけてきた。

　学習、動機、教授、教授内容、教育方法、教授スタイル、就学前教育、家庭教育、拡張された学校への移行、学校組織の問題、実験学校、成人教育、徒弟教育、大学での教授法、社会化の過程、言語習得、その他多くの個別的現象が、経験的方法によって研究されてきた。今日では、なんら科学的な随伴研究も伴わないような、盲目的な試行錯誤の実験は、理性的な学校の試みとはほとんど言い難いものとなっている。

第5節　経験的・分析的教育科学における教師の役割の問題

　解釈学的・哲学的教育学は、「つねに眼前にある」生命としての教育現実から出発することができた。そこでは主題が全体的なものとして考えられて

いた。それゆえ、教師と生徒の関係は全体的な生命連関として、つまり教育関係として捉えられていた。

　経験的研究は、問題や仮説、あるいは個別的な問いから出発した。そこでは、教師と生徒の関係は、優先的な問題ではなかった。

　個別的な問題としては、例えば、教師の社会的な出自や教師の社会観[64]が検討されるとともに、その一方で、それらが基幹学校、ギムナジウム、職業学校の教師や、大学教授と比較される。学歴や試験、出世の見込みや職業選択の動機が調査される[65]。

　学校や授業における、教師の態度、指導・教育スタイル、あるいは教師の言葉が個別研究の視野に入ってきた[66]。それから間もなく、教師の社会における役割、学校における役割、生徒の期待、両親の期待、教育委員会の教師役割に対する期待、同僚の寄せる期待といった、教師のさまざまな役割が明らかにされた。これらから、教師は「役割葛藤」に陥っていることが明らかにされた[67]。

　教育関係の全体性は、数えられないほど多くの、しかしながら検証することのできる個別的な要素に分解される[68]。こうした研究の欠陥や、多くの時代遅れの結論にもかかわらず、これらは核心において（教師の社会的地位と、教授行動についての研究）非常に多くの洞察を生み出してきたため、教育科学者たちは、この手がかりに基づいて、何か「実在論的な理論」のようなものに挑戦できるように信じ込んでしまったのである。教師の役割は変化しつづけているばかりでなく（シューラー）、その変化の方向は明らかに、教職の専門職化に向かっている。

　教師についての研究は、教育哲学的理論の広範囲にわたる「美徳のカタログ」に始まり、ここに来て機能分析と職場分析の段階に到った。ベックマンはこれらの分析を、ラジオの教育講座の中で試みた[69]。彼は、教師の主要な活動は、教えること、準備すること、判断すること、修正することであると述べている。また二次的な活動として、監督すること、会議に参加すること、散歩すること、遠足を企画すること、家庭との連携に気を配ることなどであるとしている。労働時間分析では、阻害要因と役割葛藤が指摘された。

（多くの研究のなかでも）特にデーリンク、コブ、ロートやティルシュは、教師が教授活動の機能を担う役割に専門職化しつつあると考えている[70]。

しかしながら、経験的教育学や社会学的な研究と、教職に関する解釈学的・哲学的教育学の諸命題とを比較してみると、すべての命題の複合体を経験的に網羅することはできないことが明らかになる。教師の活動と仕事は、教授や教育の活動における役割問題や機能分析だけに分解することはできない。操作にあたっては、取り残された面がある。この面がどれほど重要であるかの問題は、今のところ解答が与えられていない。

とはいえ、これらの研究が二つのことを生み出してきたこともまた事実である。その第一は、今日まで支持されてきたテーゼや確信、例えば「教育者の魂」や教師の美徳について、倫理について、教育愛について、天職としての職業について、芸術としての指導や教育についてのテーゼや確信が、単純に議論から消え去ったということである。それにともなって次のような問題が視野に入れられ、今まで着目されていなかった研究領域が脚光を浴びることとなった。それは社会における教師の特殊な位置づけ（教師は職業的行為において、ほとんど例外なく子どもたちと向き合っている）、教師が中流階級に属しているということ、中流階級の言語が用いられることの意味、教師の公務員としての地位、教師の社会における地位、教師の自己理解、集団における指導の役割、教師の指導スタイル、といった問題である。

しかしながら第二に、広範な資料が明らかにしているのだが、こうした問題──限られた中流の──は、教師の理論にまったく接合されていない。こうした資料は、比較することはできないし、たいていの場合、他の領域に転用することもできない。アメリカで実施された教師役割に関する調査は、全くと言っていいほどドイツには関係のないものであった。社会も学校も、したがって教師も、継続的な変化の過程にあるため、多くの統計調査がしばらくすると時代遅れのものとなってしまう。

国民学校の教師の自己理解と彼らの社会における地位に関する調査は、基幹学校の教師ではなく、例えば、総合制学校の各段階の教師となっている場合には、わずかに歴史資料的な意味しかもっていない。中等学校教師の職業

的な動機は、制度としての中等学校が廃止されてしまえば時代遅れのものになってしまう。1964年度にギムナジウム卒業資格試験を受けた学生に実施した教職選択の動機調査は、1973年度に学校を卒業する学生には、もはや適用することはできない。9年間の違いは、実にギムナジウムの長さに匹敵するものである。

　ここで、哲学者が繰り返し指摘してきた新たな問題が思い起こされる。認識のプロセスは、原則的に不完全であり、終わりのないものである、という問題である。すべての結果を手軽に反復することができると考える風潮をもつ経験的調査が、現在このテーゼを経験的に裏づける形になっている。経験的調査とは、データを統計的に扱うという骨の折れる作業であり、日々新たにされていかなければならないものである。

第3章　規範的教育学

第1節　名称と歴史的側面

「規範的教育学」という名称は、現代のさまざまな立場を含んでいる。その際、たいていの場合は特定の代表者ではなく、一般的な思想傾向が念頭におかれている。「規範的」という言葉には、明らかに信用を失わせる意図が含まれる。相互に規範的であれと非難し合うことは、なんとも皮肉なことである。

マースナーは、規範的教育学をもっぱら教育思想のカトリックの伝統として理解した。また彼は最年少の批判的カトリック教育学の代表者として、条件付きでブレツィンカの名をあげている[1]。

それに対して、カトリックの規範的な教育学者であると見なされたブレツィンカは、ディルタイとヴィルマンの思想を継承したすべての教育学の出発点は規範的なものであり、またそれは哲学的教育学として見なされると述べている[2]。ブレツィンカによれば、第1章で述べたシュプランガー、ノール、リット、フリットナーやヴェーニガーをはじめてとして、バラウフ、シャーラー、ボルノーたちによって代表される解釈学的教育学全体は、規範的教育学であるという。なぜなら、解釈学的教育学は「教師の状況分析によって価値づけられた指導と、教師の実践的行為への影響」[3]を目指すからである。

ブランケルツは、著書『教授学理論とモデル』の分析において、プロテスタント教育学者フランケ（1663-1727）の教授学、現代カトリック教育学者エアリングハーゲンの教授学、ベルンハルト・メーラーとクラスティアン・

メーラー夫妻[4]の教授学を、規範的教授学と認めている。この著書を出版した直後、ブランケルツはこの分析で、ドイツ連邦共和国の社会主義教育学を主題としたたくさんの出版物が、「同一の規範的構造」を示しているとコメントしている[5]。

ブランケルツによると規範的教育学の曲線は、プロテスタントの傾向からカトリックの傾向および技術の傾向を越えて、社会主義にまで及んでいるという。

ブランケルツは1959年の博士学位論文において、ナトルプ、ヘーニヒスヴァルト、コーンによって構想された新カント学派の教育学について論究している。彼はこの解釈の中で、規範的教育学の歴史的な芽生えを明らかにしている[6]。

ガムの弟子であるツェンケは、マルクス主義的観点と技術的観点を関連づけようと試みた。このような問題設定の下で、彼は規範的教育学をかつて教育学を哲学の一分野として考えた、新カント学派の伝統の中で捉え直そうとした。もっとも彼はこの分類を非常におおまかに行っている。彼はハイトガー、フィッシャー、ルーロフ、メンツェ、デルボラフ、たちをこの関連の中に位置づけている[7]。

新カント学派の思想の伝統に立つ人たち自身も、この考えとは全く別のものとして捉えている人がいる。レーヴィッシュは、コーンに関する研究論文で「哲学の方向が確かな基盤である」ことを支持すると、表明している。彼はヘーニヒスヴァルトを規範的教育学の主要な代表者と認め、彼の弟子ペッツェルトが伝統を継承し、現在では上記の代表者の他に、とりわけリッツェルと彼の弟子ブランケルツの名をあげている[8]。

それと同時に、ブランケルツも規範的教育学者の系列に加えられた。こうした分類がしばしば恣意的であることは珍奇なことである。自らこの系列に属すると自己申告による分類もあれば、ほとんど信じられないような分類もなされている。20世紀の教育学は、そのほとんどが規範的であると信じられていた。こうした多くのレッテルづけによって、原則に基づいてなされた基準は、異なった基準であるという印象を禁じ得ない。

規範的教育学はかつては死んだも同然と言われ、それにふさわしい弔辞まで考えられた。しかし規範的教育学は依然として生きており、それは歴史の一部となっているが、それはその背後に潜む問題に意義あるということを、暗示しているに過ぎない。

 ディルタイの弟子であるフリッシュアイゼン・ケラーは、1917年に発表した論文「哲学と教育」の中で、「規範的教育学」と「教育の規範的課題」という名称を用いている[9]。彼はこの論文の中で、教育学の基礎づけの問題に、哲学（とりわけナトルプの研究）をとおして取りくんでいる。この分析以来、少なくとも解釈学的・プラグマティズム的な教育学の代表者にとって、規範的な体系は崩壊してしまったことが明らかになった。ディルタイの伝統に依拠してこの用語を使用した W・フリットナーも、このことを支持した[10]。ブランケルツも、解釈学的・プラグマティズム的な教育学の勝利が明確に印象づけられるなか、1959年には新カント学派には、まじめに取りあげるべきライバルをもはや見出せなくなっていた[11]。マースナーは1970年に、新カント学派の「不毛な逸脱」と、現代における顕著な代表者の不在に気づいた[12]。その一方で、ブランケルツは1971年に規範的手がかりの新たな発言要求の目録を作成した[13]。

 こうした一定しない規範的手がかりが、静止へと向かう方向にあるということよりも、魅力的な問題であることを容易に想像させてくれる。これは手ごわい、息の長い問題であり、まだ教育学の記録文書にはなっていない。本書ではこの問題を、重要なのは個人の見解について弁明することではなく、問題の正当性である、というハイトガーの立場から取りあげる[14]。

 この問題はドイツ新カント学派の代表者によって、改めて議論の土俵へ持ちこまれた。マールブルクとハイデルベルクの二つの大学で、19世紀後半と20世紀前半に、哲学思想のなかでカントによって提起された問題が結びつけられた。そのために、これら二つの立場は新カント学派のマールブルク学派と、西南ドイツ学派と呼ばれている。

 マールブルク学派は、1842年にアンハルト州のコズヴィグに生まれ、1918年にベルリンで逝去したコーヘンが、その学派の創始者であった。彼の最も

卓越した弟子には、1885年以来マールブルクの教授の任についていた、新カント学派教育学の偉大な代弁者と目されるナトルプ（1854-1924）がいた。その他にマールブルク学派には、カッシーラ（1874-1945）がいた。

西南ドイツ学派の創始者としては、ヴィンデルバント（1848-1915）とリッケルトの名をあげることができる。ヴィンデルバントは1903年以来、リッケルトは1916年以来、ハイデルベルクの教授を務めた。またこの学派には、1911年以来、イエナで教授の任にあたっていたバウホ（1869-1947）の名をあげることができる。さらにリッケルトの長年の同僚であり、1901年から1933年までフライブルクの教授を務めたヨナス・コーン（1877-1942）は、西南ドイツ学派の思想を教育学へ導入した。

これら両学派とは批判的な距離をおきながらも、徹底して同じ手がかりと問題提起をもって研究した人物に、ヘーニグスヴァルトがいる。彼は、1930年から1933年にかけてミュンヘンで教授の任にあたった。

ヘーニグスヴァルトとカッシーラの弟子であり、この系列の中では最年少であったマルク（1889-1957）もこの思想系譜に属する。彼は1930年から1933年までブレスラウで教授の任にあたった。

彼らの思想が、なぜ1945年以降ドイツで全く取りあげられなかったり、ごく限られた形でしか取り上げられなかったりしたにもかかわらず、時がたつにつれてまた徐々に取り上げられるようになっていったのかの解答は、これらの人たちの人生から理解することができる。彼らのほとんどが、宗教的あるいは人種的な迫害を受けたのである。

彼らの中でも最年長であったコーヘンはユダヤ人であったが、彼は、ユダヤ人気質とまったく同じほどのドイツ人気質とをもっていた。彼は生涯をとおして反ユダヤ主義と闘い、人文主義の理想をかかげるドイツの倫理的理想主義と、ユダヤ的メシア思想との融合を信じていた[15]。だが彼は、この幻想の領域に属する理想の国の歴史的実現を見ることなく、ドイツで静かな死を迎えた。

しかし彼の若き同僚たちは、人種的優越の妄想と政治と科学が混合されたことの顛末を身にしみて感じていた。1933年になると即刻、カッシーラ、ヘー

ニグスヴァルト、コーン、ペッツェルト、マルクは教授職を追われた。生涯コーヘンを崇拝すべき師と仰いだカッシーラは、アメリカへ亡命した後、オックスフォード、イエール、そしてコロンビア大学で教授の任についた。彼は1945年、亡命先で逝去した[16]。

カッシーラとフッサールとの長期間にわたる、実り多い対話を通じて親交を結んだヘーニグスヴァルトは、アメリカへ移住する以前、ダッハウの強制収容所に収監される憂き目にあっている。コーンは、教授職を追われた後イギリスへ、マルクはアメリカへとそれぞれ赴いた。彼らはみな、1945年後になってもドイツへ戻らずに移住生活を送った。ヘーニグスヴァルトは1947年、コネチカットのニューヘヴンで、マルクは1957年シカゴで逝去した。

ヘーニグスヴァルトの弟子であるペッツェルト（1886-1967）も迫害を受けた人物である。ペッツェルトは1930年に教授資格をとり、同年に教育学の教授に就任した。しかし早くも1933年にはその教授職を剥奪された。彼はナチ時代を学校教師、そして盲学校の教師として生き延びた。大戦後間もなく、彼は再びライプチヒで教授職を獲得した（1948年まで）。しかしそこも彼にとっては場違いであった。ミュンスターで教授（1951-55）になって初めて、短い期間ながらも実りのある活動をすることができた。ミュンスターでは、ハイトガーとフィッシャーが彼の弟子仲間に属していた。

私が彼らについてここで詳細に述べたのは、彼らの哲学や教育学の問題の設定において、それが完全に時代遅れのものとなってしまったり、歴史がそれを意図的に無視していることが問題なのではない。また「肥大化した思想の悲しむべき錯誤」を問題にしたいからでもない[17]。私は「純粋に外側から眺める」国家社会主義が、彼らの思想に止めを刺した[18]、とするブランケルツの意見にくみしようとも思わない。

そうではなくて、まさにカントの高尚な倫理的な要請を継承した、ドイツ最高の思想の伝統の綱が、残忍なナチの暴力的な干渉によって断ち切られてしまったのである。中傷や信仰を失墜させる余分なことがしつこく行われたのである。今日の一般的な教育学史には、新カント学派の代表者の名はほとんどあげられていない。ましてその思想についての記述もない。マルクス主

義や社会主義の教育学者が無視されるのと同じ理由で、カントの思想も黙殺されている。新カント学派の教育学は、現在、基礎のしっかりした研究が奇妙なほど少ない[19]。

第2節　問題の所在

　すべての「規範的手がかり」に火種のたえないカント問題は、他でもないカントによって明確に名づけられたものである。カントの関心はまず、次のような二重のものであった。実践的には、確実な経験と認識のための前提条件とその実現の可能性への関心であり、道徳的には、倫理的な性格の形成の関心である。これら二つの理性についての関心に、最後にこの二つが結び合わされて第三の関心が加えられた。加えられたと言ったのは、それが実践的関心と理論的関心から構成されたものだからである。それは未来についての問題であり、人間が知を持つ時（理論的関心）とそれを行為に移したとき（実践的関心）に生ずるものである。その上で理性に期待されるものは何かを問うのである。カントはこれらの三つの関心を著書『純粋理性批判』において、三つの問いとして表現している。「1．私は何を知ることがきるのか。2．私は何をすべきか。3．私は何を希望することが許されているのか」[20]。

　ここで重要な問題提起は二つ目の「私は何をすべきか」の問いである。カントにとってこれは道徳的な問題である。カントは『実践理性批判』において、この問題を次のように探究した。私たちが客観的・実践的理性によって、何が理性的であり、何をすべきであるかを認識する時、つねに新しい問題が生じる。それはいかにして人間は「客観的・実践的理性を、同時に**主観的・実践的なもの**に」することができるか、ということである[21]。換言すれば、人間が一般的に正しいと認識しているものを、個人が主観的にもそのようなものとして受け入れ、それにしたがって行為する、と表明することである。そのようにして初めて、道徳性は可能なものとなり、文化と真の道徳的な信条の前提になりうる、とカントは考えた。

　そうであっても、教育がまずは可塑性を前提とするのと全く同じように、

個人の道徳的行為は、個人の道徳への関心を前提としている。人間はそのような道徳的な行為への強い関心を持っており、カントはそれを「誰にでも容易にできるような観察によって」[22]証明しようとした。

私たちが観察できるのは、社会での談話のみである、とカントは考えた。人間が行為について「他人に語る」時にはいつでも、人間は同時に行為について判断を下すし、その倫理的な価値づけをする。その行為を良いもの、悪いもの、卓越したもの、高貴なもの、あるいは悪意のあるものと特徴づける。個々の行為を倫理的に判断しようとするこのような衝動は、私たちの心情の固有の特性によるものである。この心情は、純粋で道徳的な関心を持っている。

カントにとって、私たちの心情が持つこれらの道徳的な関心は、人間誰もが持つすべての経験に**先立つ**ものであり、それは子どもでもある時期にはっきりと観察される。その時期まで、倫理的な行為が経験を超えて広範囲にわたってなされることはない。カントはこのような観察が非常に一般的なものであると考えたため、誰もがそれを追体験できると考え、そのための証拠が必要だとは考えなかった。カントは、教育者たちがこれらの純粋で道徳的な関心を、子どもの心情に徹底的に利用できるようにはしてこなかった、と考えた。「青年の教育に携わる人たちは、人間理性のこのような傾向、すなわち、提起された諸種の実践的問題を微にいり細をうがって吟味することさえしない傾向を、なぜもっと早くから利用しなかったのだろうか、……私には理由が分からない」[23]。

カントは、道徳性への衝動、つまりすべての実践的問題を倫理的に判断しようとする心情的な傾向ないし関心について論じている。カントは、倫理的な行為の**前提**としての純粋な道徳的理性に関わる心情衝動や傾向、あるいは関心が、子ども自身にすでに備わっていることは全く明白であると考え、次のような皮肉さえ言っている。「**純粋**な倫理性とは本来何なのか、と問う人があるならば、……私は次のように答えざるをえない。この問題の決定を疑わしいなどと言いだすのは、ただ哲学者だけであると。なぜなら、普通の人間の理性はなるほど抽象的な一般方式として解決されているわけではない

が、しかし日常の慣用としては、あたかも左右の手を直ちに区別できるのと同様に、もうとっくに決定されているからである」[24]。

すべてについて判断を下すために、人間が絶え間ない準備をすることは全くできないし、不確かである。問題はどのような判断の**基準**が用いられるのかである。これは偶然とは言えないのだろうか。昨日、悪いとされたものが、今日は善いと言われることはないだろうか。私たちは、人間はしばしば判断基準を変える移り気な存在だ、と気安く口にする。確かに、私たちは人間を信用できないと考え、人間の品性を認めようとはしない。

判断は偶然であってはならないし、またつねに変化するようなものであってはならない。しかしそのような判断が可能になるのは、判断の基盤（基準）が与えられている時だけである。したがって、カントはこれらの問題に、次の二つのことを付け加えた。判断は基礎づけられなければならない。すなわち判断は理性的であると証明される**関連性**においてのみ妥当する。これは客観的な側面である。その基礎づけには、それ以外に主観的な構成要素が含まれている。人間が自分にとって妥当する原則であると認める時に初めて、すなわちそのような原則に従って行為する時に初めて、人間は人格として道徳的な価値を持つことになる。そうでなければ、人間はただ移り気で突発的な感情に従い、ついに今朝、自分が問題をどのように解決しようとしたかについて、自分自身でさえ信頼できなくなってしまう[25]。

しかし人間が自らが原則を受け入れ、自ら原則を公然と認め、それらに従って行為するようにさせるのは誰なのか、あるいは何なのか。人間が自由でなければ、そうした行為の原則を人間に強制することになるのだろうか。もしそうであるなら、人間は**他人が**望むことを行うのであって、その行為は決して道徳的なものとは言えないだろう。自分の洞察からの自由の表明のみが、人間を道徳的な決定へと導くのである。「人間は道徳的な意味において何であり、何であるべきか。善あるいは悪のために、人間は**自ら**何をしなければならないか、何をしてきたのか」[26]。カントは、論文「実用主義的観点における人間学」において明解な例を引用している。イギリスのジェームズⅠ世が、自分の息子を**紳士**にして欲しいと乳母に懇願された時、彼はこう答えた

という。「私は息子さんを伯爵にすることはできるが、**紳士**には息子さん自身がならなければならない」と[27]。

人間が自分の行為や価値を、洗練された原則へ自由に還元することができ、また自らそれに結びつけることができて初めて、人間は**品性**を持つのである。カントはこの考えを**意志**の特性以上ものとは考えなかった。意志とは自分を実践的な原則へと結びつけるものであり、人間が自分の理性によって手本としてきたものである[28]。

この記述は非常に一般的で形式的なものなので、容易に理解できる。自分を原則へと結びつけようとする際、人間は間違いをすることがある。人間は自分の行為を、誤って、あるいは利己的に悪意をもって、他人を害するような原則と結びつけることもありうる。カントはこの可能性をはっきりと認めている。犯罪者が徹底して一貫した行為をすることは、誰でも知っている。彼は「意欲一般の外形的なもの」に到達したのである。彼の意志にはある方向性があり、行為は道徳的ではないものの、そこには意味がある。こうした人間は、自分が選択した原則にしたがって行為することができる。カントは次のように言う。彼は「蚊の群の中にいる人間のように、あちこちと飛び跳ねる」ように強制されることはないことを心得ている[29]。

ここでの教育学上の問題は、次のように述べることができる。成長過程にある人間は、自分の行為と判断を自由に選択された原則と結びつけることができるようにならなければならない。行為のための道徳的な基礎づけを示されなければならない。行為の基礎になっているものを批判的に考察するなかで初めて、自由と成人らしさが姿を現すのである。

こうした教育学上の問題は、新カント学派の教育学がとりあげた問題を大枠において描き出している。新カント学派の学者の哲学と教育学が、この問題だけを扱っていたわけではないが、これらの問題を主題にしていたことは明らかである。これらの問題は、現代の代表者たちの論文にいたるまで中心的な問題になっている。

ナトルプは厳密にカントと結びついていた。人間は**認識する**ばかりでなく、**行為もする**。行為者としての人間は、意志によって突き動かされ、生起した

ことのすべてを判断する。人間は意志によって自ら目的を定める。このことはカントの三つの根本問題ではっきり認められる。つまり、私は何を知ることができるのか。私は何をすべきなのか。私は何を希望するのか、の三つの根本問題である。

科学を基礎づけるためには、いま一つの特殊な問題を考慮する必要がある。判断することと目的を設定することは、どちらも現実を超越している、という問題である。現象も同じく一般的に知られている。現実には、さまざまな人間がそれぞれ異なって判断する領域がある。それに反して、目的は何**であるか**ではなく、どう**あるべきか**が簡単に取り決められる[30]。眼前の現実だけが、あるべき目的にそぐわないものとなる。今日、飢えている人々を満足させるだけの蛋白質を海から摂取できる、と考えて熟慮するのは、それが何であるかを考えることから出発する人であり、現実から出発する人である。家を建築しようとする人は、いまあるものについて熟慮するのではなく、その人の意志は新築される家の状態に向けられる。

したがって、カントと同様、カントに従う新カント学派の学者も、意欲の起源は現実の表象の中にはない、と結論づけている。

人間がしたいと思うものは、人間がいまだ持っていないもの、持ちたいと思うもの、人間がまだ到達していない状態、憧れるものへと向けられる。何をしたいかは、何かということとは別に考えている。

このような考え方には、経験的に十分な根拠があるわけではない。または同じ状況で他人がどのように行動したいかを、経験と平行して確かめることしかできない。こうした理解によって明らかにすることができる人間の意志の問題は、実証主義や論理実証主義においては、介入することができないものとして除外されてきた領域である。一方、「規範的教育学」の代表者たちにとっては、価値、価値判断、評価、あるいは道徳的な**行為**が問題であって、技術的な行為は問題ではない。

問題は、いかにして、いかなる方法によって、こうした領域が科学的に取り扱われうるのか、ということである。つまり人間の意志は現在の状態を超えたものに向けられるので、確実で、安定した、恣意的でない、他者によっ

て影響されない目標が設定されるべきである。現代的に言うならば、人間は自律的であるべきなのであって、他人に操作されるべきではない。人間は原則に基づいて、その原則に則した規範を知らなければならない。このような原則に基づいた意志は、自らが理性的で正当なものであることを証明しなければならない。こうした視点から言えば、大人は自分の行為が原則に基づいていること、それを正当化できること、そして行為が理性的で道徳的であると証明できること、を身につけていなくてはならない。

　ヘーニグスヴァルトは、その上さらに広範で深遠な関連について考えた。彼にとって現実を認識することは、同時に現実の意味を解釈することである。したがって、判断は目的によって初めて生じるのではなく、むしろ経験することと判断することは重なっているのである。個々の認識は、正しくなければならないという要求を掲げるからである。このような要求が妥当なものとなるためには、人間はその要求の**正当性を証明**しなければならない。正当性は現実自体とは関係なく、その根拠が示されなければならない。ともかく、その根拠は正しいものであれ、誤ったものであれ、どこにも存在せず、現実自体にも存在しない[31]。

　コーンはカントとの関連において、シェーラーの倫理学に取り組み、倫理的な問題設定に教育目的の基礎も同時に見出されるべきだと考えた。いままで論じてきた諸前提が正しいと認識されるならば、またすべての行為が判断されるならば、すなわち、行為の正しい価値が同時に倫理的であると判断されるならば、そこから人間の普遍的使命を導き出すことができる。そしてこの普遍的な教育目的は、倫理的であると言える[32]。

　このことが実践的教育学に転用されたならば、それはヘーニグスヴァルトにとって次のことを意味する。すべての教育行為は、たとえ教育的行為の形で示されなくても、行為として判断されなければならない。その際、すべての教育行為が原則から生じたものであることが、あらかじめ理解されなければならないことが前提とされている[33]。

　現代の議論において、ハイトガーがこの問題をペッツェルトとの関連で再び取りあげている。彼にとって責任の問題は、行為の根拠、正当性、理解、

そして理性的な自己証明との関連の中にすえられる。「もし教育実践がつねに責任が特殊な形で基礎になっている人間的な行為であるならば、それと同時に原則、原理への要求が掲げられる。そこでは拘束力の要求を遵守することが、責任を可能にする。というのも、要求を遵守することによって初めて、教育実践が有意義な、正当なものとなり、教育実践の偶然性と恣意性を克服することができるからである。したがって、教育学が実践的な行為として、教育学理論がこの行為の熟慮として批判的に省察される場合、教育学はその正当性の根拠を証明することが不可欠だと考えられる。……科学的教育学において原理が不可欠であるということは、教育学の実態を直接反映するものなのである」[34]。

ハイトガーは人間が何を要求するのかを記述するにあたり、次のような契機を見いだした。大切なことは啓蒙（知識）とそれに対する批判的な立場（態度）である。なぜなら、人はつねに批判的な立場をとるからである。このような態度は合理的に基礎づけられなければならない。「人間は価値ある態度と判断のための自分の基準を知らなければならないし、それを正当化することを学ばなければならない。同時にそこから人間は規範的な行為の指針と行為の原則を発展させる。教育学の体系化には、この課題が教授と教育の根本概念に含まれる。教授は認識と知識、知識の秩序、そして知的自律性の獲得が目標であり、教育は行為と態度、正しく認識された義務、自己自身の秩序、そして道徳的自律を獲得することが目標である」[35]。

ここまで明らかになったことは、カントによって構想された倫理上の根本問題が、教育問題として今日にいたるまで一貫して保持されてきたことである。同様に、それぞれの代表者はこの問題の解明に取り組み、それを別の視点から再考し、さまざまな形で全体的な関連のなかに組み込んできたことは明白である。このことは決定的な問題状況として、カントから現代まで明らかである。その一方で、この問題状況に対しては、論究するための特定の方法論が必要となる。教育学的に見ると、この問題から次の二つの領域への視界が開かれる。一つは、目的が設定されそれに基礎づけられた行為に関する科学は可能なのか、もう一つは、そこから教育学理論にとってどのような

基礎が生じるのか、ということである。

第3節　「規範的」理論に基礎づけられた教育学理論の形成

　これまでで述べてきた問題は、経験や人間の相互関係の調査を経験から処理する論理実証主義的な意味では全くない。またこの問題は統計によって研究を進めることもできない。道徳を正当化する問題は、決して等分配の問題でも、平均の問題でも、無意味な偏差の問題でもない。

　また解釈学的・弁証法的な問題提起は、ここでは問題を深め発展させるには重要ではない。さらに問題を理解するためには、その問題の歴史的な解釈のみで事が足りるというわけではない。ここでは、はたしてこの問題を別の方法によって扱うことができるのかどうか、あるいは科学的な研究によっては解答不能なものとして、この問題を排除すべきなのか、が現実的な問題となる。もし解答不能なものとして排除するのであれば、究極的には、人間の行為の全体領域は、科学によって扱うことのできないものとして、排除されなければならなくなってしまう。

　この問題を研究したカントは、この種の科学を批判哲学、あるいは超越論哲学と呼んだ。彼はすべての悟性概念と原則の体系を考えたのである。この意味での科学は、つねに体系的な科学であり、それは全体として理解され基礎づけられるものであり、それぞれの部分は、全体的な関連の中で理解されなければならない。ここで重要なことは、関連と関連の基礎づけであり、推論と正当化であり、この正当化の論理的妥当性である。また超越論の方法論も自己自身を証明し、正当化しなければならない。

　したがって、科学の問題について次のように言うことができる。人間の倫理的な意志と目的設定のための原理と基礎づけは、いかにして見出すことができるか。

　この問題を解決するための方向を、カントは著書『純粋理性批判』に示した。彼はまずそもそもの問題として道徳的問題を取りあげた。人間は感覚的な欲求に従うもので、人間は自由な人間としては行動しないのである。カン

トは人間の感覚性が人間の行為の目標を設定する、と考えた。

　しかし人間は「動物的な恣意」のみで動かされるものでもない。人間の実践的な行為は、人間が自分自身で目標を設定したことを示している。この目標設定は自由に基づくものである。それはいつでも経験によって示される。人間は何が可能なのかを、想像する能力、役に立つものは何か、害を及ぼすものは何か、を予測する能力を持っている、とカントは論じている。このような将来起こりうる状態の印象によって、私たちは感覚的な欲求能力、すなわち動物的な恣意を抑制し、それを克服することができる。しかし、何が将来起こりうるかの予想を出発点として、この未来の状態を望ましいものと見なしたり、それは善いもの、あるいは役に立つものと呼ぼうとする慎重さは、理性に基づいている[36]。

　同時にカントにとって問題は、以下のように変化する。人間の意志が実践的な問題において自由であるならば、人間は何をなすべきなのか、という問題である。人間はつねに実際の行為において、実践的な自由の問題に出くわすが、行為を正当化することは実際にはない。この自由な行為は、その根拠を承認することから説明されなければならない。これは生起したのではない。それは自由の経験的な使用に際して、理性が導いたものではない。したがって、カントは他のすべての自然現象と同じように、自由な行為を原則から、すなわち、くつがえすことのできない一つの原則から説明する可能性を追求したのである[37]。

　しかし、天体の運動法則が天上に書き込まれていないように、この普遍的な法則はどこにも存在していない。人間が収集しなければならない。この法則を認識しようとする人は、その法則がなぜ妥当するのか、を体系的な関連の中で示すために、経験できるもの、認識できるものから出発しなければならない。そのような普遍的な法則の基礎づけは、体系全体のなかでのみなされる。

　このような手続きを、カントは人間自身の理性によると書いている。「理性は自然の傾向によって動かされて経験領域を超え、純粋に使用されて理念のみを用いて、一切の認識の極限にまで思い切って出て行こうとする。そし

てその完全性の中で、すなわち独立した体系の全体の中で、はじめて安住できる」[38]。

ここから理論を可能にする手がかりが見いだされる。人間は行為から出発し、行為を根拠にし正当化し、それを理性によって説明する。人間は純粋理性の批判の体系を指示される。その基礎づけは関連全体からのみ正当化される。「理性概念は、……ただ理性的なものであり、もちろん経験の中にその対象をもつことはない」[39]とカントは言っている。したがって、彼は純粋理性の批判全体を「理性一般の権利を、理性がその第一機関の原則にしたがって規定し判定する」[40]と、まさしく法廷として特徴づけた。

このような体系的関連がないと、理性はいわば自然状態へと陥り、その主張や要求を妥当なもの、確実なものにするためには、**戦い**による他に方法はなくなる[41]。

意志によって動かされ、当為に関連づけられる人間の現実認識と行為は、体系的関連において正当化される根拠からのみ説明できる。このような体系的関連が、カント以来、哲学と呼ばれてきたのである。したがって、新カント学派に属し、カントに立ち返って熟慮するすべての教育思想家たち——多彩ではあるが傾向としては統一されている——は、教育学を哲学と結びつけ、あるいは教育学を哲学の実践的側面であると見なし、しかも教育学の自律性と正当性を認める場合にも、教育学を哲学である、と理解している。

したがって、ナトルプにとってカントの哲学全体は、ただ単に一つの哲学を意味するだけでなく、同時にそれは人間教育の哲学であり、包括的な意味で教育学を意味した。なぜなら科学的教育学は、厳密に言えばつねに「具体的な哲学」[42]でしかないからである。

ヘーニグスヴァルトはこの問題領域について、次のように述べている。「次世代への価値の教育的伝達の概念、要求、そして活動——その条件の全体系を含めて——のすべては**哲学的**問題である。さもなければ、教育学はそもそも存在しない」[43]。

この方向をとるすべての教育学者たち（ナトルプ、コーン、ヘーニグスヴァルト、ペッツェルト、ハイトガー）は、この関連に気づいていた。だがこの関

連は教育学の理論形成の内部において、どのようにして特殊で自律的な教育学的説明を見つけることができるであろうか。このことはハイトガーを例にとって明らかにすることができる。

彼もまた次の問いから出発している。「教育学が教育学の原理に到達しようとする場合、教育学はどこにその論理的立場をおき、どのような方法を取らなければならないのか」(44)。彼は次のように答えている。「その論理的立場は、なによりもアプリオリの領域において見出される」と。なぜなら、「当為は単純に存在から生ずるものではなく、こんなにも多く存在する直接法は全く命令法に基づくものでもないからである」(45)。しかしどのようにすれば、「それは**善いこと**だからあなたはすべきなのだ」ということに結びつくのだろうか、どのようにして、このような命令法が獲得されるのだろうか。

規範的教育学の支持者たち―実践者たち―は、まさにこの立場に立って、つねに妥当すると誤って考えられた価値に満足することが多かった。その上、それらが宗派的に解釈されるところでは、それらは早くも不快なものとして現れた。支持者たちは、規範自体を見つけることができ、それを生徒たちに伝達することができると信じたので、教育実践は「規範的」でなければならないという意味で実際に危機に陥った、とブランケルツは批判した(46)。ところで、そのような不快感が露わなものとなったのは、教育科学に規範についての配慮が欠けている場合、そういった規範が単純に前提される場合、「社会」によって形成されると見なされる場合、さらに悪いことに、単純に規範的に振る舞っていると考えられるような場合である。

そこではまさにこうして操作が行われるようになる。そうすると、カントの「言う」意味で倫理性も道徳性も到達されないし、そのような状態では、自分の行為の根拠を正当化できる**成熟した人間**に教育することは全くできなくなる。このような確固たる規範をあらかじめ設定する教育学は、同時に自らの妥当性を主張しなければならないからである。そうでなければ、その実践的な目標はただ服従と従順に過ぎなくなる。カントがそのような状態を見たならば、彼は道徳性に到達したとは決して言わずに、せいぜい合法性に到達したと言ったことであろう。

そのことに対して、ハイトガーは次のように言っている。「生徒が法廷で『判断力』を引き起こすことができないような目標や目的を、生徒に強制しようとするのは生徒の無視である。というのは、生徒にはこうした内容をはっきりとした根拠に基づいて、判断する力がないと信じられているからである」。そして彼はすぐさま次のように続けている。このような「規範的」教育学は、「**実質所与性**の**規範設定**によって、行動を操作され、規制化された人間」を、その帰結としてもたらすであろう、と [47]。

このような「規範的教育学」が拒絶されるならば、教育学はまた別の視点を見出さなければならない。ハイトガーはその手がかりを、自分自身を知り、自分の態度を決定する**個である**被教育者自身のうちに見出している。教育学はこの個としての被教育者の反省的な判断能力の分析から着手する。「したがって、教育的指導の根拠になっているのは、規範の体系ではなく、むしろすべての所与性に対して態度を決定する判断能力である」[48]。

今や問題は理性の過程へと移行する。またハイトガーは、子どもが学び、理性的な態度をとり、自分の行為の根拠を示し、自らを理性と判断力に結びつける「果てしない議論と動機づけの過程」についても語っている。ここでは規範は批判意識の中にのみ現れ、ただ単に実質的な規範を前もって与えようとすることからははるかに隔たっている。まさに教育的指導はこのような外的な規定とは無関係であり、それは自己決定の活動の際の「生みの手助け」のみを行うことである [49]。

こうした論述では、まだ理論的な手がかりについて十分に論じたことにはならない。ただ方向性が示されたに過ぎない。大切なことは解放することと束縛することとの対話的な関係にある。この二つの究極的概念を用いて、コーンが彼の関心を述べている。子どもは未成熟な状態から解放されなければならないし、反省する活動の中で、自分自身を自分の原則に結びつけることを学ばなければならない。

一方では認識（知）と他方では道徳性（態度）という入口に制約されながら、理論形成の重点は教授と教育におかれる。このことはペッツェルトにおいても明瞭に見て取れる。「教育について語る時、教授と教育の二つの意味

を考える」[50]。教授は知識を伝え、教育は態度へと導く。一方のは教育の事象的な側面にあたり、他方のは倫理的な側面にあたる。しかし正しい知識と同時に知識の系統の習得、倫理的な態度の受容は、外部からもたらせるものではない。そのためには、被教育者に自己活動と自己反省を呼びかけなければならない」。「生徒自身が義務づけられた知識と態度の関係を決定しなければならない。生徒自身がこの決定をするために活動を行うのであり、その決定を行うために、生徒は目の前に横たわるさまざまな課題を学ばなければならない。このことは課題を放棄することでも、それらにともなう責任を減らすことでもない。生徒の自己決定は何一つ曖昧にしてはならない」[51]。

　したがって、規範的教育学の若干の代表者たちにとっては、その理論的な基礎づけにおいて、認識の獲得と学習、認識論と学習理論はほとんど同一のものである。ペッツェルトによれば、個々の学習は認識の特例と見なされる。しかしこのように理解すれば、認識はつねに被教育者に関係がある。被教育者は認識を自分で獲得し、自分で活発な活動を行い、自分で知識を習得しなければならない。つまり知識を認識へと変えなければならないのである。同じことが教育の活動にもあてはまる。倫理的な意味において、態度は外部から教え込まれるものではない。自分の活動と自分が定めた原理に自発的に自分自身を自由意志によって結びつけることでのみ、教育活動は成就するのである。

　結局、すべては「自我」についての理論に帰することになる。教育と教授は、「自我」の活発な活動によってのみ実行が可能であり、この人格の理論のなかに、理論形成の固有の出発点がある。したがって、この理論的方向を「人格的教育学」と言い替えることもある[52]。

　ペッツェルトはこの人格理解について次のように言っている。「『自我』とは一回限りの原理と事柄であり、事実であり、すべての事実の可能性である。『自我』とは単に生きているだけではなく、独自の活動をする中で体験する存在でもある。自我は現在であり、一回的な経過である。自我は自分のすべての体験を極め、体験を秩序づけなければならない。……哲学的な問題提起においてのみ、私たちはこの奇異な事態を、それは『自我関係』全般と呼ば

れるべきなのだが、正当に評価することができる……。教育学は哲学的にならなければなければならない。そうでなければ『自我』は自然の対象となる。そうなれば、そもそも教育全般について語ることは意味がなくなる」[53]。

次は、規範的教育学が用いる方法に目を転じてみよう。教育学は実践哲学でなければならない、あるいは哲学とならなければならない、といつも指摘されているが、それは一体、何を意味しているのだろうか。まず次のことに他ならない。教育学は批判哲学の方法を用いる、つまり批判的分析を行うのである。

その際、哲学的な理解における批判的分析は、二重に行われることになる。第一は、「構成」された（総合的な）現実を分析する。そうすることで、批判的分析は現実の諸条件を認識することができる。それは可能性の諸条件の認識である。

第二は、現実の解釈において、またそれが行われる仕方のなかで、この分析自体も認識される。つまり分析は自らを開示し、独自の認識の根拠と可能性を問題にするのである。このように現実の分析が、つねに認識の条件を問い続けて初めて、その分析は批判的と呼ばれうるのである。ヘーニグスヴァルトはこのことを非常に明瞭に述べている。「哲学は自らを正当化できるためには、他のすべての知とは異なって自らを分析しなければならない。そうでないとすれば、分析と正当化一般の概念が、哲学の問題に属するようにすべきである」[54]。

私たちはこの方法を、現実を分析し自らを正当化する思考と名づけることもできる。コーンは彼の教育学の著書の一冊の題辞として、「私たちは思考から始める」と書いている。分析の出発点が再びその正当性を見いだす場合には、分析のそれぞれの出発点を選択することが原則的に可能になる。このことを再度カントの考えと結びつければ、この意味での哲学は認識を正当化することであり、反省を正当化することなのである。

この立場に立つならば、超越論哲学の方法は、経験的な手続きにも開かれていることがはっきりする。ただし超越論哲学の方法が、ただ経験的な手続きに止まっていることは決してない。経験的な手続きは現実の側面を切り開

くのに適している。哲学的分析にとって、このことは第一歩を意味するに過ぎない。事実に基づいてはじめて、根拠、正当性、そして妥当性について問うことができる。

　数量化したり測定することに慣れ親しんでいる現代の多くの科学者たちにとって、このような批判的分析の方法は古くさく思われるかもしれない。それなのにいまだにこうした方法を信用しているのである。たいていの教育学の出版物では、いつもあまりにも多くのことが**分析されずに議論されている**。もし分析が例えばヘーニグスヴァルトが行ったように徹底的に実施されれば、その認識内容は粗雑な議論や粗悪な一覧表で示されるものよりも、はるかに優れたものとなるだろう。

　次に二重に行われる分析の第二の領域について、ここで簡単に論じたい。それは、新カント学派の理論的手がかりである。認識し、価値判断を下し、態度を決定する自我は、自分一人だけで生きているのではない。自我は生活のいたるところですでに、文化、価値、伝統、知識に出会っており、そしてこれらすべては有効なものとして要求されている。人間は他の諸価値と取り組んではじめて成熟する。したがって、教育理論はその完成された形では、文化理論や文化価値理論と同等のものと理解することができる。その個々の教育理論の形成過程は、文化の形成過程に対応する。ナトルプはこの結びつきを社会的な過程として表現した。彼の主著にはすでにこれら両者の契機、すなわち、倫理的な意志の陶冶と、文化（社会）による人間形成がタイトルに用いられている。その副題は、「社会の基礎に基づく意志教育の理論」である。通常ナトルプは、社会教育学の創始者とも見なされている。

　歴史的な状況の変化、ディルタイの生の哲学によるすべての強固な体系への非難、歴史主義が生みだした相対主義への非難、「粗末な長屋の急進的な教義」への非難、教育目的と義務づけられた人間像をいとも簡単に放棄してしまう教育目的や、人間形成についての終わりなき無駄話は、意味があったのかという疑問への非難。こうした非難は、超越論哲学の代表論者に依拠して、変化する重要な価値世界を回顧することは、どのような意味があるのか、を常に新たに問い正すことになった。

コーンは次のようにその答えを出そうと試みた。「それについては、実践的教育学に対して普遍的な目的を考察することは、いかなる意義があるのかを述べなければならない。その考察は二重に行われる。まず、普遍的な行政措置について知らせようとする場合には、国家の教育機能に疑念を持っていても、必要な社会の諸規定について根本的に熟考することが重要である。次に、このことよりも重要なのは、教育者の教育的態度に影響を及ぼし、教育者に要求されるものを、人々が共通に認識することである。概念が生き生きとした認識となる時、生命に作用して行為や態度を形成する力として、決定的な影響を及ぼすのである」[55]。

　こうした議論を過去のものとみなす意見が多い。しかし問題は存在しつづけている。私たちは、問題を解放、成熟性、批判能力といった中身の何もない空虚な形式にとらわれてこなかったか、誰でも自分の好みにしたがって、この空虚な形式を実践に取り入れてこなかったか、こうした問題をまじめに問い正さなければならない[56]。

第4節　規範的教育学における教師の役割

　人格的教育学理論においても、規範的教育学理論においても、教師と生徒との関係は、決定的に重要な根本関係を形成する。「教師と生徒との関係は、教授と教育を、ひいては教育学のすべての要務を規定する。同時に、私たちはすべての誤解を避けるために、次のように付言したい。教師と生徒との関係は、その概念によって教育学を規定する」と、ペッツェルトは述べている[57]。

　この点で、規範的教育学はまず解釈学的・プラグマティズム的な教育学と密接な親近性がある。解釈学的・プラグマティズム的な教育学においても同様に、教育関係が教育行為の核心であった。どちらの立場においても、教師の**責任**は極めて重要であり、教師と生徒との関係を根本的に規定するものとなっている。

　教師と生徒の関係が二つの平等な人格の関係として理解されているのは、

人格主義的な特徴をもつ人間学から導き出されているからである。この形式的関係は、リットによってもっとも明瞭に示され、詳細に叙述されている。

したがって、根本的に同等の二つの人格の関係には、そもそも「教え」は起こらない。そこではむしろ対話が導かれ、「出会い」が行われる。これら二つの概念のうち、第一の対話はブーバー によって、第二の出会いは、特にグァルディニによって熟考されたのである。この二つの概念はほとんど一貫して、教師と生徒との根本的関係を説明するために用いられた[58]。対話と出会いは、まさに解釈学的・プラグマティズム的な教育学の支持者たちによって、とくにボルノーによって詳細に熟考された。規範的教育学がこれらの概念を取り上げる時には、例えばペッツェルトのように、ほとんど一貫して対話について語られているが、これはなによりもブーバーの功績と言える。

このように両者の一致点の他に、重要な相違点もある。個は対話関係においても、自分の価値の立場を基礎づけなければならない。ここに教師の価値の立場について、究極の根拠が何かを探ることができない絆を見いだそうとする試みが、いつも行われてきた。この確信からその正当性の理由づけが導きだされる。ペッツェルトはこの関連において、宗教性を倫理的なものの徹底した完成として考えた[59]。彼にとって、最高の意味での教師と教育者は、究極的にはイエス・キリストであった[60]。

ヘンツには、この神聖なものは「全き価値」である、と言っている[61]。メルツにとって教育は、教育が何ら拘束力のない認識の領域から離れ、価値に服従する教育に始まるのである。教育は信仰のなかで行われるのである。「したがって真の教育は信仰の基礎の上に休らうのである」[62]。

この表現はたびたび宗派学校の信仰告白と結びついて、規範的教育学全体がカトリックの教育理論である、という評判を巻き起こした。

最近ハイトガーとフィッシャーは、最高の宗教的な価値への回帰を必要としないさまざまな価値への志向性を維持しようと努めている。その際、同時に両者とも価値を熟慮することは、批判的意識の行為である、ととらえたカントと新カント学派の学者たちにその源流を求めた。したがって、ハイトガー

とフィッシャーにとっては、意識の哲学が問題なのである。とりわけフィッシャーは、自分の考えの手がかりは「価値批判であり、それは全体として見れば批判的・合理的で自己理解的な（意識の）教育学である」と、はっきりと述べている[63]。

ハイトガーにとって、このことは次のことを意味する。対話ふうのものとして理解される教育的指導には、被教育者に外から実質的にあらかじめ定められた規範を持ち込むことはできないのである。このような方法はおそらく合法的であるかもしれないが、決して態度を決定する道徳性にはおそらく到達しえない。もし価値の立場を放棄したくないのであれば（それは全く不可能なのだが）、「個々人に規範的なものの探求を『目標』とする」教育者の態度のみで可能となる[64]。

カントが前提にしていたのは、個々の被教育者が批判的判断力を身につける能力、すなわち、すべての現存の判断に対して自分の立場を明確にする能力であった。ハイトガーははっきりと次のように述べている。「この前提なしには教授することも、教育されることもできない」と[65]。

この判断する態度を身につける能力は、教師もまた身につけてきたものである。したがって、教師も生徒も判断を下す理性の合法性のもとにいるのである。「対話的指導」を通して、被教育者は他者の命令を除外して、果てしない議論と動機づけの過程に達する。だからハイトガーも、この教育的指導の形式はあの賞罰による方法を放棄することができると考えた。それは批判的意識を生みだすための「助産術」であり、この方法はあのソクラテスによって用いられた非常に古い形式と結びついている。

第4章 マルクス主義、ネオマルクス主義、批判的教育科学

第1節 名称と歴史的側面

　批判的教育科学を一つの固有の傾向ないしは学派と考えるならば、私たちはそれをドイツ教育史の最新の現象であると言うことができよう。批判的教育科学という名称は、フランクフルト学派の批判的社会理論の独自の呼称である「批判理論」になぞらえてつけられたものである。批判理論とはホルクハイマーとアドルノが発展させ、マルクーゼもその理論形成に加わり、またハーバーマスが思想的に深めた理論である。

　「批判理論」の中心にすえられるのは、解放の概念である。多くの教育学者が、批判理論を模倣して迅速かつ広範にまた積極的に取りこんだ結果、この概念をタイトルに用いた出版物がインフレのごとくあふれた。この傾向は、時として「解放教育学」とも呼ばれている。解放の概念は大変広く用いられ、多くの教育学者は目的を明確にすることも正確に関連づけることもなくその概念を用いたり、安易に用いたりした。ロスナーは、1968年に出版されたモレンハウアーの論文「教育と解放」が、この概念のインフレーションを引きおこしたのではないかと考えている[1]。目下のところ、教育学の議論では、解放教育学や批判的教育科学について言及したり、吟味したりする時には、モレンハウアーのこの論文がしばしば引きあいに出されている[2]。

　フランクフルト学派の批判理論の思想的伝統における起源はマルクスとヘーゲルにさかのぼる。既存の社会関係の変革と権力構造の解体が、フランクフルト学派の明確な目標である。したがって、ネオマルクス主義者とさま

ざまな社会主義者たちは、フランクフルト学派の思想に取りくみ、それをさらに発展させて自らの理論体系に取り入れた。無認可保育園での実践からガムの思想にまでいたるさまざまな方面で、自らの見解を正統化するために、批判理論の該当する領域から諸概念をもちだし列挙した。教育学者も、もともとの批判理論とは全く異なるものとなってしまった用語を用いて、自らの理論を粉飾している。批判理論の起源がマルクス主義と社会主義にあるために、教育学におけるこの思潮は、マルクス主義教育学ないしは社会主義教育学と呼ばれている。ブレツィンカは、それを新左翼の教育学と位置づけている[3]。

　二つの理由から、マルクスとエンゲルスの思想を簡単に振り返ってみることが必要である。第一の理由は、すでに主張されてるように[4]、フランクフルト学派がマルクスを完全に意識して取り上げたり、マルクス主義を修正しているからである。第二の理由は、多くの現代の思想がマルクス主義の名を掲げているものの、それらはマルクスとは全く関係がないからである。ドイツでは60年代の終わりに、フランクフルト学派の批判理論とともに教育運動が開始されたが、この運動は伝統的枠組みからはみ出るものであった。

第2節　マルクスとエンゲルスの教育と人間形成

　マルクスとエンゲルスは自律した体系としての教育理論を提示していない。彼らの教育学の問いに対する主張は、全著作の中から推測すると適切に区切られた範囲をもっているが、多くは散発的であり、別の解釈の枠組みを参照して初めて、教育学理論の基盤として発展させうるものである。現在までのところ、彼らの教育と人間形成の思想を最も広範に編纂したのはグルスデューである[5]。「まえがき」においてまず彼が行なったことは、マルクスの教育と人間形成の理論を探究することではなく、マルクスとエンゲルスのすべての言説をただ年代順にならべただけであった。序文においても彼はこの方針を変えなかった。ドイツ語での選集は、ヴィティッヒによって出版されたが、それは満足のいくものではなかった[6]。

ドイツ語圏以外では、スチョルドフスキーと、最近のものではコロルヨウとグムルマンがマルクスの教育学についての広範な分析と叙述を出版している[7]。しかし、ドイツにおける包括的な専門研究論文はいまだ出版されていない[7a]。

マルクスとエンゲルスの教育批判で、まず印象的なことは、当時の学校教育の形態、とりわけプロイセンとイギリスの学校教育の形態を批判したことである。そしてその際、彼らは教育の階級的特質を強調した。この**人間形成批判**は、国民教育にかけられた資金の少なさ、時代遅れの教授方法、児童労働に対する教会の決定的な影響力、教授と職業教育の結合に向けられている。教育における階級的特質の強調は、共産党宣言との関連で理解することができる。その中では、次のように述べられている。「教育に対する社会の影響は、共産主義者の発明ではない。共産主義者はこの影響の性格を変えるに過ぎない。すなわち教育を支配階級の影響からひき離すに過ぎない」[8]。

マルクスとエンゲルスは、生活と労働の結合と、学校と労働の結合を再発見した。その結合は、18世紀のさまざまな思想的源流、特にユートピア的社会主義者によって見いだされたものであるが、同時にマルクス主義の両巨匠の独自の分析にも由来するものでもある。ここから、教授と生産的労働の結合についての思想が生まれた。この結合は、労働についての中核的思想と、マルクスが『資本論』において展開したあらゆる連関から切り離すことのできないものである。マルクスはフーリエとオーウェンに対して、『資本論』の中で直接、次のような決定的な指摘をしている。「オーウェンの立場から詳細に見てとることができるように、未来の教育の芽は工場の体系からでたものである。それは、社会的な生産を向上させる手段としてだけではなく、すべての方面に熟達した人間による生産の手段として、一定の年齢に達した子どもが生産的労働に従事できるよう授業と体操が結びつけられたものとして考えられている」[9]。

この引用文から、マルクスが労働にどのくらい人間的価値を認めていたかをはっきりと理解することができる。人間はそもそも、労働をとおして初めて人間となるのである。しかしながら、こういった人間学的な思想は、ある

時にはヘーゲルとの対決をとおして、またある時には資本主義における商品生産の分析をとおしてのみ把握することができるに過ぎない。

ヘーゲルは主観的精神を未完であると見なした。「それゆえ、時代は運命として、また、その中で完結していない精神の必然性として現れる」(10)。ヘーゲルによれば、活動（労働）は必然的な欲求であり、それによって初めて人間は自らのあるべき存在になるのである。「人間は自ら、自己のあるべき存在にならねばならない。人間はまずすべてを手に入れなければならない。なぜなら人間は精神だからである」(11)。マルクスは、ヘーゲルのこの思想を取り上げて、まず次のことを強調した。すなわち、人間はそれ自体として活動的なものではないし、そもそも労働のための労働などは存在せず、あるのは社会的労働としての労働と、分業過程における生産としての労働のみである。なによりも、現実の労働は、「活動」そのものとして存在するのである。

エンゲルスは、この思想をマルクスの最も重要な発見と見なしている。エンゲルスは、かの有名なマルクスの墓前での演説の中で、マルクスの世界史全体にわたる物質的基盤の発見について語っている。「ダーウィンが有機体の発展法則を発見したのと同様に、マルクスは人間の歴史的発展法則を発見した。その法則とは、人間は政治、学問、芸術などを追求する以前に、まず食べ、飲み、住み、衣服を着なければならないということ、そして直接的で物質的な生活手段の生産と民族や時代に固有のその時々の経済的発展段階が、国家制度、法律観、芸術、当該の人間の宗教的観念を育む基盤を形成するという単純な事実を、従来、イデオロギーが隠蔽してきたというものである。国家制度、法律観、芸術、当該の人間の宗教的観念は、その基盤から明らかにされなければならず、従来のようにその関係を逆転してとらえてはならないのである」(12)。

これらの人間的要素は、自然との対決としての人間の根源的労働に始まり、資本主義的分業生産での労働による人間の疎外と、将来の共産主義社会におけるこの疎外の止揚に至るまでの、マルクスの労働の発展史全体が叙述されてはじめて明らかにされる。ここではその全体像を示すことはできない。し

かし、将来の支配なき社会における労働の機能という究極的な指摘は、マルクスの幅広い思想体系を示唆するものである。

マルクスによれば、人間の社会的性格と教育の社会的性格はどちらも、生活と労働、学校と生産のそれぞれの結びつきをとおして、また私たちの社会的分業という形でのみ存在する労働をとおして基礎づけられる存在の人間学的基礎づけから生じるものである。このことは、共産党宣言の中ですでに指摘されている。そこでは次のように書かれている。「ところが諸君の教育もまた、社会によって決定されるのではないだろうか。諸君の教育をかこむ社会的関係によって、学校などをつうじての社会の直接的または間接的干渉によって、それは決定されるのではないだろうか」[12a]。

市民社会や資本主義社会においても、それ以外の形態を持つあらゆる階級社会と同様に、教育は明らかに階級的特質を持っているし、またイデオロギー的な機能を果たしてもいる。このことを理解するためには、マルクスのイデオロギーの概念を明確に把握しなければならない。

マルクスによれば、人間が自らの物質的な欲求を満たそうとする方法の中に、直接的で強制的な従属関係が存在しているという。すなわち社会的労働、そのために必要とされ作りだされる諸手段（生産手段）、労働の遂行のために結ばれる諸関係（労働関係および生産関係）、そして人間が作りあげる社会制度や法律などの中に、直接的で強制的な従属関係が存在しているというのである。

マルクスとエンゲルスは、この関係の第一の領域（生産物、生産手段、生産関係）を**経済的基盤**と名づけた。一方、社会制度は「イデオロギー的上部構造」を形成する。「この生産関係全体は、社会の経済構造、すなわち現実の基盤を形成する。その上に法的・政治的上部構造が位置づけられるが、それらは一定の社会的意識形態に対応する。物質的生活の生産様式は、社会的・政治的・精神的な生活過程一般を制約する。人間の意識が自らの存在を規定するのではなく、その反対に人間の社会的存在が自らの意識を規定するのである」[13]。

マルクスとエンゲルスは、イデオロギーが物質的基盤に従属するものであ

ることをあくまでも強調し、歴史的にそれが幾度となく繰り返されてきたことを指摘した。彼らの著述の多くが市民社会のイデオロギー批判に向けられた。政治に関する言語、法律、道徳、形而上学、宗教、文学そして出版物の中に生産関係が反映されている。この「社会意識」は、経済的基盤が変化することによって初めて変化する。古代社会では、生産手段を自由に操り、生産関係を決定することができる支配階級だけが存在していた。イデオロギー、社会意識、上部構造は、つねに支配者の思想をあらわすものであった。

「支配階級の思想は、どの時代でも、支配的思想である。すなわち、社会の支配的な物質的力である階級は、同時にその支配的な精神的力でもある。物質のための手段を自由にできる階級は、それとともに精神的生産のための手段を意のままにするから、精神的生産のための手段を欠いている人々の思想は、概してこの階級の支配下にある。支配的な思想は、支配的な物質的関係の観念的表現、すなわち、思想として把握された支配的な物質的関係以外のなにものでもない。それは一方の階級を支配階級にする関係の観念的表現であり、したがってその階級による支配の思想である」[14]。

物質的生産の基盤からイデオロギーが生じるとする説明は、マルクス主義者たちの意識を規定してきたため、彼らは現在に至るまで、政治、科学、芸術、哲学などを付録として取り扱ってきた。社会主義国家ではどこでも、市民の科学、市民の教育、市民の哲学、市民の芸術と文学について語られるが、それらは明らかに社会主義の傾向を色濃く反映したものである。そのことに関して、マルクスの社会主義の科学という名称が社会変革の理論を意味する一方で、市民の科学という名称は階級社会におけるイデオロギー的上部構造を果たすものであることが明らかにされるべきである。

マルクスの理論の中で、**目的への問い**は決定的な役割を果たしている。それは私有財産を廃止し、人間による人間の支配が不可能にされる社会への問いである。この問いとの関連から教育目的のイメージも方向づけられる。マルクスとエンゲルスによる教育と人間形成に関する多くの言説は、未来社会にかかわるものであり、それゆえにユートピア的性格を持っている。このユートピア的性格は、私たちがそれを歴史哲学から切り離さずにいる時にのみ、

現実的内容を持つものとして把握することができる。その中で、人間学的分析と哲学的分析は、人間が生産的な労働を通して自らをつくりだし、意識と意志を持って人間的な歴史をつくっていくような一つの人間観へと再び総合されていくのである。

目的への問いに次いで、このような社会への道に対する問いもすぐに生じてくる。ここで、マルクス主義者の見解も教育学にとって重要な意味で分岐する。マルクスとエンゲルスがそれに関して一つの道だけを見ていたことは疑いない。すなわち、革命という道である。

彼らの後継者たちは、幾度となく非暴力的な変革の可能性を信じた。このことが問題になる時には、教育に決定的な課題が割りあてられた。教育のほとんど絶大な可能性が情熱的に信じられたのである。こうした状況の中で教育の課題は、革命の条件となることへと変化した。教育の革命的な力への信念を強化するために、マルクスとエンゲルスが再び引きあいに出された。エンゲルスは、著書『空想から科学への社会主義の発展』の初版の序文で次のように書いている。「われわれドイツ社会主義は、サン・シモン、フーリエ、オーウェンの子孫であるばかりでなく、カント、フィヒテ、ヘーゲルの子孫でもあることをも誇りとしている」[15]。これらの進歩的で市民的な哲学者たちこそが、フランス革命の思想を人間形成論へと移しかえたのだという考えは、エンゲルスに由来するものである。

ここでマルクスを引きあいに出す人は、たいていフォイエルバッハに関する第3テーゼを念頭に置いている。その中で、マルクスは次のように書いている。「人間は環境と教育の産物であり、それゆえ変化した人間は違った環境と変化した教育の産物であると考える唯物論的な学説は、環境自体が人間によって変えられるものであり、教育者自身もまた教育されなければならないということを忘れている。この学説では、（例えばオーウェンがそう考えたように）社会は必然的に二分されるべきもので、そのうち一方の半分が他方の半分に優越していると結論づけられるのである。

環境の変革と人間的活動の変革とのかかわりは、**変革をおこしていく実践**としてのみ把握しうるものであり、また合理的に理解しうるものである」[16]。

現在、ネオマルクス主義者たちは、このテーゼを変革の際の教育の重要性を示す根拠として繰り返し用いている。このテーゼは、例えば、彼らが大学や単科大学における教育科学の勢力を強化しようと取りくむ際の前提の一つとされたり、また今後は無認可保育園をめぐる議論の出発点ともされると考えられる[17]。

要約すると、マルクスとエンゲルスの理論全体との連関の中で、すなわち経済学や歴史哲学、政治学理論との密接な連関の中で、次のような教育理論を形成する要素が見えてくる。

社会理論全体との連関の中で問題となるのは、世界を解釈することではなく、むしろ社会を変革することである。そのために教育は、革命的な変革のプロセスの一機能を担うことになる。フォイエルバッハの第3テーゼによれば、この変革のプロセスは教育者の教育によって始められる。

教育に変革の機能が担わされると、社会における教育の位置づけは他の理論的な手がかりの位置づけとは全く異なるものとなる。マルクスとエンゲルスは教育の基盤にある社会的な統合機能について記述している。そのこととのアナロジーで、教育科学はある具体的な社会的機能を担うことになる。教育科学は、あらゆる社会形態においてこの機能を内在させている。資本主義社会において、教育科学はイデオロギーに含まれる。教育科学はイデオロギー全体のなかの一部分なのである。科学の変革はつねにイデオロギー批判で始まる。そのような見方をするならば、科学は決して「客観的」なものではなく、つねに**党派的**なものなのである。

人間学的に見るならば、マルクスの教育思想の根本には、人間は生まれつき善であるという啓蒙主義的な人間観が存在する。人間は自らの人間存在を労働をとおして実現していくと考えられている。ここでいう労働とは、現実的な社会的労働として把握されるものであり、それはそれ自体としての活動といった抽象的な意味を持つものではなく、商品の生産活動として把握されるものである。

この人間学的な手がかりから、マルクスが行った議論の二つの方向を区別することができる。私たちは、第一の方向を**「人間形成批判的」**な議論と呼

ぶことができる。マルクスはそれを、啓蒙主義以来、あるいは少なくともルソー以来、教育学が真剣に擁護してきた議論の形態と結びつけている。マルクスは、人間を疎外する生産と結びつける市民の形成、つまり生産的な利益を増大させるためだけに行う、市民の形成が持つイデオロギー的な形態を批判した。そのような市民の形成において、労働、人間形成、人間化は分裂してしまっているのである。

　第二の議論の方向は、**ユートピア的**な議論と呼ぶことのできるものである。マルクスは、あらゆる方向へと形成された（総合技術的に形成された）人間性にあふれ、それゆえ分業が人間を疎外することももはやなく、その多方面性自体が人間の存在意義となるような社会主義社会における教育の骨子を構想している。

　組織についていうならば、マルクスとエンゲルスは統一学校に賛同している。

　これらの教育理論の手がかりは、19世紀には一般に注目されることがなく、教育政策への決定的な影響力も持たずにいたのである。

第3節　20世紀のマルクス主義教育学と社会主義教育学

　20世紀初頭になって初めて、ドイツ社会民主党とドイツ共産党のそれぞれに所属し、教育政策に関心をもった教育学者たちが、マルクスとエンゲルスの思想のいくつかを再び取り上げた。この社会主義とマルクス主義の代表者としてオットー・ルーレ（1874-1943）の名を挙げることができる。ルーレは、はじめ教師として教鞭をとった後、ドイツ社会民主党左派のスポークスマンとなり、その後カール・リープクネヒトと並んで、帝国議会の議員になった人物である。彼はその後、ドイツ共産党に加わったものの、やがて除名され、1933年に亡命した後、1937年からメキシコ政府の教育顧問をつとめた[18]。

　クララ・ツェトキン（1857-1933）は、1904年にブレーメンで開催された社会民主党の女性会議で学校問題に言及するとともに、1906年にマンハイム

で開催された党大会では、ハインリッヒ・シュルツ (1872-1932) と共同して学校問題を取り上げて、ドイツ社会民主党の関心を教育問題へと向けさせた。ツェトキンはシュルツとともに、「社会民主主義と国民教育」というドイツ社会民主党の基本方針を打ちたてた。

シュルツは、ワイマール共和国の学校業務を統括する内務省の次官となった[19]。

ヴュルッテンベルクの牧師の息子で、神学生として、そして後には副牧師としてマルクス主義の理論にふれたエドウィン・ハーンリ (1883-1952) は、ツェトキン、ルクセンブルク、メーリングの影響を受け、ドイツ社会民主党に所属したが、その後、ドイツ共産党の創立メンバーの一人となった。彼は1933年にソビエト連邦に亡命したが、1945年にドイツに戻り、死ぬまでベルリンのヴァルター・ウールブリヒト・アカデミーで教職の任についていた[20]。

オーストリアのマルクス主義者・社会主義者である、アドラー、バウアー、カニッツ、ベルンフェルドも、上記の教育従事者のリストに加えられなければならない。パウル・エストライヒ (1878-1959) のみがドイツで有名になり、教育学史にその名をとどめた。エストライヒは初め高等学校の教諭をしていたが、後にドイツ社会民主党の教育政策者となり、また連邦の決定的学校改革者団の創設メンバー、帝国学校会議のスポークスマン、1945年からはベルリンで通常学校とパウプトシューレ（基幹学校）の視学官を歴任した後、戦後の東ベルリンの学校制度の復興で重要な役割を果たした[21]。

上述した人々はみな、その本旨において、例えばプロレタリアートの子どもたちのハンディキャップを際立たせることによって、学校と生産的労働との関連についてのマルクス主義思想を継承するとともに、マルクス主義の学校批判の根本原則に従っていた。ベルンフェルドは、初めてマルクス主義の思想と精神分析学の思想を結びつけようとした[22]。教育政策のうえでは、とりわけ統一学校の計画が主張された。エストライヒは、それを弾力的統一学校の計画と呼んでいる。

しかし彼らのうちで、完成され、すべての点で十分練られたマルクス主義

教育理論を提示できた者は一人もいなかった。彼らが学校制度に与えた影響はごくわずかであり、彼らのほとんどは全く知られていなかった。エストライヒは、1945年以降ベルリンで、初めていくらかの影響力をもったが、そのことも連邦共和国時代にはほとんど忘れ去られた。ツェトキンとルーレの教育政策に関する論文は、東ドイツで初めて再版されたが、西ドイツでは全く知られていないのも同然の状態であった。

連邦共和国の教育学の歴史や概論では、エストライヒの名が唯一記されているだけで、それ以外にはここで挙げた人たちの名は見られない。教育学の新しい事典では、確かにエストライヒについては述べているが、他のマルクス主義者あるいは社会主義教育学者については述べていない。ヒエルダイスが編纂した選集『19世紀と20世紀における社会主義教育学』[23]の中で連邦共和国で初めてルーレ、アドラー、シュルツの原文が取り上げられ、エストライヒの論文も掲載されたが、クララ・ツェトキン、エドウィン・ハーンリ、ジークフリード・ベルンフェルドの論文は掲載されなかった。

ドイツにおける社会主義教育学の影響史について振り返る際には、ある重要な前提を踏まえておかなければならない。60年代までこの教育学は、周辺的で影のごとく存在したものであり、党の歴史の中にのみ存在するか、党員または党の事情につうじた人々のみに知られているだけのものであった。

従来の教育学は、社会主義教育学を承認しようとはしなかった。従来の教育学は、学位論文や研究計画の形でこの思想の所産に携わることはほとんどなかった。70年代の終わりになって初めて、何人かの学生が、例えばベルンフェルドの論文を再び引きあいに出した程度であった。

いずれにせよ、フランクフルト学派は、19世紀と20世紀初頭の社会主義教育学の伝統とは結びついていない。批判理論に依拠して現れた教育学の手がかりは、より新しい思想様式であり、20世紀初頭の社会主義教育学とは結びついていないし、批判的教育科学の多くの代表者たちも、マルクス主義教育学も社会主義教育学も知らないままであった。フランクフルト学派の代表者であるアドルノ、ホルクハイマー、マルクーゼは、マルクスの理論の修正に携わった。彼らは、ドイツ観念論哲学と精神分析学に自らの方法論的武装を

求めた。彼らの人生の道も特徴的である。彼らはみな西側への亡命者である。ナチスからの亡命者として、彼らの影響の可能性は失われ、ドイツを去らねばならなかったが、彼らはソビエト連邦には行かなかった。彼らは回り道をしてアメリカ合衆国に達し、そして1945年以降、マルクーゼを除いて全員がドイツに戻ったのである。

第4節　フランクフルト学派の問題提起の変化

　アドルノとホルクハイマーは、マルクス主義を後期資本主義社会における有効な理論的手段、なかでもイデオロギー批判の手段にするために、批判理論として、マルクスの思想をさらに発展させる包括的な理論の形成に関心を示した。啓蒙思想の批判的分析もこの一部である。
　彼らの出発点は、因襲的な理論と対決することであった。マルクスから出発したホルクハイマーは、因襲的な理論が真空の空間に置かれているために未完のままであり、あらゆる歴史的・社会的条件からかけ離れていることを非難した。理論は個人が恣意的につくりだすことのできるものではない。「事実に対する仮説の関係は、最終的に学者の頭の中ではなく、産業の中で生じるものである」[24]。ホルクハイマーは個人の決定に従って行為することだけを信じ、実際、見通しの効かなくなった社会的メカニズムを表現することに、四苦八苦している市民の科学を非難している。
　批判理論は、まさにこの見通しの効かない錯綜性から抜けだそうとする。批判理論は、従来の諸理論を批判し、その社会的根源と制約を示すことによって、それらのイデオロギー的性格を指摘する。批判理論は、既存の理論がイデオロギーであることを暴くのである。これもマルクスとの関連で、そしてマルクスをさらに発展させたものとして理解されねばならない。
　しかし、同時に批判理論は従来構想された理論とは異なった立場をとっている。批判理論はメタ理論という方法をとるのである。というのも、批判理論はイデオロギー批判を目的として他の理論を批判するだけでなく、同時に現存する状況を変革しようともするからである。しかし、それは他の理論の

基礎と根拠を明示するという意味でのメタ理論でもある。だが、状況の変革という目的を追求するにあたって、批判理論は科学的仮説からではなく、社会に存在するさまざまな矛盾から出発する。そしてまた、批判理論はそれらを単に説明することにとどまるのでなく、それらを変革しようとする。批判理論は、変革の原動力として批判的分析の力と反省の力を前提とする。このような批判的分析は、まず第一に、人間に非合理的な従属をもたらし、人間的な行為を事象化する社会制度に向けられている。

その際、科学が実直であろうとするならば、科学は科学固有の振る舞いの分析、科学の活況の中での科学の硬直化や、なぜ科学がほかならぬ大学で制度化されるのか、なぜ科学は知識の調停者として、もはや啓蒙や解放を引きおこさず、事物の制約と合法性のもとで人間の従属と息苦しさを引きおこすのか、といったもはや問われることのない根本問題に着手しなければならない。

すでにかなり早くにアドルノとホルクハイマーは、科学もアンビヴァレントな性質を持っていることを指摘した。知識は、確かにまず盲目的な自然の暴力から人間を解放するが、分業による生産過程と新しい従属を招く科学と技術をも生み出すことになる。アドルノとホルクハイマーは、この二面的過程を「啓蒙の弁証法」と呼び、その概念を用いて解放過程の挫折と転換の原理的可能性を考えている。完全に人間的な状態への完全な解放は起こりえないため、疎外に対する啓蒙は新たな疎外へと急変する。なぜなら、解放というものは悪いものにだけでなく、善いものにもふりかかるからである。ホルクハイマーは具体的な例を提示している。「封建主義と絶対主義という過去の不正からの市民の解放は、女性の解放が訓練の徹底において兵科と解されたように、リベラリズムによって機構の疎外の役割を果たした」[25]。

批判理論の弱点は変革の過程にある。根本的な問題として、その背後に依然としてマルクスの時代から論争の的になっている問題が隠れている。すなわち、革命か進化かという問題である。あるいは、革命がなければ、どうやって発展は引きおこされるのだろうかという問題である。マルクーゼは、革命なければ発展なしという立場に立っている。彼は、アドルノとホルクハイマー

のように批判的反省の力を信じず、その代わり「大いなる拒絶」という考えを導入することによって、抵抗と、拒否、そして修正のほどこされた革命的変革の道を主張した。

　マルクーゼ、アドルノ、ホルクハイマーに賛同する多くの学生たちは、この領域を表面的に考察しただけで、ほとんど盲目的に行動主義と活動主義に駆りたてられた。

　批判理論は、社会のなかで進行し人間を事象化する過程を分析することによって、従来の教育理論のイデオロギー批判となるような、教育に関する問題設定を取り扱っている。例えば、家庭教育のなかで高められる権威の要求の分析などがそうである。

　教育的関心は、明らかに単なる流行に過ぎない批判ばかりしている。その際、理論全体に含まれる批判理論の教育学的特徴は、全く明らかにされていない。第一に、教育学者と社会学者が批判理論の方法を利用しようとする場合、彼らはしばしば表面的な批判を行っている。批判理論は、かつてのドイツ観念論の批判哲学がそうであったように、包括的であり基盤的であるという意味で批判的でなければならないが、批判論者たちはそのことに気づいていない。そして、そこに教育学者が本当の批判理論をなしえない理由があるのだ。

　アドルノとホルクハイマーの教育学的問題設定は、一方ではマルクスを越えたが、他方ではマルクスとその後継者である社会主義教育学の問題領域全体を放置した。ここには、マルクスを修正することによって現在まで続けられてきた継続的議論が存在していない。アドルノとホルクハイマーは敢えて新しい傾向に取りかかろうとしたのである。

　教育学のなかでも、批判理論と深いかかわりがもたれたが、これまで完結した教育理論そのものが提示されることはなかった。大家たちは、ほとんどすべての場合、フランクフルト学派の社会哲学の省察の水準にまでは、決して到達することがなかったのである。

　批判理論に関連するそれ以降の教育理論の新しい傾向としては、ハーバーマスの思想の基本的な分析だけに考察を限定した。彼の論文には人間形成論

が含まれている。彼はそれを人類の歴史として人間学的・歴史哲学的に明らかにしようとした。合理性と解放についての関心はいわば自然史的に基礎づけられる。主体的人間も、類としての人間がそうであるように、生存と苦痛の減少に関心を持っている。歴史哲学としてみるならば、ハーバーマスは、人類の歴史全体を人間形成過程として読み解いているのである。

　人間生活の基本的関係は、言語と労働と相互行為の連関の中で分析されている。それは、関連する要素をとおして人間形成関係として現れる。ハーバーマスは、実証主義批判とマルクス批判との関連で、基本的関係の解明に精神分析を持ちだし、これらの要素に新しい内容を与えている。

　全体像は、哲学を認識批判へと包括的に革新しようとする野心的な関心に包まれているようにみえる。しかしこの批判は、社会問題に積極的にかかわろうとするものである。そのかかわりとは、一方では、理性と理性の実現への関心との中で追求されるものであり、他方では、事象化からの人間の解放への関心の中で注目されるものである。認識批判の根本的な基準点は、人道的人間的生活にある。認識批判としての哲学のこのような革新は、人間形成論に暗示的に含まれている。

第5節　批判的教育科学──ハーバーマスが暗示する人間形成理論

　ハーバーマスの試みを、大家たちが相変わらず試みているように、ある決まり文句で表現したり、「認識関心」、「解放」、「イデオロギー批判」といったいくつかの概念の言い換えによって解明することはできない。以下では、彼のすべての論文を一つの連関として扱い、全体的に分析することはしない。私は、教育学の問題設定の中でそうすることの可能性について疑いを持っている。私にとって重要なことは、彼が暗示する人間形成論の基本構想を明らかにし、同時に彼によって変更された科学概念と、社会におけるその機能を記述することだけである。

　ハーバーマスが多くの論文の中で、理論的問題設定に並はずれた関心を抱いていたことは明らかである。ハーバーマスは、はやくも1965年の教授就任

公開講義において、この関心について公表している。その中で彼は、行為を方向づける関心だけが理論的問題設定を定めることができる、と指摘している[26]。

彼は、現代の思想が危機的な状況にあると考えている[27]。彼は、ホルクハイマーとフッサールの指摘を取り上げ、いったいどこに危機があるのかを問いただした。彼が得た最初の回答は、次のようなものである。もともと啓蒙主義において発展し熟成した認識批判は、歴史の流れのなかで皮相なものとなってしまった。私たちはもはや認識批判、すなわち包括的な意味での哲学にではなく、むしろ「科学に黙従し、既成の研究の疑似規範的な取り決めに限定された」[28]認識批判に従事しているのである。

一方、カントやフィヒテといった啓蒙主義の時代には、啓蒙の理論はまだ科学的方法に組みこまれてはいなかった。19世紀になって、哲学は哲学によってその地位を追われたのである。すなわち哲学は、哲学以外の方法論すべてから締めだされてしまったのである[29]。ハーバーマスが次のような暴力的な言葉を発することができたのも、そのこととの関連においてであった。「それゆえに私は、カント以降、科学は哲学的にもはや真剣に取り上げられなくなったというテーゼを主張したい」[30]。

それでは哲学的に把握される科学、すなわち、認識批判としての科学と科学理論としての科学との違いはどこにあるというのだろうか。

哲学が認識批判の形で発展した際、認識と理性認識の実現に対する関心とは重なり合うものであった。理性（合理性）は理性の意志と切り離せない関係にあったのである。例えばカントは、理性の中に理性を合理化しようとする欲求の存在を前提にしていた[31]。

この意味での認識は、観想的なものではなく、社会に積極的にかかわろうとする認識であった。その際、認識主体の意志をめぐる認識も、純粋な理論も、あるいは抽象的な知も存在していなかった。存在していたのは、一方における理性と、他方における関心を含んだ理性の使用との統一だけであった。

しかし、関心を含んだ理性の使用という際の関心は、一体何に向けられていたのだろうか。その関心は「成人性の才能や、この世界に対する感覚と明

らかに対等のものであった。それは、正義、幸福、平和に対する関心であった」[32]。

　言い換えれば、次のように言うことができる。社会に積極的にかかわろうとする認識批判は、啓蒙主義において、成人した人間に関心を持っている。すなわち、人間が成人となるための条件（これは人間形成過程を意味するのだが）と、成人した人間を前提として成りたつ世界の姿に関心を持っているのである。哲学としての認識批判は、根本において人間形成の問題を含んでいる。啓蒙主義の偉大な哲学的構想は、暗示されうるすべての人間形成論を適切な形で包含しているのである。ハーバーマスは、哲学のあり方への関心を革新すると同時に、教育過程の哲学的・理論的基礎づけへの関心をも革新したのである。

　19世紀後半に哲学は、認識を導く関心を失った。それとともに哲学は、人間にとって決定的に重要な合理性を「実証主義的に二分された」合理性、ないしは「実証主義的に矮小化された」合理性に格下げしてしまった。「方法論における認識理論の解体の歴史は、最近の実証主義の前史である」[33]。

　実証主義は認識批判の次元を離れ、また確かに「科学は固有の生活の意義を失った」[34]が、しかしそれでも認識関心が完全に排除されたり、合理性が完全に追放されたりすることは決してなかった。この関心は方法論へと押しひろげられたのである。

　ハーバーマスはこの立場にたって、再びホルクハイマーの思想を取りあげている。仮説と理論の関係は、学者の頭のなかだけで生じるのではない。理論的な「言説が設定された関連体系に対して相対的に」把握されるやいなや、「客観主義的な見かけは崩壊し、認識を導く関心へのまなざしを解放する」[35]。

　ハーバーマスによれば、「批判理論」の優先的な課題は、論理学的方法論と認識を導く関心との間の特殊な関係を明示することにある。この関係を明示することが可能だと彼は考えている。「経験的・分析的な科学の手がかりには**技術的な**認識関心が、歴史的・解釈学的な科学の手がかりには**実践的な**認識関心が、批判的に方向を定められた科学の手がかりには、すでに述べたよ

うに、伝統的理論の底にひそかに存在する**解放的な**認識関心が入り込む」[36]。

　理性と理性の使用への関心が再び結びつくことによって、理論が認識の理論として革新されるとすれば、理論枠組みにおける理性への関心がどのようなものであるのかをより明確にしなければならない。そして、大家たちがしばしば誤解し、単純な批判へと矮小化してしまったこの点こそ、批判理論に固有の核心部分が求められなければならない。

　認識批判の問題設定には、避けることのできない人間形成の問題が含まれている。私はすでに、ドイツ観念論の批判哲学が暗示的な人間形成論を含んでいると述べた。しかしその一方でハーバーマスは、理論は認識を関心から切り離してしまったので、理論が人間形成に適用されることはなかったと明確に述べている。ここではむしろ逆に、どのような点で、ハーバーマスの理論的関心と観念論哲学の理論的関心が区別されるのかが問題にされるべきである。この区別は、関心の概念とかかわっている。認識を導く関心は、関心の概念を類の歴史に結びつける人間学的データである。「認識を導く関心は……人類の自然史と人間形成過程の論理とを媒介する。しかし、それは論理を何かある自然的基盤に還元しようとする要求の中でなされるのではない。私が**関心**と呼ぶものは、人類の再生産と自己の方向づけを可能にする一定の条件、つまり**労働**と**相互行為**に付着している根本的方向づけである」[37]。

　関心はいかなる場合にも変革の社会過程に結びつけることができるという誤った評価は、はっきりと却下される。根本的方向づけへの関心は、なによりも人類の関心であるので、その関心は経験的欲求充足に優先的に向けられているのではなく、むしろ「システムの問題全般の解決に向けられている」[38]。「なぜなら認識を導く関心は、それによって確定される方法論的枠組みのなかではじめて問題**として**現れるような問題設定を手引きにして規定されることが許されないからである」[39]。

　人類は、自己の存在を確実にし、可能な限り自由に生活する技術を保持するために、自らの「再生産と自己構成が可能な根本的条件」である労働と相互行為に支えられて生きている。この根本的条件は「おのずから学習と了解の過程を含んでいる。そして人類の形成過程が危機に陥らないようにするた

第5節　批判的教育科学──ハーバーマスが暗示する人間形成理論　155

めには、これらの過程は、一定の発展段階において、方法論的研究の形態で確保されなければならない」(40)。

　人類の形成過程に結びつけられた認識関心は個別的なものではありえない。それゆえ、この関心を「再生産と種の保存という生物学的な関連枠組みの中で把握する」(41)ことはできない。問題となるのは、具体的な悪い状態を除去する経験的で証明可能な関心だけでなく、全く新しい独自のカテゴリーである。「それゆえ『認識関心』は、動機的規定と認知的規定の区別に当てはまらないのと同様に、経験的規定と超越論的規定の区別、あるいは事実的規定と記号的規定の区別にも当てはまらない、独自のカテゴリーである。というのも認識は、変化する環境に対する有機体の適応の単なる道具ではなく、また純粋な理性的存在の行為でもなく、そして観想のように生活関係をすべて取り除いてしまうようなものでもないからである」(42)。

　従来、認識関心という特有のカテゴリーの手がかりが論じられたとしても、理性と関心が同時に論じられるということはなかった。このことを最初に論じたのは、ヘーゲルの『精神現象学』であるとハーバーマスは考えている。それは「反省の経験」である。この概念は、認識関心と同様、主体と人類の形成過程に結びつけられている。「私が考えているのは、主体が自らの発生史において透明になるにつれて経験する、反省の解放的な力の経験のことである。反省の経験は人間形成過程の概念に内容的に明確に表現されている。方法論的にみれば、それは理性と理性に対する意志との一致が自由に生じるとする見解を導くことになる。自己反省において、認識するための認識は成人性に対する関心と合致する。というのも、反省の実行は解放の運動として知られているからである。理性は同時に理性への関心にもとづくものでもある。私たちは、理性が反省の実行を目指す**解放的な認識関心**に従っていると言うことができる」(43)。

　この立場以前のハーバーマスは、労働と相互行為に対する理性の関心の意義を指摘し、それらが人類の形成の中で占める位置づけを記述し、全体を人間形成過程として把握するにとどまっていた。しかし、そうすることによって、個人と人類の形成過程は歴史的な過程の一部となるのである。問題は全

く新しいものではない。すでにヘーゲルも同様の問いにぶつかっていた。彼にとって世界史の過程は同時に人間形成過程であり、自由の意識の進歩と見なされた。その際、ヘーゲルにとっても労働は決定的なカテゴリーであった。しかし、マルクスが労働を生産として限定的に把握し、人間疎外の可能性を労働によって指摘した後では、ヘーゲルの構想はもはや無条件に受け入れることができるものではなくなった。

イェーナ実在哲学におけるヘーゲルも、ドイツ・イデオロギーにおけるマルクスも、労働と相互行為の基本的カテゴリーを十分に解明していない、というのがハーバーマスの見解である。彼らは、単に意義の重要性を強調したに過ぎない。ヘーゲルは歴史を「理性の世界過程」として把握し、マルクスは歴史を階級闘争として把握したが、ハーバーマスは、両者との絶え間ない対決の中で新しい歴史哲学を構想している。それはまた、ドイツではあまり注目されず、教育科学者たちがほとんど承認することのない、包括的なマルクス批判の中から生まれたものである。

ハーバーマスはマルクス批判において——ここでは人間形成過程にとって重要な限りで注目されるべきであるが——まずマルクス以降の展開の中で明らかに認識できるさまざまな変化を正当に評価しようとしている。

19世紀に、経済システムと支配システムの関係が変化した。その変化は、19世紀末以降、非常に明白に観察される二つの発展的傾向にもとづいている。第一に、(政治権力としての)国家は、システムの安定性を維持するためにますます経済に介入するようになった。第二に、研究と技術の相互依存の増大が、科学を最上の生産力に押し上げた[44]。

それによって「社会と国家は、もはやマルクス理論が下部構造と上部構造の関係として定めた関係ではなくなる。そうすると、社会の批判理論も政治経済学批判という形態でのみ成し遂げることができるものではなくなる」。「マルクスによれば、『政治経済学批判』は、イデオロギー批判としてのみ市民社会の理論である。しかし、公正な交換というイデオロギーが崩壊すると、生産関係を批判しても、それはもはや支配システムの**直接的な**批判とはなりえないのである」[45]。

この論述の中で、私は二つの点が特に重要であるように思う。第一に、経済と政治の関係は、マルクスがイデオロギーとして論じた関係をもはや想定することができないほど変化してしまったということである。政治の領域はより広くなった。科学と技術は、この変化に重要な形でかかわっている。それらは、さらなる生産力として現れ、しかもマルクスが考えなかった、あるいは考えることさえできなかった形でたち現れた。政治と経済（科学と技術を含めて）の関係の変化に応じて、階級闘争の概念も改められる必要がある。マルクスの広範な分析の中で生産関係として記述されるこの関係は、マルクス主義の根本的想定の一部である。マルクスによれば、その時々の生産関係は教育をも規定する。このことについてはすでに述べた。ハーバーマスが「史的唯物論の根本的想定」[46]を明らかに違う形で把握しようとする時、彼は教育の新しい枠組みをも提示している[47]。

したがって、マルクスがどのように生産関係を把握したかを再び簡潔に明らかにしなければならない。「生活の社会的生産において、人間は自らの意志から独立した一定の必然的な関係、すなわち生産関係に入っていく。それは、人間の物質的生産力の一定の発展段階に対応している」[48]。マルクスは別の箇所で次のように詳述している。「生産において、人間は自然に対してだけでなく相互に働きかける。人間は一定の方法で協力し、自らの活動を互いに交換しながら生産する。生産するために、人間は一定の関係のもとで互いに歩み、そしてこの社会関係の中でのみ自然に対する影響が起こり、また生産も行われる」[49]。

生産関係の中で、生産力には特別な重要性が与えられている。それは、マルクスにおいては、土地、資本そして労働であり、ハーバーマスにおいては技術や科学の潜在的可能性として考えられている。それはマルクスにとっては解放の手段である。生産力が労働者の手中に達すると、そしてそれによって初めて、労働者階級は他の階級による統制と支配から解放される。

それに対して、ハーバーマスにとって生産力は「どのような場合でも」決して解放の可能性として示されることはない。生産力は向上し発展するとともに、技術や科学の進歩に従属することとなる。それだけでなく生産力は、

経済と政治の関係の変化に応じて、支配を正当化する機能をも担うものになる[50]。

ここでハーバーマスは、広範で徹底的な議論に着手している。すなわち、道具的行為の形での技術は、それ自体、歴史的発展の必然として人間を解放するということは決してなく、その反対に、はるかに大規模で人間の従属と事象化をもたらすという、ほとんど常識となった議論である。だからこそマルクーゼは、新技術と新科学を要求したのである[51]。

技術に関するこうした広範で激しい議論が存在すること自体、その重要性を物語っている。そしてその問いに対する解答は、いまだ与えられていないように思われる。しかし人間が技術に与える価値は、技術と人間の関係に、そして技術と自由あるいは人間形成との関係に決定的な影響を及ぼしている。技術が純粋な目的合理的な手段として見なされるならば、すなわち、技術的行為が目的合理的行為と見なされるならば、技術は廃棄され、他の方法に代替されうるという考えに達することができるようになる（マルクーゼ）。技術は、合理的行為のなかで一面的に考えられると、「人間精神の堕罪」[52]としてたち現れる。それは、生産手段として、生産関係の重要な要素となる（マルクス）。しかし技術は、究極的には中立的なものであり、それゆえ一般教養の新しい形態として総合技術教育が要求されることになる。技術をそのように見なせば、人間は技術を自由に使用することも、そしてまた「大産業」の中にあって人間性を保つこともできると考えられるのである。

ハーバーマスはこのような想定をもはや共有しない。ハーバーマスの異論は、この問題をめぐる歴史的討論を踏まえることによって明らかにすることができる。ヘーゲルによれば、言葉、労働、相互行為は、**道具**において客観的な経験として止揚される。人間は、労働の過程で自らを道具とする。道具には、人間が客体を加工するなかで獲得してきた一般化された経験が含まれている。一般化された経験は、継承されるものとなる。道具はこうした経験と不可分であるため、今やあらゆる人間が同じ方法で使用することができるようになる。ヘーゲルは次のように主張した。「労働の主観性は道具において普遍へと高められる。すべての人間はそれを模倣し、同じように労働をす

第5節　批判的教育科学——ハーバーマスが暗示する人間形成理論　159

ることができる。その限りにおいて道具は労働の永続的な規則なのである」[53]。

　しかしいずれにしても、現在の条件のもとでは、技術は道具の製造以上のものである。技術は製造と計画とに結びついており、マルクーゼに続きハーバーマスによっても「第二段階の目的合理的行為として把握されている」[54]。この関係の中には、合理性が道具的行為へと皮相化する危険が潜んでおり、それにともなって、もはや単に政治的なものとは言えなくなった支配に合理性が寄与することになる。「いや、弁明の尺度としての効用に比較すれば、批判の尺度としての『合理性』には鋭さがなく、単に体制**内部**での改良を目指すに過ぎないものとなっている」[55]。

　労働と支配関係の連関において、技術はいかなる点からみても良いものであるように思われる。ハーバーマスは、ここでマルクーゼの思想を取り上げる。それは、「新科学」で「新技術」をつくるというものである。ハーバーマスは次のように主張している。「さらに、新科学は新技術の定義を含まねばならない、という反論が予想される。しかし、この反論は、よく考えてみると興ざめである。というのは、そもそも技術をひとつの投企に還元しようとしても、明らかに人類**全体**の『投企』に還元しうるのみで、歴史的に凌駕されるような投企には還元できないからである」[56]。

　ハーバーマスは、このことを考えるにあたり、今度はゲーレンとの関連で、技術的行為の歴史と類の歴史を再び結びつける。主体としての人間が自らを労働によって実現し、道具を創造するように、類としての人類も労働によって自らを保ち、発展させ、そして技術の形で道具を生みだす。このようにしてハーバーマスは、「技術の無罪」を回復し、それを人間形成過程のもとへ引き戻すことができた。「技術の発展が、目的合理的で結果を統制された行動に、つまり**労働**の構造にみあった論理に従うことを明確にとらえれば、人間の自然組織が変わらない限り、そして人間が社会的労働をつうじ、労働を代行する手段の助けをかりて生活を維持しなければならない限り、技術を、しかも**私たち**の技術を捨てて、質的に違った技術を求めうるとは考えられない」[57]。ハーバーマスは別の言い回しで、「生産力の政治的無罪」を回復す

ることが重要であると明言している(58)。

　ここで、一つの大きな連関が打ちたてられることになる。労働と相互行為の根本関係の中での関心を含んだ理性の使用は、人間学的には人類の構想にその起源を持つものであるが、技術もまた同様である。技術は歴史の経過の中で初めて時代、社会、あるいは生産関係の産物として現れるのではない。技術は人間的行為に欠くべからざる条件であり、しかも人類史における原動力としての条件なのである。その際、ハーバーマスはゲーレンの人間学的概念を引用し、参照している(59)。ここではゲーレンの思想を簡単に取り上げておきたい。生物学と行動研究の成果を受けて、ゲーレンは人間を「欠陥のある存在」と考えた。動物と比較して、人間は、存在と種を守る本能をもっているのでもなければ、個々の動物が持っているような力と能力を自由に用いることができるわけでもない。個人として、また人類として生存するために、欠陥は埋め合わされ、補われなければならない。

　その際、人間学的に見るならば、技術は器官の代用品と見なされる。人間は、技術を自らの知性の助けによって創造した。そもそも技術とは、器官の欠陥と本能の装備の欠如と、技術によるその埋め合わせとの関係においてのみ明らかにすることができる、とゲーレンは考えている。「というのも、この知性は、動物を屈服させる生物的適応という拘束から人間を解放し、反対に自然的環境を人間に役立つよう変革する能力を人間に与えるからである。人間が自然の特性と法則を認識し、利用し、互いに反目させながら、自然を役立つようにする能力および手段として技術を理解するならば、それは最も普遍的な意味で人間存在の一部となる」。「したがって技術の世界は、いわば『偉大な人間』である。すなわち、技術は人間と同じように、才気に富んでいる反面、策略にも富み、生命を要求する反面、生命を破壊することもあり、人間と同じ野生のままの自然から切り離された関係を持つものである。技術は人間と同様『人為的な自然』なのである」(60)。

　きわめて幅広い基礎づけに、人間の知性が関係づけられているが、ゲーレンは時々精神についても語っている。それについては、ここでは除外して考えることができよう。しかし、人間学的要素として考えるならば、技術は生

産関係の歴史的条件から外されるということを確認することは重要である。史的唯物論の最も重要な根本想定が、事実上新たに把握されたことになる。

　まだ、この問題のもう一方の側面が明らかにされていない。技術的な行為は確かに「より深く」基礎づけられ、生産関係のなかで新たな位置を獲得するが、技術を用いた新たな従属の可能性は取り除かれていない。ハーバーマスは、まさにこのことを明確に論述した。今や彼は、次の問いに対する答えを提示しなければならない。すなわち、労働と相互行為に規定され、類の人間学的な投企に基礎づけられて形成される根本関係が、その際に類の歴史の中で技術を生み出す一方で、人間を再び従属状態へと陥れるのではないか、という問題である。人間は技術を生み出す、いや生み出さねばならないのだが、人間自身の手による生産物が人間に新しい従属をもたらすのである。これは人間が意図したものではない。マルクスはこのことを生産関係と支配関係として解釈している。階級闘争はそこから生じるのだと彼は考えている。したがって、教育は階級のための教育となり、教育科学は階級闘争の手段となる。

　ハーバーマスが階級闘争の理論を時代遅れなものだと見なすならば、彼は技術的な行為のもたらす人間の事象化と従属を、別の観点から解釈しなければならない。ハーバーマスによれば、フロイトが精神分析学において制度を抑圧と回避のメカニズムとして解釈した方法を手本とすることができると言う。非常に広範なフロイト研究のなかで、社会関係についてのこれらの成果は徹底的に変形された。そうすることでハーバーマスは、全く別の解釈を見いだしていった。先に簡潔に述べると、次のように言うことができる。マルクスは**階級的性格**を分析し、ハーバーマスは**病的**になってしまった社会の性格を分析したのだ。

　ハーバーマスは、精神分析学を個人の社会化過程について分析するものとして解釈している。彼は、社会化過程を重要な段階がふさがれている人間形成過程と理解した。精神分析がいったん人間形成過程を意識へと押しだすと、人間形成過程での障害を認識させるとともに、理解する行為を自己反省へと導くことになる。「精神分析学の洞察は、誤って導かれた人間形成過程に対

して相補的である。この洞察は、**分裂過程に対抗することによって学習過程を償うこと**をもとにしている」⁽⁶¹⁾。このことに関して、自己反省の発生と作用を詳細に解明する必要があるが、これは別の箇所で論じることにする。マルクス批判にとっては、社会化過程のなかで分裂過程を引きおこす個々の要因がより重要なのである。

自己保存に規定された過剰な欲動を持つ人間というのは、抑制をこえる可能性を持つ社会化された人間と衝突する。欲動と欲動の充足の間を、社会はゆっくりと進んでいきながら、欲動の延期、あるいはその昇華を求めるのである。人間は、要求されたアイデンティティを獲得することができない状況では、神経症へと追いやられる。欲動の放棄は（排除の形での）歪んだコミュニケーションと、**回避のメカニズム**という形で排除の**制度化**を引きおこす。

人間を抑圧し苦しめる固有の過程が、欲動放棄の制度化のなかで見いだされなければならない。

ハーバーマスは徹底して、個人の社会化過程の中から獲得された手がかりを、社会全体へと置き換えている。正確に言うならば、主観的な人間形成過程において分析された過程を、社会の、あるいは類の人間形成過程へと置き換えているのである。「そうすることで、社会形成の世界史的過程と個人の社会化過程との比較は見やすくなるのである」⁽⁶²⁾。ハーバーマスは同じ箇所でさらに次のように言っている。「個人を神経症に追いこむのと同じ精神的状況が、社会を制度の設立へと動かしている。また、これらの制度を特徴づけるものは、病理学的形態との類似性をなしている」⁽⁶³⁾。

社会内部での制度化がこのように把握されると、「マルクスの立場からは思いもかけない形で収斂する見方が可能となる」⁽⁶⁴⁾。このことはまた、特別で新しい視点が人類にもたらされたことをも意味している。

フロイトは、欲動、集団の自己保存、そして抑圧を、**一般的なもの**、すなわちあらゆる階級区分と無関係なものと見なしている。このメカニズムの中では、人間もまた無階級社会に組みこまれる。この思想はハーバーマスによる別の解釈に近いものである。重要なのは、歴史的に追証できる理解ではなく――階級的性格との連関にこのことは含まれるのだが――、むしろ人類の

第5節 批判的教育科学——ハーバーマスが暗示する人間形成理論

人間学的条件との結びつきにある。

確かにフロイトも、マルクスと同じように、あらゆる文化は経済的動機にもとづいており、したがって労働への強制にもとづいていることを前提にしている。欲動の放棄を強制することによって、さらに広範囲にわたる契機が関与してくる。ただ財の分配が問題となるのではなく、**文化の防衛**という問題がつけ加えられる。

欲動の解放と欲動の規制についての社会的に承認されたシステムでは、すべての必要性をまかなうことは到底できない。個人と集団全体の回避のメカニズムは、社会の病理的「症状」と、人間がいまだに抜けだすことのできないすべての強制をつくりだす。マルクスが支配とイデオロギーとして分析したものは、ここでは「損なわれたコミュニケーション」[65]の症状として考えられる。

マルクスにとっては、労働と労働の組織が決定的に重要な唯一の人間学的な根本カテゴリーであった。ハーバーマスは、フロイトとの関連で、**新しい見方**をしている。つまり、個人と類の社会化過程において、過剰衝動と現実の強制との間の絶え間ない衝突を、**制度化**によって解決するという見方である。労働だけなく、制度もまた人間学的で、しかも類にふさわしいデータとなる。ハーバーマスは、「支配とイデオロギーがマルクスの場合とは別な位置、つまり**実体的な**位置を獲得する」[66]と考えている。現実に存在する階級とは無関係に、支配批判は制度批判にまで拡大されるとともに、解放とは制度の中で硬直した支配からの自由を意味することになる。

また別の人間形成の構想では、人類の発展過程である歴史は、教育の基盤および背景として、また社会は教育の条件として見なされ記述されている。ハーバーマスは、さらに深く考える。これらすべては、基盤、条件であるだけでなく、ましてや背景、舞台裏、付属品であるだけでなく、なによりもまず可能性の条件である。人間形成過程は、人類の過程として把握することも、また十分に理解することもできない。人間形成は、歴史哲学的なカテゴリーを形成するものである。このことは新たな観点から考察されなければならない。

カントとフィヒテは、一貫して認識の「完成した」主観から考察を始めた。ヘーゲルはこの見方を変えた。認識の主観、主観的精神、自我——これらは、決して完成したものではなく、生成過程の中でのみ理解しうるものとなる。主観的精神は、それが生ずる過程においてのみ把握しうるに過ぎない。後にディルタイはこの思想を歴史的に言い換えた。人間とは何か、という問いを彼の歴史は問いかけた。

　しかしここでは、自我とはなによりもまず主体であると考えられている。この主体である自我が自らを考え（自己反省）、他者との関係を考える時、それは依然として孤独な反省である[67]。若きヘーゲルは、この孤独な反省が破られる手がかりを、相互行為の経験、すなわち「私が他者の主体的な目で見ることを学ぶ」[68]ことに見いだした。

　この関係は、人倫的で、対立する主観の相補的な一体化の関係である。それはまた論理的**かつ**生活実践の関係である。そこでは人倫的関係の対話的な状況を回復することが重要になる。ヘーゲルはこの関係を恋人同士の間で証明してみせた。ハーバーマスはこのことを明確な形で取り上げ、次のように要約した。「両当事者は、互いのかたくなな態度が共通の生活連関からの逸脱離反に由来することを認識し、他者のうちに自己を認識するという以前の対話的な関係のうちに、生存の共通の土台を見いだすのである」[69]。

　この対話的関係すなわち相互行為の連関において、主体はかかわりあいを持つ。というのも、その関係は、同時に構成的な人間形成過程でもあるからである。「ヘーゲルは自我を構成するにあたって、対立する主体の意志疎通にもとづく一体化の過程からとらえたが、決定的な役割を果たすのは反省そのものではなく、普遍と個別の同一性を打ちたてる媒介項であった」[70]。ハーバーマスは、「ヘーゲルがコミュニケーション的行為を自己意識の精神の形成過程にとっての媒介項として用いること」[71]の中に決定的に重要な認識を見てとっている。

　言語、労働、相互行為は、人間形成過程にとって決定的に重要な媒介項である。ヘーゲルは、それらを弁証法的に相互に関連するものと考えた。ハーバーマスは、さらに一歩前進している。彼は三つのカテゴリーの連関に目を

第5節　批判的教育科学——ハーバーマスが暗示する人間形成理論

向けている。というのも、この連関がなければ相対的で恣意的な解釈に陥ってしまう可能性があるからである。ハーバーマスは、それをカッシーラ、ルカーチ、リットが提起したさまざまな手がかりをとおして証明しようとした。ハーバーマスは次のような問いを発した。「**イェーナ講義**で言語、労働、相互行為の弁証法を貫いているとされた、人間形成過程の統一性についてはどう考えるべきなのだろうか」[72]。

ハーバーマスはまず、どのように労働と相互行為が相互に依存し、また条件づけあっているかということを示し、その後で一つのカテゴリーがもう一方の**基礎づけ**にはならないということをはっきりと証明した。ヘーゲルは、人格間に法的に定められたかかわりの中に基礎づけが可能な連関が存在することを信じたが、その「人格の地位は相互承認の制度化によってまさしく法的人格として定義される」ことに見いだされねばならなかった[73]。

この関連枠組みの中で、すなわち道具的行為と相互行為が労働生産物において承認され結びつけられる枠組みの中で、初めて相互承認という法的関係が現れる。それは「労働生産物の交換のなかに存在する相互性の制度化の途上で定められる」[74]。

そして、ここにおいて初めて解放の問題が生じてくる。ヘーゲルは、内的自然と同様、外的自然の暴力からの解放という観点のもとで労働と相互行為を結びつけた。

相互性にもとづく言語、労働、行為は、イェーナ時代のヘーゲルにとって精神の形成過程の段階であるだけでなく、彼の人間形成論の**原理**である。ハーバーマスはまさにこれを継承している。「われわれは精神の形成過程の統一性を、弁証法の三つの基本型の連関のうちに、つまり記号表現、労働、相互行為の関係のうちに求めてきた」[75]。

これまで詳述してきた連関を概括すると、批判理論の核心として重要な広がりが見えてくる。とりわけカントとヘーゲル以来の哲学史全体において、認識論は、認識の個人的・超越的主体にもとづいていた。ハーバーマスは、そのような主体の代わりに「文化的条件のもとで自己を再生産する、つまり人間形成過程のなかではじめて自己自身を構成する類」[76]を置いている。こ

のことは、**あらゆる**方法論を生活連関に連れ戻すことを要求する。生活連関における認識関心から有意義さを導きだすことが、初めて研究の場を切り開くことになる。というのも、類としての人間が主体の代わりとなるやいなや、研究の過程は、それ自体、類の歴史の包括的な形成過程の一部分となるからである。

　類としての人間形成過程は、認識を導く関心の統一性、出発点、「中心」を形成し、新しい歴史理論の目的を打ちたてる。人間学的規定により、労働と相互行為が「中心」に位置づけられる。「なぜなら人間学的水準における生の再生産は、文化的に労働と相互行為によって規定されているからである」[77]。

　個人の社会化過程は、類の社会化と人間形成過程に結びつけられる。形式上、それは言語と労働と相互行為の根本的な連関のなかで起こる。しかしこの根本連関は、上述したように制度によって堕落する可能性を持つ。そうなると、人間は強制され、疎外され、人間形成過程は妨げられる。

　事象化をもたらす制度からの解放と、人間形成過程の回復は、反省によって可能になる。反省は、当然のことながら類の歴史についての反省だけでは十分でなく、認識と関心が結びつけられなければならない。言い換えるならば、解放を目指した反省への人間の具体的な関心が証明されなければならないのである。これができると、解放を目指した反省のなかに、人間形成過程の決定的に重要な力が生じてくる。反省は、「孤独なもの」としてではなく、個人と類の社会化過程に作用する。人間は、それに対してどのような関心を抱くだろうか。理性と理性への関心はどのように結びつくのだろうか。ハーバーマスは、このことを再び精神分析学を用いて解明する。

　精神分析を受ける患者は、自らの生活史と形成史を読みとり、理解することができない。そのことが、彼の周囲への振る舞いを妨げ、人間形成過程を中断してしまうのである。損なわれ阻止された形成史と生活史は、不完全な、あるいは断片化されたテキストにたとえることができる。このテキストの中に現れる記号は、一般的なコミュニケーションの表現方法が奪われた「言語」であると考えられる。精神分析の間ずっと、無意識の領域が解読に抵抗する。

第5節　批判的教育科学——ハーバーマスが暗示する人間形成理論　167

それゆえ、精神分析と治療は、埋もれてしまった観念連合の追想と掘り起こしをただ単に行うのではない。そもそも情報を伝達し抵抗を突き止める際には、そのことはなされないのである。フロイトは、これを非常にありありと、そして具体的に記述している。

「精神分析の経験を積んでいない人々が信じるように、無意識についての知識が患者にとってそれほど重要であるとするならば、患者が講義を聞くときにも、本を読むときにも、無意識が治療の対象とされなければならないことになってしまう。この処置は、あたかも飢饉の時代に、空腹で苦しむ人々に献立表を配るのと同じように、神経を苦しめる症状をかきたてるものである」[78]。

精神分析学は、むしろ情報の仲介だけを行うべきである。それによって初めて自己反省の力が生みだされ、治療になる。ハーバーマスは、三つの特性がこの力を生みだすと考えている。反省としての分析的な自己認識は、認知的要因と情動的・感情的要因とに同程度に支えられている。批判は、情動的・感情的基盤の変化で終わる。しかし、決定的な力は第三の特性に由来している。

変化をもたらすこの力は、自己認識と変化に対する熱狂的な**関心**によってつき動かされるのでないなら、批判の力を持つことがない。苦痛、困窮やこういった状況の改善への熱狂的な関心が出発点となるのである。この圧力のもとで初めて合理性と関心は一つにまとまる。最終的に治療を引き起こす自己反省は、それが活発で自己認識への関心によって動かされるものである限り存続する。フロイト自身、この要因について正確に知っていた。「残酷に聞こえるが、患者の病気は、思いのほか早く治癒されることはないと考えねばならない」[79]。ハーバーマスはこの思想を社会に当てはめる。「社会制度の病理は、個人の意識の病理と同様に、言語とコミュニケーション的行為の媒体に定着し、コミュニケーションの構造的歪みの形態をとるので、苦痛の圧力とともに措定されている関心は、社会システムにおいて直接的には啓蒙への関心である。そして、反省はこの関心が遂行される唯一の可能な運動である」[80]。

自己反省の方法は、解釈学以上のものである。同時に治療を引きおこす精神分析は、患者自身によって受け入れられる場合、すなわち、認識と承認がある行為の中で一致する場合にのみ、認識と見なされる。こうした一致が生じるのは、患者が補足的に意味を付与しうる対象領域について発言することがなく、すべての発言が始めから患者自身に関係しているからである。

　それゆえハーバーマスは、精神分析学の概念において、認識としての批判と、変化に対する意志としての批判を統合する。その中に、苦しみに満ちた状況を克服することについての認識関心が、同時に含まれている。「批判の熱狂」がもたらす自己反省の変化を促す力についての精神分析学的基礎づけは、重要な前提を含んでいる。私の見解では、その前提とともにすべての基礎づけが起こり、また崩壊する。患者にのしかかる苦痛の圧力と健康になることへの関心が、治療の前提を作りだすのである。ハーバーマスも、「他の医学的な治療と違って、苦痛の圧力と健康になることへの関心は、治療を開始するきっかけであるだけでなく、治療の成功それ自体の前提である」と考えている[81]。

　しかし、そもそもこのモデルが適用されるならば、私たちの社会は患者と見なされることを意味している。苦痛と苦痛の圧力は、まず変化への熱狂的な関心を呼び起こす。この圧力のもとで初めて合理性と自己反省の力への関心が結びつく。ハーバーマスは、精神分析学の手法を用いてこれを記述している。患者は、「その疾病現象を自分自身の一部と見なさねばならない」[82]。

　このことを肯定的に言い換えれば、社会を病気と感じて苦しむことがない人は、苦痛の圧力がないために、変化への熱狂的な関心を持ちあわせることがないのだ、と言える。関心は深刻な自然な関心として現れることはなく、たとえそのような関心が存在するとしても、せいぜい遊び半分のものに過ぎないのである。

　同じような現象が、個人の形成過程にも当てはまる。神経症的でない人は、あらゆる症状はこれには当てはまらない。形成史につまづきがなく、激しい合理性の圧力や合理性の喪失に出くわさずに過ごしてきた人は、神経症を知ることがない。彼は、自らの生活史と形成史から変化に対する熱狂的な関心

第5節　批判的教育科学——ハーバーマスが暗示する人間形成理論　169

をどうやって受け取ればよいのだろうか。

　さらに、次のような問いがなされねばならない。治療はどのような特別な方法であるのか、精神分析学は何ができるのか。治療や精神分析学は、人間形成過程に、特にハーバーマスの言う個人の形成過程と類全体の形成過程にに、どのような貢献をもたらすのか。この問いに対しては、再びフロイトとハーバーマスの人間の説明モデルが適用されねばならない。特に欲動を阻まれた人間がどのように過剰欲動のはけ口をつくるかの方法に関するモデルである。

　このはけ口をつくりだす際に人間は、空想する（夢を見る）存在であることが明らかになる。「人間学的水準では、欲動の要求は、解釈によって、すなわち幻覚による願望充足によって代理される」[83]。この空想は、あらゆる啓蒙に内在するユートピア思想と結びつく。「啓蒙の理念は、歴史的に伝承された幻想の地盤から生じている」[84]。精神分析学においては、人間形成過程の成功が、「幻想的投企」の形で、その都度の苦痛の除去に先行していなければならない。言い換えれば、精神分析学は、啓蒙、幻想、投企、期待、ユートピアを含んでいるのである。そもそもそれは、要素全体の中で立証されるものである。精神分析者は、「患者が語ることのできない経歴（物語）に対する解釈をいろいろ提供する。とはいえ、それらの提案は、患者が受け入れ、それらの助けをかりて自分自身の経歴（物語）を語るということによってのみ、実際には立証される。症例の解釈は、中断された人間形成過程の継続に成功することによってのみ、確証されるのである」[85]。

　社会病理の批判的分析は、それに応じた幻想を対象として含んでいなければならない。それは歴史に移して考えるということであり、「文化伝承の持つユートピア的内容の実現可能性の限界を与えられた環境のもとでテストする」ということである[86]。ハーバーマスもフロイトと同じように、それを苦痛の軽減についての条件を試すためのテストであると呼んでいる[87]。もちろん彼はここで、きわめて用心深く、自制的な態度をとっている。彼は再び、精神分析学が実験であると考えるならば、それは失敗することもありうると指摘したフロイトを、引きあいに出している[88]。危険を増大させた苦

痛は、決して探究手続きの構成要素にされてはならない。そして、ここにきて初めて、幅広い問題連関の地平が開かれるのである。

　最後に、上述した問題構造の歴史哲学的な構想をもう一度取り上げなければならない。ハーバーマスは、精神分析学の認識をあるがままの社会に適用するだけでなく、人間学的に類の歴史のデータとしても用いている。「フロイトが**共同体神経症の診断**と名づけたものは、与えられた制度的枠組みの基準をのりこえて、人類の文化的発展史、すなわち**文化過程**に着目する研究を要求する」(89)。

　ここでは二つの同一視が存在している。個人の社会化過程は「世界史の社会形成過程」(90)と同一視され、個人を神経症に追いやるのと同一の欠陥の増大が、社会を制度の設立へと動かすことになる(91)。

　今日に至るまで、個別化を行うものであると見なされてきた人間形成過程は、ここで一般的なものへと変換される。問題は、意志と意識によって導かれた自己形成過程における人類の自己構成である。

　フロイトの精神分析学の成果である、過剰衝動の認識、変化、妨げられたコミュニケーション、延長された幼児的な依存を、ハーバーマスは一貫して人類の自然的基底の一部である人間学的データとして理解している。

　彼は、一貫して精神分析学の技術を社会に応用し、「試行錯誤の論理を世界史的水準に置き換え」(92)ようとする。

　重要なのは、自然を受け継いだものと理解する衝動の可能性を、最終的に類の形成過程に取り入れる理論である。しかし、この過程は個人の発達史と同じように、欲動の原動力に結びついている。この類に特有の側面において初めて、ハーバーマスによって研究されたすべてのカテゴリーが符合するのである。「しかし、われわれが、この理性の認知的な作用と批判的力を、偶然的な自然条件のもとでの人類の自己構成的作用から把握するとき、**その理性は関心に内在している理性である**」(93)。この連関の中で初めて以下の命題は理解可能なものとなる。「理性的関心の中で、自己保存への関心が持続される。その限りにおいて、理性も自然史に基盤を持っている」。「すなわち、自己保存への関心は、労働、言語、支配という文化的条件と無関係に定義す

ることができないのである」⁽⁹⁴⁾。

　興奮を引き起こすような思想は終焉する。個人の形成過程に、比較的狭い境界が設定される。「個人にとって、既成の社会の制度的枠組みは動かすことのできない現実である」⁽⁹⁵⁾。この枠組みは、個人の形成過程を内容的に定義し制限し規定する。「しかし類全体にとって現実の限界は非常に可変的である」⁽⁹⁶⁾。

　観念論的伝統において、人間形成の完成として把握されてきた事柄は、ここでは一貫して、類のさらなる形成と完成に関するものとしてのみ理解される。類の形成過程が前進する程度に応じて、個人の形成過程も、より苦痛のない、より良いものとなるのである。ハーバーマスは、他の体系的構想（ヘーゲル、マルクス）の中にそれとなく存在している事柄を明確に述べている。世界史の過程は人間形成過程であり、その衝動力は自己反省を形成する。この力は、合理性と合理性への関心を結びつけ、理論と治療を一致させるものである。ヘーゲルとマルクスによる思想的な手がかりは、徹底的に終焉へと導かれる。世界史は自由の意識の進歩ではないし、階級闘争として片づけられるものでもない。世界史とは、人類自身が構成される人間形成過程なのである。

第6節　批判的教育学における教師の役割

　批判哲学が暗示する教育理論は、従来、納得のいくようにまとめられてはいなかった。私は、すでにこのことを指摘しておいた。また、ここで例示するような教師の役割についても、いまだに述べられていない。ハーバーマスの思想を概観することによって、その一般的な関連枠組みを明らかにすることができる。ただしそれは、教育理論そのものではない。ここでは教育理論を関連づける場と基盤だけに議論を限定することにする。

　教師の役割の出発点が探究されるところでは、概念性が問題となる。ハーバーマスは一貫して人間形成について語っている。彼にとって社会化過程と人間形成過程は同じものである。一般に、批判的分析と反省がこの過程を促

進させると考えられるが、教師はそのような反省を呼び起こすことで、未熟なものを成人へと導き、最終的には言語、労働、相互行為の関連枠組みの中で、社会における自己形成を促す課題を引き受けるのである。

　ここで述べられていることはみな、「教養ある教師」についてであることを、私は注意しておきたい。私はこの想定が適切であることを、教師について繰り返し言及しているアドルノを例にとって明らかにしていきたい。制度化された教育についてのフランクフルト学派による批判をとおして、また自由に行われる社会化過程への政治的な働きかけをとおして、批判的教育学の代表者たちが抱く教師像である**社会化のエージェント**の役割は、マルクス主義の伝統に含まれる階級的性格と結びついているように思われる。このことは、批判理論が根本的にはほとんど取り上げられず、その代わりにマルクス主義の論拠が前面に押しだされるような時には、つねに起こるものである。フランクフルト学派が社会化のエージェントという概念を用いたことで、この教師と階級的性格との結びつきは緩和された[97]。

　アドルノは、ベルリンの教育研究所での講演で、教職に関する問題を提起した。その際、個人的な経験や読書だけがそういった問題へと導いたのであって、経験的な研究の成果が提示されているわけではなく、それゆえ問題への視点のみが明らかにできるだけだということを、彼は認めている。彼が強調したことは、私たちをひどく落胆させるものであった。アドルノが強調したことは、さしあたり教師が世間でどのように見られているか、ということだけであった。

　アドルノが用いる概念と表現は、奇形か戯画を生みだすようなものだ。彼の用いた表現を無作為に取りだしてみよう。教師のタイプ、学校の教師、校長、詰め込み教師、尻たたき人、社会的に完全には受け入れられない者、本来、社会的能力に欠け卑屈な者、奴隷としての教師を思い出させる者、修道士の遺物としての教師、否定的なものの象徴、国民学校教師をしている軍人。教師はあたかも退役軍人のように身体の不自由な者として、あるいは性的不能者（ヴェーデキント）、去勢された性的に中立的な人として表現される。教師は、正常で正しい人間的特徴が自らのうちにあることを否認する専門家で

あり、疎外のエージェントである。「しかし教師のイメージの中で、専門職的なデフォルメが職業の定義そのものとなってしまう」[98]。

しかし、アドルノは決して教師を侮辱しようとしているのではない。彼の講演の真意は、全く別の方向へと向けられている。こうした否定的なイメージは、教師の本来あるべき姿を明らかにしている。資本主義社会は、野蛮な制度的強制によって自由と人間形成を不可能にし、人間を生産活動で使用するためだけに調教することで、制度的な教育を「永続的な虚構」の中で強制した。なぜなら、人間が携わる事柄は、「純粋に、物質のための即物的な労働では決してない」[99]からである。

この講演の中でも、教育的な問いが立てられたその他のアドルノの言説の中でも[100]、真の人間形成が失われ、精神が商人気質にすり替えられてしまったことに対するかすかな悲しみを見てとることができる。

アドルノにとって教師は、まず「精神的な人間」である。「『精神的人間』という言葉は嫌悪すべきものかもしれないが、この言葉によって精神的人間がいないという、一層嫌悪すべきことに、初めて気づくこともある」[101]。このことは同時に、アドルノの弁証法的な方法をも明らかにしている。彼は精神的な人間がどのようなものであるかを示すために、精神的でないことへの嫌悪を述べている。

アドルノの思想の全体像を記述することは容易なことではない。私たちは、それをつねに文脈から理解しなければならないのである。いずれにせよ、精神的な人間は、専門職の特徴に還元しえないものである。そのように考えるならば、物と反省の関係は引き裂かれてしまうことになる。精神的な人間とは、知識人——この概念の最高の伝統における意味での——のことである。知性は、例えばある人が自らの活動と社会全体とに対して持つ関係の中で現れるものである。

アドルノは、言語へのかかわり方についての欠陥と、言語の扱いのぞんざいさを繰り返し嘆いている。「私は往時の賞賛者であるわけではないが、私のギムナジウム時代の教師たちの言語の鋭敏さ、否、今日支配的なぞんざいさとは全く違った彼らの表現の際の一義的な正確さについて回想してみた

い。ついでに言うと今日支配的なぞんざいさは、おそらく一般的かつ支配的な言語の使用を盾に取ることで正当化され、実際に客観的な精神を反映させているものだと言える」[102]。

知識人は勤勉さにおいて傑出しているだけでなく、自分には教養も哲学も欠けているとしても、しかし自分は「主体であり、学習者自身であり、学習者の判断であり、学習者の経験であり、自由の基体……」[103]なのだという、まさに「不屈の勤勉さ」を持つものでなければならない。

アドルノは、一般教育と専門教育の相違を明らかにするために、自発性、創造力、自由といった概念を掲げなければならない。そこから、彼が人間形成の弁証法として理解していること、すなわち「主体と客体の内的過程」[104]として把握していることが明らかになる。

アドルノは、反動的だという批判を真摯に受けとめながらも、今では時代遅れのラテン語教授と文体論の教育内容を擁護している。「外に対して全く自制なしに開放されている学校は、おそらく子どもを世話することも、教育することもできないだろう。私は反動主義者であると言われつづける限り、子どもがローマへの愚かな学年旅行をして、おそらくたいていの場合は消化不良に終わるだけで、ローマの本質をなんら感じることなく帰ってくるよりは、学校でラテン語を、そしてできればラテン語の文体論をしっかりと学ぶほうが重要であると、はばかることなく主張したい」[105]。

最後に長い引用をしたい。私たちはこの引用から、アドルノがどの領域まで探究し、彼が教師に何を求めていたのかが明らかになるだろう。「今や私たちはどのように各々の教養を身につけたらいいのか、といった問いが私たち自身に突きつけられている。そこで哲学－試験－困惑がもたらされることになる。というのも、教養には正しい習慣といったものはないからである。教養は、自発的な努力と関心によってのみ獲得されなければならない。それは、典型的な一般教養講義といったものであれ何であれ、講義だけによって保証されるものではない。しかし教養は、実際には努力だけで言いつくせるものではない。それは単に学習に取りくむだけのことではない。いかに耐えがたい決まり文句に聞こえようと、教養とはそもそも何か精神的なものを手

に入れ、それを生産的に自らの意識に取り入れる開示性と能力のことなのである。

　感傷主義の謗りを恐れないですむならば、私は教養には愛が必要だと言いたい。教養に関する欠陥は、おそらく愛の能力についてのものである。それにどう対処すべきかを指摘することは容易なことではない。それは幼年時代の早い段階で明らかになる。しかし、それが欠けている人は、いかなる他人も指導すべきではない。そういった人間が、60年前に詩人が訴え、またおそらく不当なやり方でとっくの昔に片づけられてしまった学校での諸々の苦しみを存続させているだけでなく、またそういった欠陥は生徒たちの中でも存続しており、各々の精神状態の中で無限に続いているのである……」[106]。

　アドルノは、すべてを付随的に扱っているのでも、無意図的に述べているのでもない。アドルノは、自らが無遠慮な精神と呼んでいる科学、批判的精神としての哲学、そして特に芸術に非常に造詣が深かった。彼にとって、これらすべての対極にあるのは、はっきりと現れてきた野蛮性であった。アドルノが、教養はベルクソンと印象主義を結びつけることにあると注記した時に、彼が真剣に考えていたことを理解するためには、彼の詳述を以下との関連で読まねばばらない。すなわち、教職に就く新米学生の不十分な哲学的訓練に対する彼の嘆き、言語と思考の粗雑さとしての「本物に対する隠語」への彼の有罪判決、彼の音楽の分析との関連においてである。

　アドルノの批判には、教師のもう一つの特徴が明らかにされている。教師は社会化のエージェント、すなわち文明化のエージェントとして浮かびあがってくるのである。教師は、最も断片化された科学の営みの中で養成され、制度化された教育の中で非人道的なシステムに貢献する存在だと考えられている。この批判とマルクスのテーゼが結びつけられると、全く異なる教師像が浮かびあがってくる。このことは、ジューイの論文を例にすることで明らかにすることができる[107]。

　一方では、教育に関する個人の権利が存在し、他方では、教育制度を備え、教師にそのシステムを維持する任務を与える階級社会を考える時、教師は子どもたちにとって「反自然」として現れざるをえない[108]。

もちろん、ここでは個々の教師について述べているのではなく、社会における教師の役割の機能を問題にしているのである。しかし、それは論証をより良くするのでもなければ、矛盾のないものにするのでもない。教師は奴隷の役割を担わされる一方で、教育自体の有効性は大いに認められている。しかもそれは、システムの維持とシステムの克服を試みるという二重のやり方でなされているのである。

教師は、この矛盾との葛藤の中であらゆる可能な性質、機能、役割を与えられている。しかしそれは、アドルノが言う意味での精神的な人間や知識人としてではない。教師は決して、批判的でも、優秀でも、教養があるわけでもない。ジューイは、「教師とは、行政のヒエラルヒーのなかの無力な行政官であると同時に、最も有効な支配のエージェントである」[109]という教師養成の第1テーゼにおいて、従来のどの定式化よりも的確にこの矛盾を定式化した。最終的に、彼が「教師は君たちを一致団結した戦いへと統合する」という第12番目にして最後のテーゼを宣言する時、月なみで残念なのだが、共産党宣言が思い出されてしまう。アドルノが言うような、精神的に優れ、知性的で、利発で、しかも敏感な教師は、ハーバーマスが考える解放という意味での批判的反省を企てる存在であることを示唆している。私たちはこのような呼びかけに大いに耳を傾けなければならない。「一致団結した戦い」の背後には、新たな強制が容易に隠れうるのである。

私たちは解放の概念に注目することで、教師の役割についてのマルクス主義的な見方の矛盾を明らかにすることができる。ここで、解放の概念全体について議論をすることは適切ではないし、可能でもない。私にとってはある特定の状況だけが問題となる。すでに見てきたように、ハーバーマスは自らの教育学的概念を、人間学的データと類の歴史過程および人間形成過程とに結びつけた。そうすることでハーバーマスは、自らの体系の手がかりを大いに開示することができたが、それは中心概念の動態性を犠牲にすることで達成されたのである。このことが次に明らかにされなければならない。

ジューイは、解放された社会を整えることが大切であると主張するが[110]、それは何を意味するのだろうか。それが一日で完成されたり、法によって保

第6節　批判的教育学における教師の役割　177

証されたりするものでないことは確かである。制度による事象化からの解放が**つねに**なされなければならない。この条件のもとでのみ解放の過程について主張することができるのである。解放についてのこうした言い方は、批判哲学と批判的教育学の代表者たちによって一般的なものにされた。解放は終わりのない過程として理解される。要するに、解放の概念はきわめて現代的なものになったのである。人間形成と学習の過程、解放と教育の過程についても同様のことが言える。

　クラフキは、放送大学での教育科学の講義で、「私たちは、教育科学入門で批判的教育学理論について検討する」[111]と、はっきりと述べたが、彼はなかでも「解放の教育学的観点」をその課題に入れている。彼は、それを「永続的な社会批判」として記述している[112]。それは、例えば自己決定、批判能力、個人の可能性の自由な選択、他者の承認といったものが、現実的に可能であるかどうかを、はっきりと問いかけるものである。しかしクラフキは、そのような原理を理想社会における静態的なモデルとははっきりと異なるものとして理解しようとした。批判的教育科学は、「あの諸概念を原理として理解する。それは、歴史過程の中でつねに新しく解釈されねばならず、また意識の達成された状態と技術的、経済的、文化的可能性に応じて、たえず新しく、一方では**政治的もしくは経済的に貫徹され、他方では教育的に実現さ****れねばならない**」[113]。

　上記のようなさまざまな過程についての見解は、ハーバーマスの手がかりを正確に再現している。それは、「成人性を促す実際の過程」[114]について述べた際に、アドルノが用いた成人性の概念を動態的に理解することとも対応している。

　しかしこれらの原理を動態的に扱うことで、それらを消滅させてしまう危険性も生じてくる。つまり、解放、成人性、自律は、決して完全に達成されることのないものである。人間は、つねに何かに依存するものであるし、部分的に未熟なものであり、完全には自律することのないものである。スパエマンは、非常に洞察力のある批判の中で、これらの原理が本来、すべて法概念であり、一回的な法的行為を意味するものであることに注意を促した[115]。

解放は、息子が後見人と父親の権力から解放される**一回的な法的行為**であると考えるならば、それ以後、息子は**成人した**ということになる。この意味で、奴隷、農民、ユダヤ人、女性の解放についても語ることができる。この一回的な法的行為から切り離されて解放の概念が拡張され動態化されると、解放の概念は到達不能な理想となると同時に終わりのない過程となってしまう。「現実におけるこの理想の受益者は、それが古典的な意味で信頼でき、したがって唯一の成熟したものであると解釈する、解放論のイデオローグたちである」。「彼らは他者を支配する学習過程をプログラム化しているのである」[116]。

この現象は周知のものである。大衆の一部は、成人ではなく真の関心を知らず、誤った意識を持っているということは、明らかである。スパエマンは、このことが持つ意味を非常に的確に論じている。「私たちは大学で、検閲官を自認するさまざまな学生集団が、未熟な学友が、自らの精神の解放的な発展を阻害する講義に参加することを妨げるという経験をすでにしてきたのである」[117]。

社会化のエージェントには、きわめて容易にエリート意識が芽生えてくる。すなわち、彼らは、より良い認識を持っており、すでに解放されて成熟しており、第一に他人を指導する立場にあるという信念である。このような考えは、アドルノの思想の核心に現れていたものである。彼が、成人は「すべての事柄から、現実には私たちの生活のすべての場面の中から、初めて生み出されるものであるから、私たちは決してそれを無造作に前提することはできない」[118]ということから出発する時、私たちは、彼が少なくとも自分自身は成人であると特別扱いしていることを前提して差しつかえないだろう。それゆえ、彼がどのように成人性が実現されるかという考察において、「成人性を志向する幾人かの人間だけが全精力をもってそれを目指す」[119]という方向を見いだしたとしても、驚くには値しないことである。ここでも啓蒙の弁証法についてアドルノ自身と語りたくなるだろう。解放は、新たな未熟さへと急変するのである。

スパエマンは、実践理性の勇気から出発して、原理を再び適切な関連に移

しかえる。「自由は、私たちが確認し、場合によっては承認するこのできるような心理学や社会学のデータではない」⁽¹²⁰⁾。ここではこれ以上立ちいることはできないが、自由は歴史過程についての概念でもない。それは、**法秩序**の中だけで実現されるものなのである。「自然人は、法秩序の中で自然を踏みこえながら、相互に自由になっていく。彼らはお互いを、善人も悪人も責任能力を持つものとして扱う。彼らは完全な透明性を持つユートピアに固執するのではなく、自己実現の可能性の余地をお互いに認めあうのである。私たちは、この自由な空間を法秩序と呼ぶ。既存の法秩序は、より良い、つまりより公正な法秩序にとって代わられる。しかしそれが解放的な理想に優先されるところでは、すなわち成人性がもはや目前の問題ではなく、将来の目的となってしまっているところでは、それは法秩序よりも醜悪なものになってしまう」[121]。

スパエマンが批判する動態性は、概念の社会学化とも関連している。その関連の中では、政治の概念は社会にすり替えられ、また国家の法秩序は法の原理にもとづかない社会にすり替えられてしまう。

批判哲学の中では、ハーバーマスだけが自由を法的関係として解釈した。彼は、ヘーゲルのイェーナ講義にさかのぼることで、言語と労働は、法的に定められた人格間の関係枠組みの中で記述されるべきであるという考えに行きついた。相互行為は、相互承認の法的関係の地盤の上に生じる[122]。その際に法秩序が提示されたが、そのことを誰もが忘れ去ってしまった。弁明者たちは、そのことを完全に見落としている。そのため彼らは、教師世代をシステムの未熟な奴隷として、好んで描きだしたのである。

第5章 教育学と心理学

第1節 問題

　これまでの章と比較すると、この章は特別な位置を占めている。問題の状況はより複雑である。心理学は、今日ではあらゆる大学で自律した科学として教えられている。さまざまな科学のなかで心理学の科学的・理論的位置は、個々の代表者たちによって明らかに異なって定められている。一方ではむしろ医学に組み込まれており、他方では社会的行動科学の領域に傾いている。人間を対象にした他の科学と同様に、心理学にも非常に広い範囲が存在する。他の人文科学と異なり、心理学はその対象を規定することが困難である。

　心理学は行動様式と経験を記述するものである、というような一般的な定義はあまり適切でない。第一に、研究の諸方法の結合と一定の問題領域への適用は、さまざまな試みを生んでいる。大学での講義目録をみると、心理学は、一方では一般心理学と差異心理学に、他方では発達心理学、文化心理学、社会心理学に分けられている。また、精神病理学と精神分析学も存在する。心理学の細分化は、これで論じ尽くされるものではない。

　人間についての科学的視点から離れた個々の領域においても、問題の心理学的側面が熟知されており、例えば、歴史心理学、文学心理学、財政心理学、スポーツ心理学、広告心理学、販売心理学などがある。これらは、それに相応した専門領域において主張されるか、あるいは心理学それ自体の領域の中で主張されている。これは、もはや心理主義の問題ではない。

　この非難は、個々の専門領域が自己流の心理学的な解明を基盤に置き、心

理学それ自体を振り返らない時にのみ正しいものである。しかし、これは必ずしも当を得ていない。心理学のメディア研究、精神診断学、学習心理学、行動心理学、芸術心理学、経営心理学、美術の心理学——再びいくつかの例をあげたが——などは、今日、心理学それ自体の中では真剣に主張されていない。心理学は、かつて人文科学のあらゆる領域とつながりを持ち、関係を結んでいた。

　心理学の教育科学に対する関係は、それとはいくらか異なっている。歴史的に見れば、教育学と心理学の結びつきは最も古いものである。この関係はいまだに明らかにされていない。確かに、教育心理学という名称はずっと以前から存在している。心理学は、社会学と同様に教員養成課程に組み入れられた。心理学者は、総合大学と教育大学で教員養成課程で教えている。ここでも「教育心理学の対象は教育の影響下にある人間である」といった、非常に概括的で、それゆえに全く意味のない限定を無視すれば、教育心理学にとってその対象を規定することは困難である。今日、「教育の領域」は、幼児の社会化、幼稚園と保育園での創造性の研究、教授と学習についての学校の条件、青年期の問題、新人教育のための企業心理学、同年齢集団の社会化、成人教育、そして最終的には老人福祉事業の問題に向けられるまでに拡大した。

　この問題は、一般的な定義によって解決することはできない。私はそもそもこれを解決しようとは思わない。教育学と心理学の関係には、すでに特有の歴史がある。私はディルタイの考えを受け継ぎ、次のように言いたい。つまり、この問題の歴史こそが問題であると。

　ここでは、大きな流れの中で、教育学と心理学の関係がどのように展開してきたかを私なりに述べてみよう。その際、さまざまな区分が取り上げられる。ここでは、前章のように理論的手がかりを展開することはできない。教育学と心理学の関係は、心理学的な手がかりを持たねばならないだろうが、私はこれを展開することはできない。私は、それが可能であるとは見なしていないからである。それが可能であるとすれば、教育科学全体が心理学に吸収されることを論証しなければならない。両者の関係について、このような想定もすでに与えられてきたが、この想定は誤っていることが判明した。

第1節 問題

　現在、心理学は、他の社会科学の方法と精神科学や自然科学の方法とを用いて研究している。その方法はフィールドワークと実験である。多くの場合、それは経験的に方向づけられることが自明とされてきた。心理学の方法論を記述する時には、心理学者もそれにゆだねるより他になかったのである。

　したがって、この最終章では二つの論点が生じる。第一に、問題の歴史的展開にもとづいて、今日、教育心理学が取り上げる問題設定の多様さを指摘することであり、第二に、それが教師にとってどのような意味を持つか、を示すことである。

　教育においては、つねに**実践的な関心**が重要である。目的の意図、学習過程の達成、望ましい行動様式は、できるだけ確実に成就されなければならない。実践的な関心は、被教育者の特性を理解しようとする時に現れる。実践の中で教育は、心理学の問題にぶつかるのである。

　ロックは、子どもを**観察する**ことがいかに重要であるかを指摘し続けた。ルソーは、子どもと青少年の段階的発達を想定し、徹底的に考え抜いた教育論を初めて体系化した。しかしルソーによるこの構想以来、問題は存在し続けた。それは、単純化して言うと、教育はその時々の精神的・身体的発達段階に合わせるべきだという問題である。

　ペスタロッチは、授業の基礎理論を心理学的観察によって確保しようと試みた。この時代から教育方法の心理学化が語られてきた。心理学の特性が、ロック、ルソー、ペスタロッチといった啓蒙主義の時代に教育の問題になっていった。直接的には、彼らに続いてヘルバルトがこれを主題にした。彼は二つの分野の関係を理論的考察の対象にした。ヘルバルトは、それを実践的な問題として示すと同時に、科学的に基礎づけようとした。彼は主題として19世紀全体に影響を与えた次の定義をした。「科学としての教育学は、実践哲学と心理学に依存している。前者は人間形成の目的を示すのに対し、後者は方法、手段、障害を示している」[1]。

　しかし、ヘルバルトは、問題の所在を記述しただけでなく、問題の解決に適した心理学の方法をも記述しようとしたのである。その方法は、教師による観察と管理を方向づけるために、経験から出発し、科学的であり、**一般的**

な認識に達しなければならないものである。具体的な状況の中で、教師は達成できるものが何かを探求するのである。その際、心理学は管理を示すのに対し、教育者は「結果の観察によって考え抜かれた試みの限界を振り返させられることに、心の準備ができていなければならない。したがって、教育者は、観察を理解し正しく解釈するために、つねに心理学に精通していなければならないのである」[2]。

経験が個々人の観察の中で結びつくと、計画的な観察は一般的な観察に向けられる。だが、この観点を取り扱うにあたっても、心理学は教育学的な問題設定から導かれたのである。「私は、教育実践のある部分を心理学の原則に従って詳細に規定するつもりはない。教育実践は、直接的には、観察、実験、訓練に依存している。教育者は、瞬間に応じて順応できるような機敏さを持っていなければならない。つまり、教育者は、概して完全に束縛する規定に専念しなくてもよい。しかし、教育者は、優先させる事柄を前もってよく考えていなければならない。教育者は、計画性を**持ち**、観察したことを**理解**しなければならない。教育学の計画は教育目的の設定に依存し、そしてその設定は実践哲学に依存している。しかし、行為が思考の中だけで捉えられるやいなや、心理学への転換が不可避となる」[3]。

ヘルバルトは、経験から出発し個別と一般とを同時に獲得しようとする心理学の処置方法が、哲学から理論的に導かれると主張した。彼は、この心理学の一般的な認識を数学の助けで説明しようとした。そのため、ヘルバルトは、当時多くの嘲笑を浴びることになった。後に続く展開が示しているように、彼は時代の要請に100年ほど先んじていたのである。

次の10年間、教育心理学はヘルバルトが構想した枠組みの中にとどまっていた。それは、哲学的方法論と結びつき、哲学の分野の対象と見なされたからである。19世紀末になって、教育心理学の新しい問題設定が発達心理学によって始められた。確かにそれはルソーによってすでに構想されていたけれども、次の三つの重要な事象が初めて突破を可能にしたのである。

ヴントは、1879年にライプチヒの大学に最初の心理学科を設立した。科学的な議論が展開される中で、発達の概念は強く世間に認められるようになっ

た。それは、ダーウィンの進化論によって新しく基礎づけられたものである[4]。1882年に観察にもとづいたドイツで最初の児童心理学が現れた。

パウルは、今世紀の初めに、子どもの発達を観察にもとづいて記述することを要求した。普通の子どもに関する日誌は、普通の著者による子どもに関する書物よりも良いと彼は考えた。この提起が実現するまでには、50年以上かかった。プレイヤーは、自分の子どもの3歳までの発達を日誌につけた。『子どもの心』というこの記録書は、ドイツに発達心理学の時代を導いた。

これらの研究に続いて、第一次世界大戦までに、そして第二段階として現代までの間に、発達心理学に関する莫大な数の研究が出版された。子どもと青少年の発達時期は部分と段階に区分された。そして、それは心理学の「学派」に応じて心理的、精神的、文化的に分けられた。この間に、発達心理学はその専門領域が専門の心理学者によっても全貌をつかみ説明するのが困難になるほどに分化してしまった。このことに関して、ヘーンは概説を書いている[5]。

発達心理学とは「比較的統一性をもった心理学の一分野」であるという想定に対して、エヴェルトは、これらの「さまざまな見解は、『発達心理学』の著者が読者のために内容を区分しようとする限り多様に生じるものである」と率直に書いている。それ以来、「詳細に考察して、そもそも明確に規定しうる専門分野としての発達心理学は存在するのか、という相当な疑い」が彼に降りかかった[6]。

私は、プレイヤーの書物と発達心理学の叙述を教育心理学と特徴づけた。それに対して、心理学の歴史や事典では、教育心理学は特有の分野として第一次世界大戦の少し前に、とりわけドイツの心理学者であるモイマンとアメリカのソーンダイクの研究によって始められた、という指摘が見いだされる[7]。

いずれにしてもモイマンは、新しい問題設定を導入した。それは、二つの点で明らかである。第一に、ヘルバルトは心理学を教育学から導こうとしたが、モイマンはこの規定を逆にした。第二の手がかりは、方法論的な対立に関係している。モイマンは、心理学と教育学を厳密な経験科学として基礎づ

けようとしたのである。

確かにモイマンは、ヘルバルトと同様に教育学の体系の先端に最高の目印として目的を想定している。しかしこの目的論は、今や心理学的批判にさらされている。それは、もはや「盲目的な」哲学に翻弄されることはない。「目的論は、次の二つの点ですべての教育学の目的の検証を必要とする。すなわち、1）青少年の発達への相応性あるいは適応性、2）すべての教育目的は、生徒の一定の精神状態を表すので、それを実現する条件はこの視点を考慮に入れて定められねばならない」[8]。

だが、この計画は未だに論じ尽くされていない。教育心理学は、自律した科学として見なされている。目的論の実現は、ヘルバルト以来、心理学に求められるものと見なされてきた。心理学の領域の中で、それは「経験的な基盤」に立って「今日、青年学と呼ばれる青少年についての科学を発展させなければならない」[9]。

しかし、モイマンによれば、授業の手段（方法）と教材（授業で扱う対象と教科書）も心理学的批判の対象となる。彼は、学校とその組織が心理学的に基礎づけられる必要がある、と主張している[10]。

この要求は長い間実現しなかった。第二次世界大戦後になって初めてドイツの心理学研究は、その研究領域をさらに拡大して学校の組織体系にも取り組んだのである。

モイマンに関連して、次のような問題設定が必要である。すなわち、教育学全体は、心理学、精神技術あるいは精神衛生に還元されうるのか否か、という問いである。グルートホフは、これを重大な問題と見なしている[11]。彼は、この問題について議論する中で次のことを主張する。すなわち、教育学は、心理学的事象とつねに関係し、「実際、その試みは『心理学』の一部であるが、そこで考えられる戦略は、最終的に心理学に由来するのではなく、人格としての人間の自己決定と団体としての社会の自己決定に由来する」[12]と。

この論述の中で教育もヘルバルトとは異なった形で規定される。最終的に、心理学の細分化は、教育科学にとって大きな意義を持つ新しい領域を開拓し

た。ここでは研究の諸分野を挙げておく。すなわち、人格心理学（類型学を含める）、学習心理学と思考心理学、人間の行為の動機づけに関する研究と精神分析学のすべての形式、精神能力検査と知能検査とテスト心理学である。

ヴァイネルトによれば、学習研究の成果が「数えきれないほどの心理学研究」の中に存在している[13]。フォッパは、彼の著作『学習・記憶・行動、学習心理学の成果と問題』で、36ページにわたる文献のリストを書き加えた。すなわち、選集文献目録である[14]。

教育学と心理学の関係にとって、学習研究はとりわけ大きな論議を呼んだ。例えば、アメリカでのスキナーの「オペラント条件づけ」の研究では、学習と行動は一致したのである。というのも、行動の概念が非常に広く把握されたので、学習の概念と同一でありえたのである。実際、教育学の領域全体は「学習」に還元された。スキナーに続いて、コーレルはこの決定的な理解を次のように言い表した。「行動心理学がもっぱら相手にする**対象**は、すでに主張されているように行動である。行動とは有機体に明らかに観察されるすべてのものを含んでいる。すなわち、認識過程を含めた有機体の具体的な行動表示と感情表示、送られる刺激に対する受け取られる刺激と、送られる刺激の『加工』または受け取られる刺激と一定の反応様式との結びつきを可能にする心的事象である。

行動心理学の**目的**は、有機体の行動（単独の個人としての**あるいは**集団における個人としての）を把握し、方向づけ、変えることである。つまり、行動心理学は、**本質的には**教育心理学であり、学習心理学なのである。したがって、行動心理学の研究領域は、**経験的に**整えられた教育学と同じくらいの広がりを持っている」[15]。

このような解釈は、多くの場合、設定された目的の範囲内でのみ議論される。研究結果として、教育論や授業論にすべて置き換えられるか、ないしは置き換えうる、非常に多くの学習理論が提示された。

これは多くの場合、実践に不安感を与えることになる。実践者たちは、すべての新しい手がかりを無批判に借用し、それを研究によって証明された「事実」として受け入れるか、魅力があり、理解しやすくて、扱いやすい実践の

手引書と見なすか、あるいはランゲフェルトが「実践者は、研究者が哲学者と同様に日常の課題からかけ離れていることを強く感じ、研究者に語らせるままにしておく」[16]と述べたように反応したのである。

誤解を避けるために、これらの論述は時間的連続として読んでいただきたくは**ない**、ということを明確にしておく。ヴント以来、個々の研究計画は、さらに進行している。すなわち、学習研究がモイマンとソーンダイクの著作の出版から現代に至るまであふれているように、発達心理学はプレイヤーの書物が出版された時期から現代にまで広がっている。そこで、私は、次の領域に関しては、再び第一次世界大戦の時代とその直後の時代に戻らねばならない。精神分析学は、全く新しい視点を切り開いたのである。

フロイトの精神分析学とアドラーとユングの深層心理学の成果と洞察は、教育学にとって重要であることがすぐに判明した。すでに1920年代に、精神分析学を批判の手段として用いた教育学の論文が出版されている[17]。

精神分析学者の研究活動は、1933年にドイツで、1938年にはオーストリアで中断された。多くの学者がドイツを去らねばならなかったし、あるいは自発的に去ったからである。アメリカ合衆国は、そこから利益を得た。多くの亡命者の活動は、精神分析学の問題設定に新しい活気をもたらした。1945年以降、ドイツで再び新しい研究が始まった時、数年間はほとんどアメリカの精神分析学を受容するしかなかったのである。

精神分析学は、ナチスにとって非常に煩わしいものであった。精神分析学は、その手がかりであるフロイトにおいて社会批判の契機を含んでいたからである。それは、教育科学の中でも批判の形式を示した。独裁国家は精神分析学に反対し、そして今日でもなおこの領域の研究は追求するのが許されないことがある。

フロイトがまだ生存している時に、彼の娘であるアンナ・フロイトは、教育学にとっての精神分析学の重要性を指摘し、それを三つの意義を持つ領域と呼んだ[18]。第一に、精神分析学は、既存の教育形式を批判するのに適している。第二に、それは、各段階における子どもの欲求と発達に関して教育者の人間理解を広げ、複雑な関係に対する眼識を鋭くする。第三に、それは、

療法として教育過程が与えた傷を治癒するのに適している[19]。

　精神分析学研究は、すぐに狭い範囲を離れて広がっていった。疾病素質作用の観察を可能にした幼児期の徹底的な研究は、精神分析学のおかげである。フロイトが自らの活動を進めるに従って、この問題に対する彼自身の関心もますます強くなっていった。アイヒホルンの著作『非行少年』（1925年）の序文でフロイトは次のように書いている。「子どもは、精神分析学研究の主要な対象になった。その意味で、子どもは、精神分析学の出発点である神経症の新たな対象となったのである」と。

　ここでは、さまざまな観点を示すことしかできない。精神分析学は、子どもの段階的な発達理論と各段階の人格理論とを提示する。動的力学過程のなかで、心的事象は欲求的事象の結果として把握された。幼児期の欲求の発達は、規則的に定められた時期（段階）に従っている。人間の発達は、三つの判断順序によって確定される。すなわち、自我、エス、超自我である。心的活動全体は、目を覚ましている（さえた）意識の中でわずかな部分を果たすに過ぎない。大抵の事象は、下意識（潜在意識）ないしは前意識であり、意識閾の背後で起こり、**象徴的に**把握されるに過ぎないのである。

　しかし、フロイトによって確立された文化批判と、彼の学説が誘発した文化人類学への関心とが無視された結果、精神分析学の主要な問題領域は、幼児期の研究だけにとどまった[20]。その際、研究は罰についてのような個々の現象にまで及んだのである[21]。

　今日では、社会心理学と精神分析学の研究の手がかりは、集団内で進行する過程を解明するところに見いだされる。社会学では、研究動向として、人格の精神分析モデルと各段階における発達の進行を、社会化過程の解明のために引きあいに出している。私は、前章でハーバーマスを引用して社会化過程に関する社会哲学と精神分析学との結びつきの代表的な例をあげた。現在では、その前提に従って社会化過程は三つのモデルに区別される。すなわち、学習理論（行動主義）モデル、役割理論モデル、精神分析モデルである。精神分析モデルは、最も批判的なモデルであり、このモデルに従って、幼児期の発達に関する多くの確証された事実を自由に操ることができる。精神分析

学は、社会化過程を解明しただけにとどまらず、判断順序とそれが実現される制度をも説明した。しかも、社会、文化、歴史といった他の理論に依拠することのない同一の基本モデルを獲得したのである。この点で、まさにその社会的意義が実証され、またそれは多くの権力者と既成の判断順序を非常に疑わしいものにしたのである[22]。

　精神分析学に基盤を置いた集団力学過程の研究は、レヴィン、リピット、ベールズなどによって、まずアメリカ合衆国で進められた。その中心概念は、1935年に「集団力学」について語ったドイツからの亡命者であるレヴィンに由来していると言える[23]。

　その際、集団のなかで進行する**事象**、すなわち、集団内での接触、同意、嫌悪、価値の想定、身分の割り当て、学習過程などは、精神分析学的に解明された。また集団それ自体も、**セラピーの方法**によって社会的行動を変革する起点とされた。ドイツでは、ホフシュタッターやブロッヒャーによって、精神分析学は、集団力学の事象を解明するのに有用なものとされた[24]。

　集団力学過程の研究において、精神分析学研究は学習過程に出会うことになり、そこで非常に長い間、教育学が注目してこなかった事実に出会ったのである。学校でも、成人教育でも、家庭の枠組みでも、すべての学習は、個人的な側面だけでなく、同時に集団的な側面を持っている。ここにおいて、社会心理学の問題設定と学習過程の研究との関連が見いだされたのである。

　これに関連した教育学と心理学の論文は、いまだに利用し尽くされていないようである。教育心理学――これこそが明らかにされねばならない――は、もはや青年学、発達心理学、学習心理学、あるいは精神能力検査に限定されていない。今日では、心理学者が事実、命題、解明の試みを提供しないような教育学の問題設定はほとんど見られない。その際、心理学はあらゆる方法を投入し、人文科学を意のままに用いている。もちろん多数の「学派」の中でさまざまな強調点があるのだが[25]。

　私は、ここでは教育心理学の意義と課題、教育心理学と教育学の関係の全体的な議論については省略したい。この議論にはすでに特有の歴史がある[26]。この議論を興味深く、そしてときには奇異な見せかけとして記憶し

ておくことはできるが、それは研究を進めるにあたってほとんど重要でない。心理学も教育学も、今日ではそれぞれ独立した分野として認知されている。他の領域がそれらの境界を定めたり、方法を指示したり、研究対象を規定したりすることはできない。多くの独創的な研究を知っておく必要がある。そして、教育学の問題設定を意図していない研究の手がかりをすべて除外したとしても、そこにはなおも見渡せないほどの研究の豊かさが残っている。

　非常に豊かな個々の研究成果——しかしこれは心理学においてだけではないが——は、潜在的に相互に矛盾しており、またそれがあるからこそ他の研究成果の特徴と境界とを明らかにすることができる。これは今日の教育科学の状況である。確証された、あるいは一時的に確証された研究成果が増すにつれて、ますますその全体を見渡すことができなくなり、実践者は選択を強く頼りにするようになる。しかし、誰が実践者にこの選択の判断基準を与えることができるのだろうか。理論上は、こうした問題はすでに議論されてきた。体系の時代は過ぎ去り、学習は生涯学習の過程のなかに解消されてしまった。言い換えれば、これは次のことを意味している。つまり、誰も新しいものに着手する準備ができていないのである。多くの場合、人はいつも不確実性のもとで行動しているのである。

第2節　心理学に方向づけられた教師の役割

　これまで見てきたように、さまざまな理論的手がかりは、教師のあり方について多様な見方を導いてくれる。多少簡略して言えば、解釈学的・プラグマティズム的教育学は、教師を生徒の生活状況に責任を持つ人格と見なしている、と言うことができる。教師は生徒の学習と生活にとって適切な環境をつくるために手を尽くしている。実証主義に方向づけられた研究は、この全体的で状況に規定された機能を個々の多くの役割の中に解消した。例えば、教師の役割には教師の社会的地位や教師の行動責任を議題にするといったように、個々の研究成果が提示された。それによって、教師の役割を普遍的な理論へと簡単に統合させることがもはやできなくなった。規範的教育学は、

道徳の形成と反省的基礎づけの問題を教育的事象の中心に置いた。教養のある（本当は道徳的であると言わなければならない）教師は「産婆術」を施し、それによって生徒は一人前になる。マルクス主義教育学と批判的教育科学は、教師のヤヌスの顔（矛盾のはらんだもの、訳者注）を知っている。教師は一方では、幾人かの代表者（アドルノ）が言うように知的な人間と見なされるが、他方では、社会化のエージェント、あるいは普通より低い賃金を受け取り、軽蔑されたシステムの奴隷と見なされる。心理学に方向づけられた教育学では、同様に簡略に先取りして言うと、教師を**セラピスト**の役割として見なしている。

　心理学と教育学が理論規定において相互に協力して以来、不明確であるにせよ明確であるにせよ、心理学は保護の機能を割りあてられてきた。心理学は、あまりにも多い宿題が生徒に過大な要求をしていると抗議した。そして、年齢段階や成熟度に即していない時期尚早の処置から生徒を保護した。保護機能は肯定的な方向に転じることができる。心理学は、古くさい効果のない教授方法を批判しただけでなく、新しい支障のない教授方法を提案した。心理学は、教育学の精通者に対してしばしば子どもの擁護者になった（しかし、教育者は、例えば心理学の精通者に対して生徒の擁護者にならねばならないこともある、という点も注意する必要があるだろう）。

　分別のある教師——私は大多数の教師が一人前でなく無批判的な奴隷であるとは思わない——は、これまでこの保護の機能を広範に認めてきた。しかし、それを思いがけない、意図しない、そしてときには煩わしく感じる副作用としても認めていた。教師は、成功することも失敗することもあったが、生徒の進学と職業選択を指導してきた。教師は、補習授業を含めて学習困難な生徒を助けてきた。教師は、毎日働かなければならない状況にあったから、教室をできるだけ良い雰囲気にしようと配慮してきた。これらは、教師の助言する面、教育する面、聖職者的な面、責任を持つ面、また人間の面などと、さまざまに呼ばれてきた。

　精神分析学、社会心理学、集団力学の普及とともに、集団過程、集団における学習困難、発達障害、適応問題、小集団教育などは、経験的なそしてし

ばしば医学的な方法で研究された。このことは、それぞれの用語に示されている。

人間の教育過程は次のような場合には失敗する可能性がある。例えば、父親か母親のいずれかが不在だったり、クラスの学習が小集団によって妨害されたり、何人かの生徒が適応困難に陥ったり、それをがさつな態度で代償したり、欠陥のある集団関係が学習の阻止を引きおこしたりする場合である。臨床医学的な心理学者にとって、これらすべては**病的な**現象になる。ここで、前章を思い出してほしい。ハーバーマスは、フロイトに従い臨床的な概念を借用して、病的な社会化過程と病的な社会について語っている。

「病的な」という特徴づけが、それ以前の「欠陥を持ち、異常で、逸脱した」という特徴づけの代わりをしたかどうかを確証することは、意味のあることである。しかしながら、社会心理学者は現実にはそれ以上のことをしようとする。実際、社会心理学者は、集団力学的に訓練された教師の行為の中にセラピストの姿を見ているのである[27]。

集団力学に関するアメリカの心理学書では、セラピストの持つ特徴が教師や集団指導者にも積極的に取り入れられている。セラピストという名前は、「臨床医と集団セラピストが結びついたもの」と理解されている[28]。

次の詳細な引用文は、教師、集団指導者、セラピストにとっての課題が何であるかを明らかにしている。「誰かがこの義務（「教師はセラピストである」ラサーン）に対して異議を申し立てる場合には、どの教師も、意図的であろうとなかろうと、この役割を果たしていると言える。時折、それは他の機能から区別されるが、大抵は教室の生活に埋め込まれており、他の機能よりも優先されている。集団セラピスト以外の役割を果たすよりも集団セラピストの方が多くの成功を収め、また別の役割を果たす時には非常に悪い成果を生みだしてしまう場合、どの教師も集団セラピストであることは避けられない。セラピストの役割は、すべての子どもたちの個人的・社会的適応を援助する目的をもって集団を指揮するところにある。これは、ある程度の寛容性、すべての子どもとの接点の創造、教師の自我は目立たないものである、という仕事の形態を必要としている。

このような完全かつ客観的で、「そして個人的な」人間同士の関係を成就するのは困難である。誰も、35人あるいはそれ以上の子どもたちの種々の欲求を公正に満たすことはできないし、子どもの仲間たちから起こってくる現実の厳しい打撃をくい止めることもできない。だが、それを試みるべきである。これを成就するために、教師は受け入れられる行動のコードの絶対的具現であるかのように振る舞わなければならない。教師が子どもの感情と問題に対応する時には、つねに精神衛生学の法則で説明される。

このような援助の雰囲気をとおして、教師のセラピーの仕事は続けられる。もしかすると、生徒は判断し決定を下す教師と衝突するかもしれない。そうした状況でも、教師は恣意的に決定するべきではないが、ある決定を下さなければならない。教師は決して中立であることはできない。教師はつねに「法則」を個々の状況に適用しうるように解釈しなければならないのである。セラピストの役割を持つ時の教師は、人間的な態度で洞察し、衝突の原因を発見し、それを解決する方法を見つけ出そうとする。教師はときには友達になることで、手本を与えることで、あるいはそれ自体で子どもが喜ぶという意味で一体化することができる手本となることによって、すでにこの目的を果たしている。教師は、あらゆる状況において人間同士の関係にもとづいて経験し、集団や個々人を理解しなければならないのである」[29]。

ここには、つねに暗黙のうちに前提とされている教師の能力の課題全体が現れている。しかし、かつてはこの問題を克服するのに教師は美徳を要求されたけれども、今日では、社会心理学が教師に知識を提供している。けれども、社会心理学のテキストを厳密に見てみると、その中には以前と全く同じくらい多くの美徳の要求が隠されている。美徳の要求が知識だけで代用されるかどうかといった問題はいまだに明らかにされていない。

最近、シュテメは、セラピーの方法を教師の役割に入れて体系化しようとした。第一に、こうした整理は総じて、教育学で「すでに知られているもの」とセラピーを構成する要因との関連を可能にする。さもなければ、両者は、さまざまに区分されてしまったであろう。教育もセラピー——両者は有効でなければならない——も共通の要因を基礎に置いているのである。その成果

をシュテメは6点挙げている。協力者との信頼の絆、理解し合おうとする好意の雰囲気、話し合いの可能性、論理的要求の負担を軽減して思考様式をほぐすこと、対話によって衝動的行為を消散すること、いつもの自分のイメージへの問いかけ、である[30]。

　もちろん、教師の役割がセラピストである、という点はまだ論じ尽くされていない。教師はこれまで過度に教え教育してきた。セラピーの観点の権利が認められると、教師の役割は非常に制限されたものとなるであろう。すなわち、病理学的な現象から出発したり、医学色を帯びた言葉を使用したりすると、元気で正常で無頓着な子どもをも見えなくさせてしまう。精神分析学と社会心理学の研究は、集団の事象に関する私たちの知識を豊かにしてくれたけれども、かつて教職におかれていた他の多くの希望を見えなくしてしまったことも明らかである。

　上述した研究の中で、次のことが明らかになった。すなわち、教師は、人間同士の関係を発展させなければならない、友達でなければならない、信頼を呼び起こさねばならない、手本として受け入れられる態度を示さねばならないということである。教師は決断し責任のある判断を下さねばならない。さらに、シュテメは信頼と好意について語っている。そして、教室の精神衛生学、健康、欲求不満の閾、社会的・情緒的構造に関する多くの統計学的な研究がある。そこでは、感情という概念は情動的な行動形態に代わっている。これらの研究の中にはないが、これから問題にすべき興味深い多くの事柄がある。私は、喜び、教師の忍耐、期待、明るさ、ユーモア、善といった概念や、これらの現象形態の研究があればいいのにと思う。

　確かに、ユーモアを操作し観察することは困難である。私は、どのように明るさを把握し統計にするのか、また善と期待とは、標準化された方法で決定されることなく、どのように高められるのかについては分からない。忍耐と喜びを突きとめるには、任意抽出の方法では十分でない。しかし、以下のことはすべて存在している。すなわち、明るくユーモアに満ちた教師を喜ぶ子ども、非常に多くの欲求不満を乗り越えることができる解放的な笑い、教育者の各世代が新しい意欲をもって仕事に取りかかろうとする100年前から

ずっと続いている希望などである。

　これらすべての気分、すなわち、喜び、明るさ、ユーモア、希望の中で、人間は強制、自然、病的な制度から解放される。ここにおいて、人間は遊んでいる時のように自らの人間存在と解放感を得るのである。私たちの注意をもっと健康な生活形態に向けることは適切である。笑いのない教室や集団、明るさ、ユーモア、希望のない子どもたちの学習と生活、これらは、実際、病的な状況である。このような集団は、セラピスト――集団指導者でもある――を必要としている。

結　論

　かつてパウルは、教育について語ることはすべてを語ることだと述べている。教育問題に何年も従事し、教師として長い間働いた後で、彼には次のことが明らかになった。すなわち、人は人間、世界、歴史、同胞、精神、授業と教育の対象、遊びと仕事、また他の多くのことを書かねばならないし、教育について何らかの言及をしようとする。

　このすべてを誰が成し遂げることができるのだろうか。パウルは、著書のすべての章を一貫して「断片」と呼んでいる。

　その意味で私のこの入門書も完全ではない。本書は、個々の研究の手がかりの主要な特徴を明らかにし、それに固有な観点を論じたに過ぎない。

　それぞれの観点はどのような意味を持っているのだろうか。かつてライプニッツは単子論のなかで次のように書いている。自分にとって個々の単子の活動は表象にある。個々の単子は自らの立場から世界観を表象する。個々の立場の多くの中に、世界の富と価値の豊かさが示されている、と。

　そのような特徴は、本書では個々の科学の手がかりの下に置かれている。ライプニッツが言うように、人間のすべての思考、すべての行為、すべての理論は、**有限である**ことを避けることができない。つまり、それらは狭く偏った理解なのであり、偏見に満ちたものなのである。そして、この根本的な偏りを脱することができるのは、個々の思考の出発点を離れて、超え出ることである。

　これは、反対者や反論、すなわち、異質なものを真剣に受け入れるという解釈学的・歴史学的な態度と一致する。というのも、それは豊かな生命を充実させるために必要だからである。

　このような見地からみると、私にとって精神科学的教育学は、生命世界全

体を視野に入れた手がかりである。そこでは細部は時として全体の背後におかれて見失われてしまう。論理実証主義は、この細部を徹底的に追求し、方向を変えて取り組んだのである。その際、論理実証主義にとって全体への道のりは遮断されてしまった。

規範的教育学は、二つの手がかりの関連枠組みにおいて、道徳的な人間形成の可能性を見ることができる。批判的教育科学は社会的条件を、心理学は個人的・精神的な前提と経過を問うことができる。

これらすべては補足的に捉えられなければならない。もう一つの手がかり――それは教育科学である。その手がかりを非科学的に解明することは無益な企てである。なぜなら、科学は法則をつくりだす力を自由に操ることができるからである。科学は、つねに理性的であることによってのみ証明される。

しかし、異なる観点を取り入れることは妥協を意味しているのではない。それぞれの観点の意義、妥当性、価値は、それに固有な思想を真剣に追求する中で初めて明らかになってくる。

多様さを指摘することは、それぞれの多様な意図を追求するに過ぎない。しかし、限界が明らかにされることでこの意図は乗り越えられていく。偏りが認識されドグマは破られるのである。個々人は、自らと自らの決定に戻るように指示され、それによって初めて選択が可能になってくる。選択の中ではじめて自由が実現されるのである。

あらゆる体系は、自由を制限し、決定を下し、そして**一つ**の意味に規格化しようとする。個々の体系、ドグマへと高められた手がかり、ただ一つの科学への絶対的理想化、――これらすべては、自由、選択、主体性、創造性を制限する。

体系は、長い間、人間をその中で機能するようにしてきた。

こうした意味で、歴史的思考こそがすべてを相対化し、選択を促す。そして、それによってドグマが破られ動揺が生じる。動揺をとおして初めて熟慮と思考が始まる。人は一般的に確実な習慣だけに従っている。既存の知識と経験に由来するあらゆる確信が疑問視されることによって、初めて本当に新しいものが見えてくるのである。

原 注

序 章

(1) これに関しては、以下を参照。H. Seiffert, *Erziehungswissenschaft im Umriss*, Stuttgart 1969; H. Giesecke, *Einführung in die Pädagogik*, 4. Auflage, München 1972. 読本として編集されたものは、H. Kanz (Hrsg.), *Einführung in das Erziehungswissenschaftliche Grundstudium*, Stuttgart 1973. W. Ritzel, *Pädagogik als praktische Wissenschaft*, Heidelberg 1973 は、体系的な入門書である。教育学入門の理論的考察は、J. Derbolav, *Frage und Anspruch. Pädagogische Studien und Analysen*, Wuppertal 1970 で見事に展開されている。

それ以外にも、教授学、学校教育学、社会教育学、成人教育学などの個々の領域について数多くの入門書がある。最近、新たな入門書が出版された。H. H. Groothoff, *Einführung in die Erziehungswissenschaft*, Kastellaum 1975. 本書でグルートホフは、ディルタイを継承した教育科学、すなわち教育の哲学、経験的社会研究、教育学に見られるさまざまな手がかりを叙述している。リンデ・ザルバー（Linde Salber）は、発達と教育の入門書で心理学部門をを著述している。

教育科学のさまざまな手がかりを概観した最新のものとしては、Eckhard König, *Theorien der Erziehungswissenschaft*, Band I und II, München 1975. の二巻本がある。*Die Einführung in die Erzihiehungswissenschaft* von Berg/ Gaebe/ Keim/ Koch/ Kracht und Rohrig, Köln 1976. は、1974年の初版と同じ立場に立つもので、「教育的問題設定の結節点」を明らかにし、そこから教育学入門を企図したものである。この書物では、四つの「結節点」が扱われているが、書物の構成は恣意的で、不明確で、熟考された体系とは言えない。

ヴァルター・ブラウン（Walter Braun）は、*Einführung in die Padagogik* 1972（初版）の改訂版を 1977 年に著した。この「手引書」は教育学の体系的な入門書である。

(2) この構想に関しては、例えば H. Röhrs, *Allgemeine Erziehungswissenschaft*, Weiheim/ Berlin/Basel 1969. を参照。レェールスは、序文で「本書で現在の発展状況について総括したい」（9頁）と述べている。

(3) これに関しては、*Zeitschrift für Pädagogik*, 1 と 2, 1967. におけるブレツィンカとロムバッハとの議論を参照。

(4) Wolfgang Brezinka, *Von der Pädagogik zur Erziehungswissenschaft,* 1970.（序文5頁）。*Metatheorie der Erziehung,* München/Basel 1977. の改訂版では、ブレツィンカは、時間的な制約を無視して、「教育学と呼ばれるものはすべて科学である」と考えるような思い込み一般について述べている。

(5) Helmar Frank, in: *Kybernetik und programmierte* Bildung, 21. Gementer Kongress 1969, S.566ff., H.Frank/B. Meder, *Einführung in die kybernetische Pädagogik,* München 1971.

(6) Elwin Schrödinger, *Meine Weltansicht,* Frankfurt 1963, S.21/22.

第1章 精神科学的教育学

(1) 精神科学的教育学の宿命とその軌跡については、E. Lichtenstein, *Die letzte Vorkriegsgeneration und die hermeneutischpragmatische Pädagogik,* 5. Beiheft der Zeitschrift für Pädagogik, Weinheim 1964 参照。これは『洞察と意欲』というタイトルで出版されたヴィルヘルム・フリットナーの75歳生誕記念号である。彼は自ら精神科学的教育学内部の違いについて、すでに他の箇所で言及していたが、ここではそれに対して、いまだいかなる統一性ももたない精神科学的教育学に、統一性を見いだすべきであると警告している。*Die Erziehungsmächte und die pädagogische Wissenschaft.* Autobiographische Notizen im Gedenken an E. Spranger. in: E. Spranger, *Bildnis eines geistigen Menschen unserer Zeit. Zum 75. Geburtstag,* Heidelberg 1957, S. 303-309.

最近では、ヘルマンが不明確で包括的な「精神科学」という概念が、「明確にする前にあいまいにした、教育学理論形成の特定の歴史的端緒」とレッテルづけたと批判した。U. Herrmann, *Die Pädagogik Wilhelm Diltheys,* Göttingen 1971, S. 17. 主要な代表者たちに見られる多彩で親密な個人的結びつきについては、E. H. Ott: *Grundzüge der hermeneutisch-pragmatischen Pädagogik in Deutschland,* Göppingen 1971, 特に S. 10 ff.

(2) Dilthey, *Gesammelte Schriften* I/S. XVIII.
(3) Dilthey, *Gesammelte Schriften* VIII/S. 171.
(4) Dilthey, *Gesammelte Schriften* IX/S. 190.
(5) S. Kierkegaard, *Schriften,* besorgt von Schrempf, Band VI/S. 155.
(6) Dilthey, *Gesammelte Schriften* VII/S. 218.
(7) O.F.Bollnow, *Existenzphilosophie,* Stuttgart 1955; *Existenzphilosophie und Pädagogik,* 3. Auflage, Stuttgart 1959; *Das Verhältnis zur Zeit,* Heidelberg o. J. (1972); この点については、*Pädagogische Rundschau* 5/1973, S. 297 ff. の「時間と意識」についての私の論評を参照。
(8) O.F.Bollnow, *Existenzphilosophie und Pädagogik, a.a.O.* S. 13.
(9) Vgl. z.B. Th. Ballauff, *Systematische Pädagogik,* 3. Auflage, Heidelberg 1970; と K. Schaller, *Studien zur systematischen Pädagogik,* 2. Auflage, Heidelberg 1969.

(10) Vgl. Dilthey, *Gesammelte Schriften* V/S. 10.
(11) Vgl. Dilthey, *Gesammelte Schriften* XV.
(12) H.-I. Marrou, *Über die historische Erkenntnis*, Freiburg/München 1973.
(13) Dilthey, *Gesammelte Schriften* XI/S. 238. 自然科学と精神科学の明確な区別は、すでにディルタイの論文 *Über das Studium der Wissenschaft vom Menschen, der Gesellschaft und dem Staate* (1875) に見られる。in: *Gesammelte Schriften* V/S. 31 ff.
(14) Vgl. Dilthey, *Gesammelte Schriften* VII/S. 207.
(15) Dilthey, *a.a.O.* S. 208/209.
(16) Dilthey, *Gesammelte Schriften* V/S. 9.
(17) G. Misch, *Lebensphilosophie und Phänomenologie*, 2. Auflage, 1931.
(18) このことに関しては以下参照。Bollnow, *Das Wesen der Stimmungen*, 2. Auflage, Frankfurt a. M. 1943; *Das Verstehen. Drei Aufsätze zur Theorie der Geisteswissenschaft*, Mainz 1949. *Die Objektivität der Geisteswissenschaften und die Frage nach dem Wesen der Wahrheit*, in: *Maß und Vermessenheit des Menschen. Philosophische Aufsätze*. Neu Folge, Göttingen 1962; *Der Erfahrungsbegriff in der Pädagogik*, in: *Zeitschrift für Pädagogik* 3/1968.
(19) Bollnow, *Das Verstehen, zitiert nach Oppolzer, Denkformen und Forschungsmethoden der Erziehungswissenschaft*, Band I, München 1966, S. 63. ボルノーは、*Das Verhältnis zur Zeit* という論文のなかでこの思想に立ち返り、それをさらに深めている。*Die produktive Bedeutung des Widerstandes*, S. 101 ffを特に参照.
(20) Seyffert, *Einführung in die Wissenschaftstheorie 2*, 4. Auflage, München 1972, S. 138.
(21) このような批判は枚挙にいとまがない。ルカーチ (Georg Lucacs) はマルクス主義的な視点から、*Die Zerstörung der Vernunft*, Berlin 1954, besonders Seite 329 ff. において、ディルタイに対してこのような批判をしている。リーバー (H.-J. Lieber) はディルタイのこの問題設定に対して、Geschichte und Gesellschaft im Denken Ditheys, in: *Kölner Zeitschrift für Soziologie und Sozialpsychologie*, 3/1965 において対峙している。その他、Die deutsche Lebensphilosophie und ihre Folgen, in:*Nationalsozialismus und die deutsche Universität*, Berlin 1966 を挙げることができる。これらの研究の結果、証明なしに何かを主張するという単純な流行が生まれることとなった。非常に大雑把に、実例との関連を無視してボーケルマン (H. Bokelmann) などは次のように言明している。「解釈学的教育学は、ドイツ現代史において、非人間的行為を早い時期に十分認識しなかったし、それを阻止することもできなかった。後になって理解したに過ぎない」と。Wozu taugen historische Erkenntnisse? in: *Die Deutsche Berufs- und Fachschule*, 12/1972, S. 909. ショーニッヒ (B. Schonig) は、この決まり文句について論じているが、広範囲に論ずる能力に欠けている。Irrationalismus als pädagogische Tradition, Weinheim /Basel 1973. この点については詳しく論ずる必要がある。ボーケルマンのテーゼと、私の解答を比較せよ。Lassahn, *Geschichtlichkeit und Erziehungswissenschaft*,

in: Böhm/J. Schriewer（Hrsg.）, *Geschichte der Pädagogik und systematische Erziehungswissenschaft*, Stuttgart 1975, S. 65 ff.

(22) F. Nietzche, *Zweite unzeitgemäße Betrachtung, Vom Nutzen und Nachteil der Historie für das Leben, Werke*, herausgegeben von K. Schlechta, Darmstandt 1966, Band I, S. 209 ff.「ゲーテが言うように、行為者はつねに良心と知識に欠ける。彼は一つのことをするためにほとんどのことを忘れてしまい、彼の背後にあるものを公平に扱うことができない。彼が認識しうる唯一の権利は、今何になるべきか、についての権利である」(216頁)。

(23) 特に Ch. S. Peirce und J. Dewy.

(24) Dewy, *Wie wir denken*, Zürich 1951, S. 12.

(25) Bollnow, *Der Erfahrungsbegriff in der Pädagogik*, a.a.O. S. 250.

(26) Bollnow, *Das Verhältnis zur Zeit*, a.a.O. S. 101 ff.

(27) 精神科学的教育学という名称が大雑把に用いられているとき、それは発見的な意味ではなく、中傷的な意味で用いられる。その際、興味深く思われることは、歴史的な思考をしない科学の代表者が、他の分野の科学の代表者に対して歴史的観点がないと批判することである。同時にこの主張には、無節制な過大評価が潜んでいる。どのようにして、「教育学」を科学の一分野として止めておくことができるのか。また、例えば法律家、国内法学者、歴史学者や政治学者たちができなかったことを、どうしてできるのだろうか。客観性に欠け歴史的に誤った議論の話にならない例として、ショーニヒ (B. Schonig) がベルリン自由大学に提出した学位論文をあげることができる。同論文は、まず序章の問題提起において論理的な破綻をきたいしている。

1945 年以降、ドイツ連邦共和国では精神科学的教育学の無批判な復興が促進された（12頁）。そこでは、改革教育学が「遺産」であると解釈され、「改革教育学の非合理的構成要素」の解明に取り組んだ（13頁）。このことはすべて、教育学の歴史記述に関するものであった。この歴史記述にはある特定の関心、つまり教育と教育政策のために規範を獲得するという関心を示した。改革教育学そのものが批判されることはなかった。「この欠点は偶然ではない。その原因は、方法論的上の含意と興味にあった……」（13頁）。簡単にいえば、歴史的教育学はまったく関心を追究している。その関心のもとに歴史的教育学は改革教育学の歴史像を構成していたのである。数頁後になって、新しい課題が設定した要請が記述されている。実質的な内容をともなわずに、それは社会的解放と呼ばれ、解放的な関心の概念が浮上してくる（16頁）。そして「過去への関心は、学問的なものではなく、まさしく関心に過ぎない」(16頁) というラング (A. Rang) の言葉が引用されている。

論文の構成は明瞭である。しかし単に関心が前もって定められただけで、そこから歴史を新しく構成し、自分の関心には進歩的であり、他者の関心は反動的であると指摘している。

もしショーニヒの全てのいわれなき主張が正しいとすれば、改革教育学の二

つの構想は、非歴史的で科学的には正当性がなくなってしまう。この二つのイメージの間違いを示す十分な反論がある。その固有な主張は貫いていないが、非歴史的であると反論する非マルクス主義の記述がある。私は次の文献について詳細に論評した。W. Scheibe, Die Reformpädagogische Bewegung, ausführlich dargestellt, *Zeitschrift für Pädagogik* 6/1971, S. 873 ff.

同様にショーニヒに対して厳しい批判をしなくてはならない。彼は組み合わせることができないものを、自分の大雑把なテーゼを正当するために不当にまとめあげ、そしてその関連から把握し、それによって論文を構成している。そのことを示すためには、一つ例をあげるだけで十分である。彼は、改革教育学の基礎をなす生命哲学の非合理性に関して、リットに特別な地位を与えた（37頁）。そして彼はなんと、2頁にもわたってリットを引用をしている！ショーニヒは、この広範にわたる弁証法のイデオロギー的な機能についての知識を、リットのただ一冊の書物 *Die Philosophie der Gegenwart und ihr Einfluß auf das Bildungsideal* からのみ取っている。しかしリットは、この書物では彼独自の思想をまったく表現しておらず、むしろ他の哲学的端緒からもたらされる帰結について示している。

こういった馬鹿げたことを行っているので、リットが1933年以降、大胆にもナチス国家に反対して、ライプチヒでの教授活動を断念し、ゲルデレル・サークル（Goerdeler-Kreis）においてドイツ抵抗運動とのつながりをもっていたことを「見過ごした」としても不思議はない。もちろんリットは、1945年以降にも、ライプチヒの反マルクス主義運動を行っている。しかしこういった事柄は、ショーニヒの認識には全くない。ここではザイフェルトによって批判されたあの、他者を他者として把握するのではなく、一元的に自己措定された規範に従うネオドグマティズムが前提とされている。

(28) H. Seiffert, *a.a.O.* S. 156.
(29) 現象学的に取り扱ったその他の代表者としては、プレスナー（Plessner, N.）、ハルトマン（Hartmann）、ボルノー、オランダのシュトラーサー（St. Strasser）の名をあげることができる。
(30) H. Lübbe, *Bewußtsein in Geschichten, Studien zur Phänomenologie der Subjektivität. Mach -Husserl-Chapp-Wittgenstein,* Freiburg 1972, S. 19.
(31) H. Seiffert, *a.a.O.* S. 37.
(32) W. Klafki, Dialektisches Denken in der Pädagogik, in: *Geist und Erziehung, Festgabe für Th. Litt,* Bonn 1955; ここでは Oppolzer, Denkformen *a.a.O.*S.159. から引用されている。
(33) E. Lichtenstein, Die letzte Vorkriegsgeneration, *a.a.O.* 精神科学的教育学の理論理解の全般については、Bernhard Huschke-Rhein, *Das Wissenschaftsverständnis in der geisteswissenschaftlichen Pädagogik. Dilthey-Litt-Nohl-Spranger,* Stuttgart 1979. を見よ。
(34) W. Flitner, *Allgemeine Pädagogik,* 11. Auflage, Stuttgart 1966, S.16.

(35) W. Flitner, *a.a.O.*S.17.
(36) J. Derbolav, *Frage und Anspruch, Pädagogische Studien und Analysen*, Wuppertal 1970, S.50. このデルボラフの概念は、彼の最新の次の著作のからも最もよく知ることができる。*Grundriß einer Gesamtpädagogik*, Frankfurt/Main 1987.
(37) Derbolav, *a.a.O.*S.50.
(38) Derbolav, *a.a.O.*S.50.
(39) M.J.Langevald, *Schule als Weg des Kindes*, 3. Auflage, Braunschweig 1966, S.15.
(40) Derbolav, *a.a.O.*S.57.
(41) リット、特に *Mensch und Welt*。リットの教育学については、R. Lassahn, Das Selbstverständnis der Pädagogik Theodor Litts. *Pädagogik als Geisteswissenschaft*. Ratingen 1968; R. Lassahn, *Theodor Litt. Das Bildungsideal der deutschen Klassik und die moderne Arbeitswelt*. Münster 1970. を参照。リットの教育学についての叙述については、Albert Reble, *Theodor Litt*, Stuttgart 1950. と Wolfgang Klafki, *Die Pädagogik Theodor Litts. Eine kritische Vergegenwörtigung*, Königstein 1982. を参照。
(42) Litt, *Mensch und Welt*, 2. Auflage, Heidelberg 1961, S. 27.
(43) Litt, *Individuum und Gemeinschaft*, 3. Auflage, Leipzig/Berlin 1926.
(44) Flitner, *Allgemeine Pädagogik, a.a.O.*S.74.
(45) Litt, *Führen oder Wachsenlassen*, zitiert nach 10.Auflage, Stuttgart 1962, S.29.
(46) Litt, *a.a.O.*S.24.
(47) Litt, *a.a.O.*S.26.
(48) Litt, *a.a.O.*S.36.
(49) Bollnow, *Existenzphilosophie und Pädagogik*, Stuttgart 1959, S.12.
(50) Bollnow, *a.a.O.*S.20.
(51) Kant, *Werke* Band I, S.491/492. ソ連ではマカレンコ (A.S.Makarenko) が、彼の教育思想のなかで連続的形式と非連続的形式を区別している。その際に彼は、非連続形式に多大な効果を認めている。それについては、私の論文 Anmerkungen zur "Explosionsmethode" A. S. Makarenkos, in: *Erziehungswissenschaft* 1971, S. 196 ff.を参照。
(52) F.W.Korn, *Theorie des erzieherischen Verhältnisses*, Bad Heilbrunn 1971. ノールとの関連において、ヘルツ (H. Hertz) は初めて教育学的関連の理論を構想した。*Göttinger Studien zur Pädagogik*, Heft 22, 1932.
(53) H. Nohl, *Die pädagogische Bewegung in Deutschland und ihre Theorie*, 5. Auflage, Frankfurt 1961 S.134.
(54) Nohl, *a.a.O.*S.134.
(55) Nohl, *a.a.O.*S.137 und 152.
(56) Vgl. E. Spranger, *Der geborne Erzieher*, 2. Auflage, Heidelberg 1960.
(57) この点については、Th. Litt, Das Wesen pädagogischen Denkens, in: *Kantstudien* 1921, Band 26. 次の文献の付録に収録されている。*Führen oder Wachsenlassen*.

を参照のこと。その他には、私の *Das Selbstverständnis der Pädagogik Th. Litts*, Wuppertal 1968, S.47 ff. の解釈を参照。

(58) そのことについてはリットの全著作で言及されているが、これまでのことに関連して、ノール、シュプランガー、ケルシェンシュタイナーを名指しで批判はしていない。シュレムペル (H. O. Schlemper) が学位論文 Reflexion und Gestaltungswille, Ratingen 1964, S. 61 ff. で取り上げてはいるが、残念ながらそれは青年運動と新カント主義（ナトルプ）についての批判に止まっている。リットの改革教育学に対する全ての内在的な批判は、精神科学的教育学のなかでの大きな差異を明らかにするための、確実で独自な試みを示したものである。

(59) Bollnow, *Die pädagogische Atmosphöre*, 4. Auflage, Heidelberg 1970, S.11. 参照。

(60) たとえば、*Das Wesen der Stimmung*, 3.Auflage, Stuttgart 1965; *Neu Geborgenheit*, 2. Auflage, Stuttgart 1960; *Einfache Sittlichkeit*, 3. Auflage, Göttingen 1962.

第2章　新実証主義、経験主義、分析的科学理論

(1) Vgl. Victor Kraft, *Der Wiener Kreis. Der Ursprung des Neopositivismus. Ein Kapitel der jüngsten Philosophiegeschichte*. 2. Auflage, Wien/New York 1968. 参照。この学派の中でのウィトゲンシュタインの位置については、*F. R. Waismann, Ludwig Wittgenstein und der Wiener Kreis*, 1967.を参照。

(2) John Locke, *Gedanken über Erziehung*. Übersetzt und herausgegeben von Heinz Wohlers, Bad Heilbrunn 1962, S. 66.

(3) ここではドゥ・テルトレ (Du Tertre)、ラホンタン (Lahontan)、コレアル (Corréal) たちの報告が重要である。これらの影響については、ジャン・モレル (Jean Morel) が徹底的に研究している。"Recherches sur les sources du discours de l'inégalité" in *Annuelle de la Société Jean Jacques Rousseau*, Tom 15, 1909.

(4) Jean Paul, *Levana oder Erziehlehre*, Bad Heilbrunn 1963, S. 9.

(5) Jean Paul, *a.a.O.* S. 15.

(6) Peter und Else Petersen, *Die pädagogische Tatsachenforschung*, Paderborn 1965, S. 7/8.

(7) Pertersen, *a.a.O.* S. 9.

(8) Aloys Fischer, Über die Bedeutung des Experiments in der pädagogischen Forschung und die Idee einer exakten Pädagogik, in: H. Röhrs (Hrsg.), *Erziehungswisssenschaft und Erziehungswirklichkeit*. Frankfurt 1967, S. 45.

(9) Wolfang Brezinka, *Von der Pädagogik zur Erziehungswissenschaft. Eine Einführung in die Metatheorie der Erziehung*, Weinheim 1971, S. 48.

(10) Brezinka, *a.a.O.* S. 49.

(11) Vgl. Victor Kraft, *a.a.O.* S. 7.

(12) Kraft, *a.a.O.* S. 175.

(13) これに関しては、G. Schischkoff, *Philosophisches Wörterbuch*, 18. Auflage（改訂

版), Stuttgart 1969, S. 482, 及び H. Albert, *Traktat über kritische Vernunft,* Tübingen 1969, Vorwort S. Ⅶ , S. Ⅹ 及び A. Wellmer, *Methodologie als Erkenntnistheorie. Zur Wissenschaftslehre K. Poppers,* 1967. 参照。

(14) これに関しては、Leszek Kolakowski, *Die Philosophie des Positivismus,* München 1971, S. 11 ff. と比較せよ。コラコウスキは、実証的思想の通史的で分かりやすい歴史について述べている。

(15) W. A. Wallis/H. V. Roberts, *Methoden der Statistik. Ein neuer Weg zu ihrem Verständnis.* Freiburg 1963, S. 3.

(16) Vgl. Brezinka, a.a.O. S. 54.

(17) 社会科学における詳細な経験主義的な方法は、シミュレーションで表される場合がある。そのことについて総覧するには、René König, *Handbuch der empirischen Sozialforschung,* Stuttgart 1962. が最適である。また個々の方法論について明解に説明している文献は、Bernhard S. Phillips, *Empirische Sozialforschung. Strategie und Taktik,* New York 1970. がある。

(18) 操作化については、Hans L. Zettelberg, Forschung und Praxis in der Soziologie, in: R. König, *Handbuch der empirischen Sozialforschung.* 参照。

(19) ここでは、Paul Lorenzen, *Metamathematik,* Mannheim 1962, S. 6-16. 及び、Lorenzen, *Methodisches Denken,* Frankfurt 1968, S. 43. 参照。

(20) 批評家たちは、分析的科学理論がまさに科学の言説と判断された言説を厳密に分離しようとし、また帰納法をとろうとするので、その無理論性のためにその方向性を、政治的な日々の流れに譲り渡してしまっていると再三批判を加えている。ドイツで初めてこの点を徹底的に支持したヴェーバー (Max Weber) は、ある結論に到った。論文、"Die 'Objektivität' sozialwissenschaftlicher und sozialpolitischer Erkennttnis" (1904) で彼は次のように記している。「**何を研究対象とし、無限の因果連鎖のなかで、どのくらいの範囲まで**この研究を広げていくか。**それは研究者と研究者が生きる時代を支配している価値理念が決定する**」(184頁)。

(21) カントはそのように前提した。彼は『実践理性批判』で、このような主張の根拠を一般的に解放された観察と呼んでいる。Kant, *Werke* Band V, S. 289. 参照。行動学理論の研究で、この主張が証明されている。コンラート・ロレンツ (Konrad Lorenz) は人間を「非特殊的存在のなかではもっとも特殊なもの」であり、それゆえ「典型的に好奇心をもつ存在」と呼んだ。ロレンツはその際、この欲求行動の「パターン化された行動の意義」について述べている。もし欲求行動が、目的合理的な行動であると言い換えられたとすれば、この連関において、それはまさしく判断を下す行動のことを意味することになる。

ローレンツは次のように述べている。「このような動物は、まず目新しいすべてのものを、あたかも生物学的に大きな重要性をもつものとして行動するので、もっとも多様で、もっとも極端な生息空間において、確実に自己の生命維持に役立つどんな些細なことでも見過ごさずに発見する。文字どおり、**汎存動**

物になったすべての高等動物は、典型的かつ非特殊的な好奇心をもつ存在である」。Lorenz, *Über tierisches und menschliches Verhalten.* 非特殊的で好奇心をもつ存在は、新しいものすべてを、生命維持にとって重要か否か、有効か否かを判断しなければならないという行動様式の基盤に依存している。

(22) H. Albert, Wertfreiheit als methodisches Prinzip. in: *Logik der Sozialwissenschaften,* 5. Auflage, Köln 1968, S. 183.

(23) K. R. Popper, Science: Conjectures and refutations. in: *Conjectures and refutations. The Growth of Scientific Knowledge.* London 1965, S. 50.

(24) H. Albert, *Logik der Sozialwissenschaften, a.a.O. S. 191.*

(25) H. Albert, *a.a.O.* S. 186.

(26) H. Albert, *a.a.O.* S. 187.

(27) H. Albert, *a.a.O.* S. 188.

(28) H. Albert, *a.a.O.* S. 106.

サイバネテックス的教育学の領域について、フランク (H. Frank) は、次のように問題領域を区別している。

1. 教育的価値論や規範的教育学でも同様に名づけられている人間形成。
2. 研究や理論が含む人間形成。
3. 第一に教授技術が属する人間形成。*Einführung in kybernetische Pädagogik,* München 1971. 16. 参照。

「サイバネティックス教育学は、ガリレオ後の自然科学の定評ある模範にしたがって、高度に複雑な対象の**全体として**考察することを断念し、この対象を考察されるべき、あるいはモデルに適した単純な部分に分解しなければならない」(27頁参照)。フランクの次の言説も参照。「目的設定自体を、サイバネティックスとそれにともなうサイバネテックス教育学は所与のものとして前提する」(81頁)。*Kybernetik und programmierte Bildung,* 21. Gemener Kongreß 1969, S. 61. ブレツィンカは教育科学と教育哲学を区別して、三つの段階を識別した。

a) 現実的な科学としての教育学＝教育科学

b) 教育の哲学　c) 実践的教育学＝教育論。(Vgl. *Von der Pädagogik zur Erziehungswissenschaft.*) 彼はアルベルトに依拠して、価値自由を科学的な言説体系にのみ要求した (所産としての科学)。研究の過程は価値判断なしにはまったく考えられない。方法論の選択と科学の倫理的基盤は、研究者を規格化する (68頁参照)。研究者に要求されるこの倫理的かつ知的な徳目として、ブレツィンカは次のものをあげている。厳密さ、学習の準備、明瞭な言語、人間の幸福への配慮、などである。(69頁と比較せよ) ブレツィンカにとって、科学的理論はメタ理論、そしてまた「規範的哲学の分野」と完全に首尾一貫したものなのである (20頁と比較せよ)。

(29) H. Albert, *Logik der Sozailwissenschaften, a.a.O.* S. 192. 参照。「そのことから社会科学では、現象の基礎になっている、すなわち実践を成功させるための基礎である合法則性の研究が行われている」。

(30) H. Albert, *Logik der Sozailwissenschaften*, a.a.O. S. 192. それと同時に法則の概念が、完全に改変されてしまっている。自然科学でいう法則とは、厳密な因果関係を意味する。その作用は、**常に必然性**をともなったものであり、決して「遊びの空間」で起こるものではない。

(31) Th. Litt, *Der Mensch vor der Geschichte*, Bremen 1950, S. 20. Vgl. bei Litt auch: *Protestantisches Geschichtsbewußtsein. Eine geschichtsphilosophische Besinnung*, Leipzig 1939; *Geschichte und Verantwortung*, Wiesbaden 1947; *Mensch und Welt*, Heidelberg 1948; *Die Geschichte und das Übergeschichte*, Hamburg 1949. 参照。リット教育学の解釈については、R. Lassahn, *Das Selbstverständnis der Pädagogik Theodor Litts*, Ratingen 1969, I. Teil, S. 13 ff. を特に参照。

(32) Litts, a.a.O. S. 21.

(33) H. Albert, *Logik der Sozialwissenschaften*, a.a.O. S. 192. ブレツィンカもこのような法則性を教育科学の前提として考えている。社会科学は、人間の行為を対象として「普遍的法則性」の解明をめざすと彼は述べている。Brezinka a.a.O. S. 37. ブレツィンカが「法則科学」として、一方では経験科学、実在科学、「出来事の科学」を区別するとき、この問題は再び浮上することになる（43頁）。

(34) 特に Th. W. Adorno, in: *Der Positivismusstreit*, 2. Auflage, S. 73 参照。「価値が問題となると言われるときには、まず第一の段階において、摩擦のない円滑な自然を支配するために、目的と手段が引き裂かれる……」（138頁）。「存在と当為という二分法は誤りである」（139頁）。

(35) Habermas, *Technik und Wissenschaft als "Ideologie"*, a.a.O. S. 49.

(36) Habermas, a.a.O. S. 52.

(37) Brezinka: a.a.O. S. 13.

(38) Brezinka: a.a.O. S. 68.

(39) 問題提起の際のこの方向転換は、Stegmüller, *Hauptströmungen der Gegenwartsphilosophie*, 4. Auflage, Stuttgart 1969. において明瞭に記されている。経験主義は形而上学的問題は、**誤って提起された**ものであるため**解決不能**であると説明する。「いかなる総合的な言説もアプリオリには存在しないので、カントの理性批判の核心的問題となる。どうしてこのような言説が存在し、それはどのような妥当性に基づくのであろうかいわれのないことである。この妥当性の問題に答えるためにカント的な模範にしたがって理論を構想しようとすることには、もはや特別のいかなる意味も存在しない」（358頁）。さらに次のように述べている。「形而上学的哲学が近代的経験主義の見方に失敗しているのは、まず形而上学的言説を客観的に証明できないからではなく、むしろすでに形而上学概念を伝達する問題が解決できないからである」（359/360頁）。

(40) この点に関しては、Popper, "Die Wissenschaft muß mit Mythen beginnen und mit der Kritik an Mythen." in: *Conjectures and Refutations. The Growth of Scientific Knowledge.* London 1965, S. 50. 参照。

(41) Kolakowski, a.a.O. S. 17 ff. 統一的な科学的方法を求める努力は、自然科学の理

想像へと向けられる。しかしそれは古典的な特徴をもった自然科学の理想像であって、素粒子や動力学のシステムの理想像ではない。ウィーン学派の論理実証主義者たちや、ドイツの分析科学理論の代表者たちが、いかに彼らの概念や事実、法則、普遍妥当性や因果性の前提のすべてを、ニュートンの物理学から派生させているかを示すことは容易である。ここでは、R. Lassahn, Gegenstand und Methode. in: *Die Erziehungswissenschaft und die Pluralität ihrer Konzepte*, hrsg. von Röhrs, Wiesbaden 1979, S. 65 ff. 及び *Pädagogik und Wissenschaft*, hrsg. von H. Konrad, Kippenheim 1981, S. 139, und R. Lassahn, Die Naturwissenschaft und die Grenze, in: *Sinn und Geschichtlichkeit. Werk und Wirkungen Theodor Litts*, hrsg. von Derbolav u.a., Stuttgart 1980, S. 37 ff.

(42) Brezinka, *a.a.O.* S. 20.
(43) Stegmüller, *a.a.O.* S. 354.
(44) Brezinka, *a.a.O.* S. 6/7. ブレツィンカはこの最初の端緒に手を加えて、修正している。(改訂第4版) *Metatheorie der Erziehung. Eine Einführung in die Grundlagen der Erziehungswissenschaft, der Philosophie der Erziehung und der praktischen Pädagogik*, München 1978. では彼は方法論的な基本的立場を維持しており、論理実証主義の主導的代表者とみなされている。
(45) ここではラングからルソーに至る、そしてメンツからフンボルトに至る歴史教育学についてより広範な吟味を参照。
(46) この点については、例えば Vance Packard, *Die geheimen Verführer. Der Griff nach dem Unbewußten in jedermann,* Berlin 1970, erste deutsche Ausgabe Düsseldorf 1957.を参照。
(47) Brezinka, *a.a.O.* S. 14/15.
(48) L. Wittgenstein, *Tractatus Logico-Philosophicus*, London 1922, S. 52.
(49) Christian Troebst, *Studium oder Klassenkampf?* Stuttgart/Berlin 1973.
(50) J. Habermas, *Protestbewegung und Hochschulreform,* Vorbemerkung S. 7.
(51) H. Lübbe, *Hochschulreform und Gegenaufklörung,* Freiburg 1972, S. 9.
(52) Gertrud Achinger, *Das Studium des Lehrers,* Berlin 1969, S. 15.
(53) Brezinka, *a.a.O.* S. 13.
(54) Stegmüller, *a.a.O.* S. 457.詳細はBrezinka, vgl. *a.a.O.* S. 82.参照。
(55) Stegmüller, *a.a.O.* S. 452. ゴシック体はシュテークミュラーによる。

技術についての同様の理解は、まったく別の端緒から論理実証主義に対して反対する場合に見いだされる。Karl G. Zenka, *Pädagogik−kritische Instanz der Bildungspolitik?*, München 1972. では、批判的・解放的教育学の立場から、教育に関する現実科学を批判している。「現実的科学の構想が意味する教育科学は、制限された科学である」（188頁）。その独自の端緒においては、厳密な技術の理解が注目されている。ツェンケ (Zenke) は科学は、「技術的に応用できる」理論を発展させるため可能性を意味した。彼にとって、理論の技術の重要性は「理論が実践家に現実**復元可能性**を与えるときに」獲得されるものであった（90

頁、ゴシック体はツェンケによる)。教育における技術的な意義とは、「人間の一定の行動を望ましい方法で変える、したがって人間を製作することである」(91頁)。さらにツェンケは明確に次のように述べている。「したがって、科学の**技術的意義**は、現実を合目的的に操作する理論の応用可能性の結果から生じる」(91頁)。

(56) Hans Bolewski, Die kritische Theorie und ihre Folgen, in: *Pädagogischer Fortschritt?* herausgegeben von Joh. Flügge, Bad Heilbrunn 1972, S. 119.
(57) H. Albert, Probleme der Wissenschaftslehre in der Sozialforschung, in: R. König, *Handbuch der empirischen Sozialforschung*, Band I, 2. Auflage, Stuttgart 1967, S. 52.
(58) Brezinka, *a.a.O.* S. 13.
(59) G. Eigler, Empirische Verfahren in der Erziehungswissenschaft, in: Speck/Wehle, *Handbuch pädagogischer Grundbegriff*, München 1970, Band II, S. 132. ブレツィンカはこの立場の代表者である。彼は二つの原則を提示している。一つは、絶対的で完全な教育科学は、理論的な検討のみから形成することは不可能であること。もう一つは、こうした認識方法によって、究極的な目標にまで到達することは決してできないし、このように「究極的で完全な科学」といったようなものは、人間の品位や自由についての価値観念と結びつけることはできない、ということである。「しかし実際、私たちは統計的な総合的仮説の原則的に不完全な体系を超え出ることは決してできない」(Brezinka a.a.P. S. 83/85)。
(60) Eigler, *a.a.O.* S. 131.
(61) Brezinka, *a.a.O.* S. 185.
(62) Brezinka, *a.a.O.* S. 32. 同様の問題については、S. 85 ff. 参照。
(63) Eigler,, *a.a.O.* S. 131.
(64) Kratsch/Vathke/Bertlein, *Studien zur Soziologie des Volksschllehrers*, Weinheim 1961. 及び G. Schefer, *Das Gesellschaftsbild des Gymnasiallehrers*, Frankfurt 1964. 参照。
(65) Elisabeth Lucker, *Die Berufswahlsituation eines Abiturientenjahrganges unter besonderer Brüksichtigung seiner Einstellung zum Volksschullehrerberuf*, München/Basel 1965.
(66) A. Tausch, *Empirische Untersuchungen über das Verhalten von Lehrern gegenüber Kindern in erziehungsschwierigen Situationen*, 1958; R. Tausch/A. Tausch, *Erziehungspsychologie*, 5. Auflage, Göttingen 1970. 参照。
(67) W. Klafki, u.a., *Funk-Kolleg Erziehungswissenschaft*, Band I, Frankfurt 1970, S. 227.
(68) デーリング (Klaus W. Döring) は著書、『教師の行動と教師の職業』(*Lehrerverhalten und Lehrerberuf*) において、教育的行為の専門化に関する文献を 31 頁にわたって引用している。さまざまな試みの包括的な議論を取り上げた文献としては、H. H. Groothoff, *Funktion und Rolle des Lehrers*, München 1972. をあげることができる。教師役割については、Berthold Gerner, *Das Lehrer —Verhalten und Wirkung*, Darmstadt 1972. 参照。

(69) Vgl. *Funk-Kolleg Erziehungswissenschaft.* 参照。
(70) Döring, *a.a.O.*; J. Kob, Die Problematik des Lehrerberufs, in: H. Kippert, *Soziologie der Schule,* Köln 1959; K. Mollenhauer, die Rollenproblematik des Lehrerberufs und die Bildung, in: *Erziehung und Emanzipation,* München 1968; H. Thiersch, Lehrerverhalten und kognitive Leistung, in: *Begabung und Lernen,* Band 4, Stuttgart 1969.

第3章　規範的教育学

(1) Nobert Massner, *Normative Pädagogik im Umbruch. Kritische Reflexion zum katholischen Erziehungsverständnis der Gegenwart,* München 1970. マスナーはヴィルマン (Willmann) の伝統を受け継いでいる。その上、カンプマン (Thoderich Kampmann)、ペーグラー (Franz Pöggeler)、シュナイダー (Friedrich Schneider)、ホレンバッハ (Johannes Michael Hollenbach)、ローデ (Hubert Rohde)、シュティッペル (Fritz Stippel)、ジーベルト (Gustav Siewerth)、ペッツェルト (Alfred Petzelt)、エアリングハーゲン (Karl Erling-hagen)、ハイトガー (Harian Heitger)、そしてブレツィンカたちの言説を取り扱っている。ブレツィンカについては、条件つきで取り上げている。というのもマスナーはブレツィンカの初期の著作はシュナイダーを思わす点が見られるが、後期の著作で、シュナイダーから離れているからである。S. 160 ff. 参照。
(2) Brezinka, *a.a.O.* S. 96 ff.
(3) Brezinka, *a.a.O.* S. 111. ブレツィンカは最近の著作で、歴史的端緒と同様、新マルクス主義的端緒も規範的教育学に数えている。結局、彼にとって分析科学理論に従わないものは、すべて規範的なのである。
(4) H. Blankertz, *Theorien und Modelle der Didaktik,* München 1969, S. 18 ff.
(5) Blankertz, Pädagogik unter wissenschaftstheoretischer Kritik, in: *Erziehungswissenschaft* 1971, herausgegeben von Siegfried Oppolzer unter Mitwirkung von Rudolf Lassahn, Wuppertal 1972, S. 32. 例として引用している文献。Erziehung und Klassenkampf, Ausbildung für eine revolutionöre Erziehung, Berlin 1969.
(6) H. Blankertz, *Der Begriff der Pädagogik im Neukantianismus,* Weinheim 1959.
(7) Karl G. Zenke, *Pädagogik-kritische Instanz der Bildungspolitik? Zur technisch-emanzipatorischen Relevanz der Erziehungswissenschaft,* München 1972, S. 139 ff. Dietrich Benner, *Hauptströmungen der Erziehungswissenschaft. Eine Systematik traditioneller und moderner Theorien,* München 1973, S. 232 ff. においてベンナーは、ペッツェルト学派について具体的に言及している。そこではペッツェルト学派とは、ペッツェルトと彼にもっとも近い、ハイトガー、フィッシャーおよび第二世代のルーロフ (J. Ruhloff) であると考えている。
(8) Jonas Cohn, *Vom Sinn der Erziehung,* besorgt von Dieter-Jürgen Löwisch, Paderborn 1970, S. 217/218.

(9) Max Frischeisen-Köhler, *Philosophie und Pädagogik.* Eingeleitet von Herman Nohl, Weinheim 1962, S. 86.
(10) W. Flitner, Stellung und Methode der Erziehungswissenscahft, in: *Zeitschrift für Pädagogik,* 1956/2. 及び *Das Selbstverständnis der Erziehungswissenschaft in der Gegenwart,* 2. Auflage, Heigerberg 1958, S. 21 ff. 参照。
(11) H. Blankertz, *a.a.O.* S. 6.
(12) N. Massner, *a.a.O.* S. 14.
(13) Blankertz, in: Erziehungswissenschaft 1971, *a.a.O.* S. 14.
(14) *Über den Begriff der Normativität in der Pädagogik,* Neue Folge, Heft 4, Bochum 1966, S. 37.
(15) Pinchas Paul Grünewald, *Hermann Cohen,* Hannover 1968 (herausgegeben von der Niedersächsischen Landeszentrale für politische Bildung). 参照。
(16) Franz Elieser Meyer, *Ernst Cassier,* Hannover 1969 (herausgegeben von der Niedersächsischen Landeszentarale für politische Bildung). 参照。
(17) Hans Pfeil, *Grundfragen der Philosohie im Denken der Gegenwart,* 1949, S. 175.
(18) H. Blankertz, *Der Begriff der Pädagogik im Neukantianismus, a.a.O.* S. 97.
(19) 戦後、フィシャーはナトルプの教育学的著作を刊行した。P. Natorp, *Pädagogik und Philosophie,* Paderborn 1964. レーヴィッシュ (Dieter=Jürgen Löwisch) はコーン (Jonas Cohn) の選集、Jonas Cohn, *Vom Sinn der Erziehung,* Paderborn 1970. を編集した。ルーロフ (Jörg Ruhloff) は、ハイトガー (Marian Heitger) の指導で学位論文、*Paul Natorps Grundlegung der Pädagogik,* Freiburg 1966. を完成した。ヘーニヒスヴァルトの著作も教育学の最も重要な書物に数えることができるが、ほとんど入手不能である。それは参照可能な選集ではなかった。ヘーニヒスヴァルトが著書 Darstellung über den Begriff der Pädagogik des Neukantianismus, Weinheim 1959. において、新カント主義のもっとも重要な代表者であると指摘している。「ナトルプが新カント主義の代表者であるならば、ヘーニヒスヴァルトは決定された基本方針を明確に表現した思想家である。彼の研究はまさしく、教育学について批判主義の基盤から達成できるもの、期待できるものと、そうでないものとを区別する基準となりうるものである」(35頁)。
ブランケルツはナトルプ、ヘーニヒスヴァルトとコーンを研究した。1969年に、シュミート・コヴァルツィック (Wolfdietrich Schmied-Kowarzik) とベンナーはヘーニヒスヴァルトの著作の広範な分析書を刊行した。*Prolegomena zur Grundlegung der Pädagogik, Band II. Die Pädagogik der frühen Fichteaner und Höningswalds, Möglichkeiten und Grenzen der Erziehungsphilosophie,* Wuppertal 1969. この研究のなかで、彼らは次のように書いている。「新カント主義の教育学として、唯一名をあげるに値する著作は、ブランケルツのものだけである……」(304頁) と。コーンについては基本的な研究論文がいまだ存在しない。
ベンナーは著書 *Haputströmungen der Erziehungswisseschaft,* München 1973. において、ヘーニヒスヴァルトについてもペッツェルト学派の概要の部分で関連

づけている。コーヘンとナトルプの哲学は、Quellen des Marburger Neukantianismus から同時に出版された、Helmut Holzhey: *Cohen und Natorp*, 2 Bände, Basel/Stuttgart 1986. において扱われている。膨大な文献目録が付けられた、網羅的で情報として価値のある総合的著作としては、Klaus Christian Köhnke, *Entstehung und Aufstieg des Neukantianismus. Die deutsche Universitätsphilosophie zwischen Idealismus und Positivismus*, Frankfurt 1986. がある。教育学的側面からの新カント主義の叙述としては、Jürgen Oelkers/Wolfgang K. Schulz/Heinz-Elmar Tenorth herausgegeben Sammelband: *Neukantianismus. Kulturtheorie, Pädagogik und Philosophie*, Weinheim 1989.がある。倫理、教育問題を明確に扱ったものとして、次の二つの論文をあげることができる。Norbert Jegelka, *Paul Natorp. Philosophie, Pädagogik, Politik*, Würzburg 1992. と Edmund Patzelt, *Ethik und Pädagogik. Die Invariante im System pädagogischer Bedingungen, entfaltet nach Richard Höningswald*, Frankfurt 1991.
(20) Kant, *Kritik der Urteilskraft a.a.O.* Band 3, S. 607.
(21) Kant, *Kritik der praktischen Vernunft*, Großherzog-Willhelm-Ernst-Ausgabe, Leipzig 1992, Band V, S. 289.
(22) Kant, *a.a.O.* S. 291.
(23) Kant, *a.a.O.* S. 292.
(24) Kant, *a.a.O.* S. 294.
(25) Kant, *a.a.O.* S. 296/97. 参照。
(26) Kant, *Religion in den Grnzen ... a.a.O.* Band V, S. 449.
(27) Kant, *Anthropologie in pragmatischer Hinsicht, a.a.O.* Band I, S. 489.
(28) Kant, *Anthropologie, a.a.O.* S. 488. 参照。
(29) Kant, *Anthropologie, a.a.O.* S. 489. 参照。
(30) P. Natorp, *Sozialpädagogik. Theorie der Willenserziehung auf der Grundlage der Gemeinschaft*, Stuttgart 1899, 2. Auflage 1904, S. 38. 参照。
(31) R. Höningswald, *Über die Grundlagen der Pädagogik*, München 1918. 参照。
(32) J. Cohn, Geist der Erziehung, *Pädagogik auf philosophisher Grundlage*, Leipzig 1919, S. 27.
(33) R. Höningswald, *Über die Grundlagen der Pädagogik*, München 1926, S. 25; M. Heitger, Über den Begriff der Normativität in der Pädagogik, *a.a.O.* S. 38. より引用。
(34) M. Heitger, *a.a.O.* S. 38/39.
(35) M. Heither, *Pädagogik*, Darmstadt 1972, S. 54.
(36) Kant, *Kritik der reinen Vernunft, a.a.O.* Band III, S. 605.
(37) Kant, *a.a.O.* S. 603.
(38) Kant, *a.a.O.* S. 602.
(39) Kant, *a.a.O.* S. 583.
(40) Kant, *a.a.O.* S. 570.

(41) Kant, a.a.O. S. 570. ゴシック体はカントによる。
(42) Natorp, *Philosophie und Pädagogik*, Marburg 1909, *Pardagogik und Philosophie*, Paderborn 1964, S. 180. より引用。
(43) R. Höningswald, *Über die Grundlagen der Pädagogik*, 2. Auflage, München 1927, S. 128. この問題の地平については、Dieter Jürgen Löwisch, *EInführung in die Erziehungsphilosophie*, Darmstandt 1982. 参照。
(44) M. Heitger, Über den Begriff der Normativität, a.a.O. S. 42. Zu Marian Heitger verleiche auch: *Bildung und moderne Gesellschaft*, München, 1963 及び *Erziehung oder Manupulation*, München, 1969.
(45) M. Heitger, a.a.O. S. 42 und 43.
(46) H. Blankertz, *Erziehungswisschenschaft unter wissenschtstheoretischer Kritik*, a.a.O. 参照。
(47) M. Heitger, *Die Bedeutung des Normativen für den Begriff der pädagogischen Führung*, a.a.O. S. 112/113.
(48) M. Heitger, a.a.O. S. 116.
(49) カントによって重要視され、ナトルプ、コーン、ヘーニヒスヴァルト、そしてハイトガーによって貫徹されたこの根本的特徴は、特に強調しなくてはならない。というのも、「規範的」教育学はしばしば誤解されてきたし、今でも誤解されることがあるからである。たとえば、ツェンケ (Karl G. Zenke) もハイトガーの端緒について誤解して、それをはっきりと完全だと呼んで次のように書いている。「ここで論じられている理解されている教育学は、規範さえ定式化しようとする。この規範に沿って、教育の効果的な実践ができる条件に関して、その正当性と適切性を認識できる」(139頁) と。in: *Pädagogik - kritische Instanz der Bildungspolitik?* München 1972.
(50) A. Petzelt, *Grundzüge systematischer Pädagogik*, Stuttgart 1947, S. 13.
(51) A. Petzelt, a.a.O. S. 28.
(52) この点については Dieter Höltershinken, *Anthropologische Grundlagen personalistischer Erziehungslehren*, Weinheim 1971, 特に S. 29 ff. 及び Frtiz Mörz, *Studien zur personorientierten Pädagogik*, Wuppertal 1951. 参照。
(53) A. Petzelt, Pädagogik und Philosophie, in: W. Fischer (Herausgeber), *Einführung in die pädagogische Fragestellung*, Band I, Freiburg 1961, S. 23 ff.
(54) R. Höningswald, *Über die Grundlagen der Pädagogik*, a.a.O. S. Auflage, S. 131.
(55) J. Cohn, Recht und Sinn eines allgemeingültigen Erziehungszieles, in: J. Cohn, *Vom Sinn der Erziehung*, besorgt von Dieter-Jürgen Löwisch, Paderborn 1970, S. 148.
(56) クラフキは*Funk-Kolleg Erziehungswissenschaft*（放送大学テキスト『教育科学』）の第2巻で規範的問題を取り上げ、全章をそのためにさいている。その冒頭で、彼は次のように述べている。「……この問題は、まったく『単に理論的』問題ではない。それは最も重要な実践的意義がある！」(15頁)。第1巻では、それに

関する**一般的事態**について次のように名言している。「……教育事象は例外なくその時々に相反する規範観念または目的観念によって特徴づけられる。目的観念は、教育活動様式、教育制度、教育内容の選択、教育方法、メディアを決定する」(45頁)。

クラフキはこの一般的事態の分析の際に、「社会文化的規範」と教育目的を区別している。しかし彼の諸問題の体系的論議は、「科学としての教育学を、その時々の差し迫った状況における教育学的な目的の問題の解明のために、あるいは教育目的の決定のために寄与しうるのかどうか、そのためにはどうしたらいいのか」(23頁)を明らかにしたに過ぎない。彼はその結果を次の6つのテーゼにまとめている。

1. 科学としての教育学は「実際の歴史的資料や差し迫った目標設定や規範の諸条件について見通すことができる」(47頁)。
2. それは「イデオロギー的な解明」を推進することができる(47頁)。
3. それは体系的なテキスト分析を通して、論理的構造と整合性をもった定式化を検証できる。
4. 目標設定には評価が含まれる。これはつねに現実を容認することである。現実は他の諸科学との共同研究によって研究できる。
5. 規範に含まれる期待の態度は、操作された行動様式へと変えることで検証できる。
6. 教育科学は意図せぬ副次的影響に注目し、それを検証することができる。

この分析をする際に、問題設定の区別が明らかになる。クラフキがまず第一に重視したのは、規範形成や目標形成の過程を明らかにすることである。教師は日常どのように規範と関わるか、例えば、教師によって正しいと認識された規範をどのように伝えるか、といった実践的問題、すなわち教育の倫理的側面は、倫理教育の問題と同じように、ここではまったく「イデオロギー批判」にかかわるものだとされており、放送大学テキスト『教育科学』の全章では議論されていない。それにもかかわらずクラフキは、終章で規範を無批判的に取り扱うことの危険性について示唆している。「教育科学は、差し迫った教育目標設定の解明を怠ってきたので、教育科学はこの重要な点について、非合理性、恣意性、集団的利害の思い通りになってきた」(51頁)。

クラフキの出発点においても、また規範的教育学の出発点においても、二つの根本的に**異なった**問題が重要になる。クラフキは規範と目標の到達過程を重視し、それをイデオロギー批判の観点からとらえた。その後で規範的教育学は、例えば、批判的に設定された規範が、「目標設定」にどのように関わり、それをどのように生徒の意識や態度に定着させるかを問題にする。

(57) A. Petzelt, *Grundzüge, a.a.O.* S. 44.
(58) M. Buber, *Dialogisches leben, gesammelte philosophische und pädagogische Schriften,* Zürich 1947. と *Urdistanz und Beziehung,* Heidelberg 1960; R. Guardini, Die Begegnung, Ein Beitrag zur Struktur des Daseins, in: *Hochland,* 47. Jahrgang,

München 1954/55、と *Grundlegung der Bildungslehre*, Ausburg 1928. 対話の一般原理については、B. Casper, *Das dialogische Denken*, 1967.
(59) A. Petzelt, *a.a.O.* S. 290.
(60) この点についての詳細は、N. Massner, S. 218. 参照。
(61) H. Henz, *Lehrbuch der systematischen Pädagogik*, Freiburg 1964, S. 51,
(62) F. Mörz, *Einführung in die Pädagogik*, München 1965, S. 139.
(63) W. Fischer, *Schule und kritische Pädagogik*, Heidelberg 1972, S. 132.
(64) M. Heitger, Die Bedeutung des Normativen für den Begriff der pädagogischen Führung, *a.a.O.* S. 115.
(65) Heigter, *a.a.O.* S. 116.

第4章 マルクス主義、ネオマルクス主義、批判的教育科学

(1) L. Rössner, in: *Zeitschrift für Pädagogik*, 4/1972, S.600.
(2) W. Klafki in: *Funk-Kolleg Erziehungswissenschaft* と Klafki in: *Zeitschrift für Pädagogik*, München 1973; L. Rössner, *a.a.O.*; Moser, in: *Zeitschrift für Pädagogik*, 5/1972; Ludwig Kerstiens, *Modelle emanzipatorischer Erziehung*, Bad Heilbrunn 1974; Lutz Rössner, *Erziehungswissenschaft und kritische Pädagogik*, Stuttgart 1974 と Klaus Schaller, *Einführung in die kritische Erziehungswissenschaft*, Darmstadt 1974.
(3) W. Brezinka, *Die Pädagogik der Neuen Linken*, 2. Auflage, Stuttgart 1973. この本の改訂版は次のようなタイトルである。*Erziehung und Kulturrevolution.Die Pädagogik der Neuen Linken.*
(4) 例えば、G. Rohrmoser, *Das Elend der kritischen Theorie. Theodor W. Adorno, Herbart Marcuse, Jürgen Habermas*, Freiburg 1970, S.85ff. 包括的な論述は、Rolf Wiggershaus, *Die Frankfurter Schule. Geschichte, theoretische Entwicklung und politische Bedeutung*, 2. Auflage, München 1989. に見られる。教育学的観点からの論述は、Helga Kelle, *Erziehungswissenschaft und kritische Theorie. Zur Entwicklungs- und Rezeptionsgeschichte*, Bielefeld 1992. Günter Witschel, *Die Erziehungslehle der kritischen Theorie. Darstellung und Kritik*, Bonn 1973. Günter J. Friesenhahn, *Kritische Theorie und Pädagogik. Horkheimer, Adorno, Fromm, Marcuse*, Berlin 1995. に見られる。
(5) P. N. Grusdew, *Karl Marx und Friedrich Engels über Erziehung und Bildung*, deutsch: Berlin 1971.
(6) Karl Marx, *Bildung und Erziehung. Studientexte zur Marxschen Bildungskonzeption*, Paderborn 1968. 批判については、以下を参照。W. Sünkel, in: *Pädagogische Rundschau* 1/2-1969, S.97ff. ズンケルは、正当にもこの選択を否定しただけでなく、それではマルクスの人間形成論を展開することができないと指摘した。マルクスにおいて重要なのは、「教育学的な特徴を持つ革命理論」(S.97)であり、

それゆえ教育学的事象を主要な哲学的、政治的、あるいは経済的な思想の流れから切り離すのは不可能である。ズンケルは、Bogdan Suchodolski, *Einführung in die marxische Erziehungstheorie*, Warschau 1961. の解釈に依拠している。Suchodolski S.286. を参照。さらに、ズンケルは、ヴィティッヒがこの選択においてマルクスに由来しないテキストを取りあげたことを証明している。

(7) Bogdan Suchodolski, *Einführung in die marxische Erziehungstheorie*, deutsche: Köln 1972; F. F. koroljow/ W. J. Gmurman, *Allegemeine Grundlagen der marxische Pädogogik*, München 1973.

(7a) その間に二つの研究が出版された。Günther Groth, *Die pädagogische Dimension im Werke von Karl Marx*, Neuwied/ Darmstadt 1978 と Peter Kogge, *Der Marxsche Begriff vom menschlichen Wesen*, Frankfurt 1980. 両者は、マルクスの人間学を引きあいに出し、全著作を教育学的に解釈しようとした。

(8) *Manifest der Kommunistischen Partei*, zitiert nach Grusdew, S.134.

(9) Grusdew, S.180.を参照。

(10) Hegel, *Phänomenologie des Geistes*, hrsg. von J. Hoffmeister, Hamburg, 6. Auflage, 1952, S.134.

(11) Hegel, *Philosophie der Weltgeschichite*, S.35.

(12) Engels, Am Grabe von Marx, *Werke* Band Ⅱ, Seite 156.

(12a) Grusdew, S.134.

(13) Marx, Vorwort zur politischen Ökonomie, *Werke* Band Ⅰ, S.338.

(14) K. Marx, *Die Frühschriften*, herausgegeben von S, Landshut, S.373.

(15) Engels, *Die Entwicklung des Sozialismus von der Utopie zur Wissenschaft*, Vorwort zur 1. Auflage.

(16) Marx, Thesen über Feuerbach, *Werke* in 2 Bänden, S.376/377; Grusdew, S.104. を参照。このフォイエルバッハの第3テーゼは、異なる版では異なる文面で引用されている。

(17) Hille Jan Breitenreicher, Rolf Mauff, Manfred Triebe と共同執筆者グループ Lankwitz によって出版された版においては私設保育所と記されている。フォイエルバッハの第3テーゼは、文面が変わっても教育の革命か革命の教育かを論文のモットーにしている。

(18) 以下は、ルーレの著作である。*Das proletarische Kind. Eine Monographie*, 1911; *Die Volksschule, wie sie ist. Die Volksschule, wie sie sein sollte; Kinderelend. Proletarische Gegenwaltswilder*, 1906; *Arbeit und Erziehung*, 1904.

(19) シュルツは、*Schulreform und Sozialdemokratie*, Dresden 1911 を書いている。彼は、次官としての仕事でさまざまな批判にあった。特にドイツ民主共和国の出版に関して激しく非難された。

(20) ハーンリには次の著作がある。*Die kommunistische Schule*, 1919; *Sozialistische Jugenderziehung und sozialistische Jugendbewegung*, 1919; *Grundfragen der politischen Erziehung*, 1929.

(21) エストライヒを参照せよ。R. Eben, *Paul Oestreich* 1971. エルベンは、詳細な文献目録を引用している。B. Reintges, *Paul Oestreich und der Bund entschiedener Schulreformer*, Neuburgweier 1975. エストライヒの1945年以降のベルリンでの仕事は、明確な形でほとんど価値を認められていない。基本的なものとしてはヴィンフリード・ベームの研究がある。*Kulturpolitik und Pädagogik Paul Oestreichs*. Bad Heilbrunn 1973. ベームは、1945年以降の時代を詳しく叙述し、これまでで最も包括的な文献目録を作成した。

(22) S. Bernfeld, *Sisyphos oder die Grenzen der Erziehung*, 1925. ベルンフェルドの著作はそれ以外に次のものがある。*Die neue Jugend und Frauen*, 1914; *Kinderheim Baumgarten*, 1921; *Vom Gemainschaftsleben der Jugend*, 1922; *Die Psychologie des Säuglings*, 1925.

(23) Bad Heilbrunn 1973.

(24) M. Horkheimer, *Traditionelle und kritische Theorie*, Frankfurt 1970, S.17.

(25) Th. Adorno und M. Horkheimer, *Dialektik der Aufkärung, Philosophische Fragmente*, Frankfurt 1971, S.199.

(26) Habermas, *Erkenntnis und Interesse*, in: Teknik und Wissenschaft als "Ideologie", Frankfurt 1968, S.146.

(27) Habermas, *a.a.O.* S.148.

(28) Habermas, *Erkenntnis und Interesse*, Frankfurt 1968, S.12.

(29) Habermas, *a.a.O.* S.13.

(30) Habermas, *a.a.O.* S.155.

(31) Habermas, *a.a.O.* S.248.を参照。

(32) Habermas, *Theorie und Praxis*, *a.a.O.* S.235.

(33) Habermas, *Erkenntnis und Interesse*, S.364.

(34) Habermas, *Technik und Wissenschaft...*, S.150.

(35) Habermas, *a.a.O.* S.155.

(36) Habermas, *a.a.O.* S.155.

(37) Habermas, *Erkenntnis und Interesse*, S.242.

(38) Habermas, *a.a.O.* S.242.

(39) Habermas, *a.a.O.* S.242.

(40) Habermas, *a.a.O.* S.242.

(41) Habermas, *a.a.O.* S.242.

(42) Habermas, *a.a.O.* S.243.

(43) Habermas, *a.a.O.* S.244.

(44) Habermas, *Technik und Wissenschaft...*, S.74.を参照。

(45) Habermas, *a.a.O.* S.75.

(46) Habermas, *a.a.O.* S.84.

(47) Habermas, *a.a.O.* S.92.

(48) Marx, *Vorwort zur politischen Ökonomie*, *a.a.O.* S.337/38.

(49) Marx, *Werke* Band Ⅱ, S.77.
(50) Habermas, *Technik und Wissenschaft*..., S.92.を参照。
(51) H. Marcuse, *Der eindimensionale Mensch*, Neuwied 1967; Adorno/Horkheimer, *Dialektik der Aufklärung*; H. Schelski, *Der Mensch in der technischen Zivilization*, 1961; こうした現代人の問題状況はさまざまな手がかりから論じられている。例えば、Th.Litt, *Naturwissenschaft und Menschenbildung; Technisches Denken und menschliche Bildung*; H. Freyer, *Theorie des gegenwärtigen Zeitalters*; M. Heidegger, *Der Mensch und die Technik.* など。
(52) 同様に何人かのドイツ古典期の代表的人物は、技術の発展について考えていた。Th. Litt, *Das Bildungsideal der deutschen Klassik und die moderne Arbeitswelt*, Bochum o.J., 6. Auflage 1959. と私の説明 Th.Litt, Münster 1970.を参照。
(53) Hegel, *System der Sittlichkeik, in Lasson, Schriften zur Politik*, S.428.
(54) Habermas, *Technik und Wissenschaft*..., S.48.
(55) Habermas, *a.a.O.* S.51.
(56) Habermas, *a.a.O.* S.55.
(57) Habermas, *a.a.O.* S.56/57.
(58) Habermas, *a.a.O.* S.58.
(59) Habermas in: *Technik und Wissenschaft*..., S.56; を参照。ハーバーマスは、A. Gehlen, Anthropologische Ansicht der Technik, in: *Technik im technischen Zeitalter*, 1965. を引用している。ゲーレンは、それ以外に以下の著作で自らの中心思想を展開している。すなわち、*Die Seele im technischen Zeitalter*, Hamburg 1957. と、とりわけ彼の代表作である *Der Mensch, seine Natur und seine Stelling in der Welt*, 7. Auflage, Frankfurt 1962.である。
(60) A. Gehlen, *Die Seele im technischen Zeitalter*, S.8/9.
(61) Habermas, *Erkenntnis und Interesse*, S.285.
(62) Habermas, *a.a.O.* S.335.
(63) Habermas, *a.a.O.* S.335.
(64) Habermas, *a.a.O.* S.336.
(65) Habermas, *a.a.O.* S.342.
(66) Habermas, *a.a.O.* S.343.
(67) Habermas, *Technik und Wissenschaft*..., S.13.
(68) Habermas, *a.a.O.* S.13.
(69) Habermas, *a.a.O.* S.18.
(70) Habermas, *a.a.O.* S.23.
(71) Habermas, *a.a.O.* S.23.
(72) Habermas, *a.a.O.* S.31/32.
(73) Habermas, *a.a.O.* S.33.
(74) Habermas, *a.a.O.* S.35.
(75) Habermas, *a.a.O.* S.37.

(76) Habermas, *Erkenntnis und Interesse*, S.240.
(77) Habermas, *a.a.O.* S.242.
(78) S. Freud, *Werke* Band Ⅷ, S.123 und *Werke* Band Ⅹ, S,135.
(79) S. Freud, *Werke* Band Ⅶ, S.188.
(80) Habermas, *Erkenntnis und Interesse*, S.349/350.
(81) Habermas, *a.a.O.* S.286/287.
(82) Habermas, *a.a.O.* S.287.
(83) Habermas, *a.a.O.* S.293.
(84) Habermas, *a.a.O.* S.344.
(85) Habermas, *a.a.O.* S.318.
(86) Habermas, *a.a.O.* S.344.
(87) Habermas, *a.a.O.* S.345.
(88) Habermas, *a.a.O.* S.340.
(89) Habermas, *a.a.O.* S.333.
(90) Habermas, *a.a.O.* S.335.
(91) Habermas, *a.a.O.* S.335.
(92) Habermas, *a.a.O.* S.343.
(93) Habermas, *a.a.O.* S.349.
(94) Habermas, *a.a.O.* S.350.
(95) Habermas, *a.a.O.* S.339.
(96) Habermas, *a.a.O.* S.339.
(97) Th. Adorno, in seinem Vortrag: Tabus über dem Lehrberuf, in: *Erziehung zur Mündigkeit,* Frankfurt 1970, S.70ff.を参照。
(98) Th. Adorno, *a.a.O.* S.79.
(99) Th. Adorno, *a.a.O.* S.75.
(100) これに関する論文としては、*Erziehung zur Mündigkeit,* Frankfurt 1970 と *Eingriffe, Neun kritische Modelle,* Frankfurt, 5. Auflage, 1968.を参照。
(101) Adorno, *Eingriffe*, S.32.
(102) Adorno, *a.a.O.* S.43/44.
(103) Adorno, *a.a.O.* S.48.
(104) Adorno, *a.a.O.* S.55.
(105) Adorno, *Erziehung zur Mündigkeit,* S.84/85.
(106) Adorno, *Eingriffe,* S.42/43.
(107) E. Jouhy, Die antagonistische Rolle des Lebens im Prozess der Reform, in: *Erziehung in der Klassengesellschaft,* München 1970, S.224ff. また、ブロッホも一般的な方法で、初期マルクス主義に関して、教師が専制独裁であることを率直に述べ、個人の自由は総じて見せかけであり、それを信じると、学校では生徒が「盲従的な暗記」で苦しめられるであろうと、見解を書いている。生徒にとって市民の教育施設は、化学的な曲芸を演じる場となる。つまり、「教育によっ

て体系的に無知が生み出されるのである」。*Pädagogica*, 2. Auflage, Frankfurt 1972, S.12. すべてが市民の「真の」関心とは反対に実現されると、すなわち、市民自身からではなく、いつも他者から判定されると、教育批判はなんら熟慮されずにレトリックに解消されてしまう、と感づくようになる。
(108) Jouhy, *a.a.O.* S.225.
(109) Jouhy, *a.a.O.* S.245.
(110) Jouhy, *a.a.O.* S.245.
(111) Klafki, *Funk-kolleg Erziehungswissenschaft* 3, S.262ff.
(112) Klafki, *a.a.O.* S.265.
(113) Klafki, *a.a.O.* S.265, Sperrungen von Klafki.
(114) Adorno, *Erziehung zur Mündigkeit*, S.146.
(115) R. Spaemann, Autonomie, Mündigkeit und Emanzipation, in: *Erziehungswissenschaft* 1971, herausgegeben von Oppolzer und Lassahn, Wuppertal 1972, S.317ff.
(116) Spaemann, *a.a.O.* S.320 und 321.
(117) Spaemann, *a.a.O.* S.323.
(118) Adorno, *Erziehung zur Mündigkeit*, S.145.
(119) Adorno, *a.a.O.* S.145.
(120) Spaemann, *a.a.O.* S.324.
(121) Spaemann, *a.a.O.* S.324.
(122) 本章の138頁と本章の注釈73と74を参照。

第5章 教育学と心理学

(1) Herbart, Umriß pädagogischer Vorlesungen, in: Johann Friedrich Herbarts *Pädagogische Schriften*, herausgegeben von Otto Willmann und Theodor Fritzsch, 3. Aufgabe, Band II, Leipzig 1914, S.10.
(2) Herbart, *a.a.O.* S.14.
(3) Herbart, *a.a.O.* S.11.
(4) 彼の著作は1856年に出版された。"On the Species by Means of Natural Selection".
(5) これについては、Elfriede Höhn, *Geschichte der Entwicklungspsychologie in ihren wesentlichen Ansätzen, in: Handbuch der Psychologie, Entwicklungspsychologie*, Göttingen 1959. 発達心理学の代表者としては、シャーロット、カール・ビューラー、ヒルデガード・ヘッツァー、クルト・コフカ、オスワルド・クロー、エーリッヒ・ロタッカー、フィリップ・レーシュ、ウィリアム・シュテルン、ロルフ・エルター、エドワード・シュプランガーがいる。オーグスト・フラマーは、さまざまな手がかりを発達理論として構造化した。人間の発達に関する心理学理論は、Bern/Stuttgart/Toronto 1988に見いだされる。ジャン・ピアジェは、発達理論において特殊な立場を取ったが、そのモデルは、近年、教育学に対して非常に大きな影響力を持つようになっている。ピアジェ自身の論文のほかに以

下を参照。Herbert Giesburg/Silvia Opper, *Piajets Theorie der geistigen Entwicklungs*, Stuttgart 1975.
(6) Otto M. Ewert, *Entwicklungspsychologie*, Band I, Köln 1962, S.9.
(7) 1911-1913 年にモイマンによって 3 冊出版された。*Vorlesungen zur Einführung in die exeperimentelle Pädagogik und ihre psychologischen Grundlagen.* ソーンダイクに関する書物は、"*Educational Psychology*", 1913.
(8) Meumann, *a.a.O.* S.60.
(9) Meumann, *a.a.O.* S.59.
(10) Meumann, *a.a.O.* S.61.
(11) H. H. Groothoff und W. Salber, Pädagogik und Psychologie, in: *Erziehungswissenschaftliches Handbuch*, Band III, Teil, Berlin 1971, S.114.
(12) Groothoff, *a.a.O.* S.145.
(13) Weinert, Pädagogische Psychologie, *a.a.O.* S.27.
(14) K. Foppa, *Lernen, Gedächtnis, Verhalten. Ergebnisse und Probleme der Lernpsychologie*, 3. Auflage, Köln 1968. フォッパは、自分の論文で方向づけとなる最初の概論を書いた。Lernen und Lerntheorien, in: *Handbuch Pädagogischer Grundbegriffe*, Band II, S.37ff., München 1970. 一覧表は、O. W. Haseloff und E. Jorswieck in: *Psychologie des Lernens. Methode. Ergebnisse. Anwendungen.* Berlin 1970. に含まれている。
(15) Werner Correll, *Lernen und Verhalten. Grundlagen der Optimierung von Lehren und Lernen*, Frankfurt 1971, S.11/12.
(16) Martinus J. Langeveld, *Die Schule als Weg des Kindes*, 3. Auflage, Braunschweig 1966, S.150. ヴァイネルトも、実践に適用される教科書執筆者の非常に手なれたやり方を批判している。教科書執筆者は、「認識できる方法上の欠陥、客観的な反論、そして既存の認識の裂け目をもっともらしく受け入れさせることによって、つまりそのように特徴づけられる仮説としてではなく巧みな表現によって、隠蔽してしまうことが珍しくない」。Weinert, *Pädagogische Psychologie, a.a.O.* S.15.
(17) そのなかでおそらく最も有名なのは、Siegfried Bernfeld, *Sisyphos oder die Grenzen der Erziehung*, Wein 1925. である。
(18) Anna Freud, *Einführung in die Psychoanalyse für Pädagogen*, Stuttgart und Leipzig 1930.
(19) Anna Freud, *a.a.O.* S.99.
(20) これについては、特に以下の論文を参照。Anna Freud, *Einführung in die Technik der Kinderanalyse*, 1927; Anna Freud, *Normality and pathologie and childhood*, New York 1966; D. Kainsky, *Die Entwicklung des Ich beim Kinde*, Bern 1964; M. Klein, *Die Psychoanalyse des Kindes*, Wien 1932; M. Klein, *Das Seelenleben des Kleinkindes*, Stuttgart 1962; Rene Spitz, *Die Entstehung der ersten Objektbeziehungen*, Stuttgart 1957; F. Wiches, *Analyse der Kinderseele*, Stuttgart 1931; H. Zulliger,

Psychoanalytische Erfahrungen aus der Volksschulpraxis, Bern 1921; Zulliger, *Bausteine zur Kinderpsychotherapie,* Bern/Stuttgart 1966; B. Bettelheim, *Love is not enough,* New York, 7.Auflage, 1966; 近年、ドイツでは、ギュンター・ビトナーが精神分析学の思考様式を教育学に適用した。ペーター・フルステナウは、その手がかりを制度としての学校に適用した。社会化の研究に関して、Rene Spitz: *Vom Säugling zum Kleinkind,* deutsch: Stuttgart 1969. は、非常に広範に引用された。

(21) スイス人のツーリガーの研究を参照。H. Zulliger, *Umgang mit dem kindlichen Gewissen,* Stuttgart 1953. と *Helfen statt Strafen-auch bei jugendlichen Dieben,* Stuttgart 1956; Kurt Lewin, *die psychologische Situation bei Lohn und Strafe,* Darmstadt 1964. 次の書は深層心理学的教育学の教育的な問題を概観している。Michael Pflüger, *Tiefenpsyphologie und Pädagogik,* Stuttgart 1977. 教育学全体が心理学にどのように吸収されるかについては、クルト・グスの例に見いだされる。Kurt Guss, *Psychologie als Erziehungswissenschaft,* Stuttgart 1975.

(22) 同様に社会化の研究についても、ほとんど数えきれないほどの出版物がある。したがって、ここでは幾らかの指摘だけをしておこう。アメリカ合衆国では、タルコット・パーソンズとロバート・ベールズが社会化理論の精神分析的思考を取り入れている。*Family, Sociaization and Interaction Process,* Glencoe Ill. 1955; ドイツでは、例えば Peter Fürstenau in "Soziologie der Kindheit", Heidelberg 1967, と Jürgen Habermas, "Theorie der Sozialisation", 1968. が精神分析学的思考を用いている。他の多くは、有名な精神分析学の手がかりを無批判に借用し、それを吟味ぜずにさまざまな形で教育に転用している。例えば、Hermut Fend, *Sozialisierung und Erziehung,* 4. Auflage, Weinheim 1970. 精神分析学の大々的な転用は、*Sozialisation und kompensatorische Erziehung. Ein soziologisches Seminar an der FU Berlin,* Berlin 1969. と W. K. Höchstetter, *Die psychoanalytischen Grundlagen der Erziehung,* Starnberg 1970. に見られる。精神分析学の批判的な機能は、すでに 1926 年に Siegfried Bernfeld, *Sozialisms und Psychoanalyse* のなかで指摘されている。同様の見解は、E. F. Fromm, *Über Methoden und Aufgaben einer analytischen Sozialpsychologie,* 1932. においても主張されている。あらゆる寄稿論文が H. P. Gente (Herausgeber), *Marxismus, Psychoanalyse, Sexpol,* 1, Hamburug 1970. に再び掲載されている。

(23) Kurt Lewin, *A dynamic theory of personality,* New York 1935. これについてはリピットの論文も参照せよ。リピットは、レヴィンの親密な研究仲間である。それ以外に以下の書をあげておく。R. F. Bales, Die Interaktionsanalyse. Ein Beobachtungsverfahren zur Untersuchung kleiner Gruppen, in: R. König (Hsg.), *Beobachtung und Experiment in der Sozialforschung,* Band II, 1956; と Parsons, Bales, Skils (Eds.), *Working papers in the theory of action,* New York 1953.

(24) P. R. Hofstätter, *Gruppendynamik,* München 1965. と T. Brocher, *Gruppendynamik und Erwchsenenbildung,* 1967.

(25) 方法論については、W. Traxel, *Einführung in die Methodik der Psychologie*, Bern/Stuttgart 1964. を参照。H. Thomae und H. Feger, *Hauptströmungen der neueren Psychologie*, Frankfurt/Bern/Stuttgart 1969. は、さまざまな傾向を解説している。

(26) ここでは、選択してあげておく。W. Wundt, *Grundriss der Psychologie*, 7. Auflage, Leipzig 1905; Fr. Winnefeld, Zur Problemgeschichite der pädagogischen Psychologie, in: *Pädagogischer Kontakt und pädagogisches Feld*, München/Basel 1957; E. Meumann, *Vorlesungen zur Einführung in die experimentelle Pädagogik und ihre psychologischen Grundlagen*, I. Band, 2. Auflage, Leipzig 1911; A. Fischer, Über Begriff und Aufgabe der pädagogischen Psychologie, in: *Zeitschrift für Pädagogik und Psychologie* 18/1917; 概論については以下を参照。M. J. Hillebrand, Begriffsbestimmung und geschichitliche Entwicklung der pädagogischen Psychologie, in: H. Hetzer (Hrsg.), *Handbuch der Psychologie*, Band X, Göttingen 1959; J. Derbolav, Stellung der pädagogischen Psychologie im Rahmen der Erziehungswissenschaft und ihre Bedeutung für das pädagogische Handeln, in: H. Hetzer, *a.a.O.*; J. Derbolav/H. Roth, *Psychologie und Pädagogik*, Heidelberg 1959; そのほかに *das 6. Beiheft der Zeitschrift für Pädagogik, Psychologie und Soziologie im Studium der Erziehungswissenschaft*, Weinheim 1966. フランツ・ヴァイネルトは、彼の著作集の序文（13-41頁）の中で教育学と心理学の関係の発展に関する優れた概論を書いている。Franz Weinert, *Pädagogische Psychologie*, Köln 1967. 2. Auflage.

(27) R. Battegay, *Der Mensch in der Gruppe*, Band I-III, Bern/Stuttgart 1968/69. 学習の社会心理学的状況に関する研究のかなり膨大な文献目録が Weinert, *Pädagogische Psychologie*, Köln 1967, S.557ff. に見られる。

(28) Trow/Zander/Morse/Jenkins, Psychologie des Gruppenverhaltnis. Die Klasse als Gruppe, in: *Pädagogische Psychologie, a.a.O.* S.291. を参照。

(29) Fussnote 28 *a.a.O.* S.292. を参照。

(30) F. Stemme, *Pädagogische Psychologie*, Bad Heilbrunn 1970, S.156.

引用文献

A
アドルノ・ホルクハイマー（徳永洵訳）『啓蒙の弁証法』岩波書店、1990年。
B
ボルノウ(堀越敏・金子正昭訳)『実存哲学概説』理想社、1963年。
ボルノウ(峰島旭雄訳)『実存哲学と教育者』理想社、1966年。
ボルノウ(森昭・岡田渥美訳)『教育を支えるもの』黎明書房、1969年。
ボルノウ(須田秀幸訳)『実存主義克服の問題』未来社、1969年。
ボルノウ(須田秀幸訳)『現代における人間性の問題』未来社、1971年。
ボルノウ(藤縄千艸訳)『気分の本質』筑摩書房、1973年。
ボルノウ(森田孝訳)『時へのかかわり』川島書店、1975年。
ボルノウ(岡本英明訳)『道徳の人間学的エッセイ』玉川大学出版部、1978年。
ブレツィンカ(小笠原道雄訳)『新左翼の教育学』福村出版、1975年。
ブレツィンカ(小笠原道雄他訳)『教育学から教育科学へ』玉川大学出版部、1990年。
ブーバー『ブーバー著作集』みすず書房、1968-70年。
D
デューイ(植田清次訳)『思考の方法』春秋社、1955年。
ディルタイ(戸塚三郎訳)『哲学の本質』岩波文庫、1935年。
ディルタイ(久野昭監訳)『世界観学』以文社、1989年。
ディルタイ(日本ディルタイ協会訳)『教育学論集』以文社、1987年。
E
エンゲルス(寺沢恒信・山本二三丸他訳)『空想から科学へ』大月書店、1953年。
F
フリットナー(島田四郎・石川道夫訳)『一般教育学』玉川大学出版部、1988年。
フロイト『フロイト著作集』人文書院、1969-74年。
G
ゲーレン(平野昌男訳)『人間―その本性および世界における位置―』法政大学出版局、1985年。
H
ハーバーマス(長谷川宏訳)『イデオロギーとしての技術と科学』紀伊國屋書店、1970年。
ハーバーマス(奥山次良・八木橋貢・渡辺祐邦訳)『認識と関心』未来社、1981年。
ヘーゲル『ヘーゲル全集』岩波書店、1971-1979年。
ヘルバルト(是常正美訳)『教育学講義綱要』協同出版、1974年。
ホルクハイマー（久野収訳）『哲学の社会的機能』晶文社、1974年。

K
カント『カント全集』理想社、1965-88年。
カント『カント全集』岩波書店、1999年。
キルケゴール『キルケゴール著作集』白水社、1962-68年。
L
リット(石原鉄雄訳)『教育の根本問題―指導か放任か―』明治図書、1971年。
リット(小笠原道雄訳)『自然科学と人間陶冶』玉川大学出版部、1999年。
ロック(服部知文訳)『教育に関する考察』岩波書店、1967年。
ルカーチ『ルカーチ著作集』白水社、1968-69年。
M
マルクーゼ(生松啓三、三沢謙一訳)『一次的人間』河出書房新社、1984年。
マルクス、エンゲルス(大内兵衛、向坂逸郎訳)『共産党宣言』岩波書店、1951年。
マルクス、エンゲルス(服部文男訳)『ドイツ・イデオロギー』新日本出版社、1996年。
N
ニーチェ『ニーチェ全集』理想社、1962-70年。
P
ジャン・パウル(恒吉法海訳)『レヴァーナ』九州大学出版会、1992年。
R
ルソー(今野一雄訳)『エミール』岩波書店、1962-64年。
ルソー(桑原武夫訳)『告白』岩波書店、1965-66年。
S
シュプランガー(浜田正秀訳)『教育者の道』玉川大学出版部、1967年。
W
ウェーバー(富永健一他訳)『社会学的方法論』岩波書店、1952年。
ウィトゲンシュタイン『ウィトゲンシュタイン全集』大修館書店、1975-78、1985-88年。

訳者あとがき

　本書は Rudolf Lassahn. *Einführung in die Pädagogik*, 8. erg. Auflage, Uni-Taschenbücher; 178, Quelle und Meyer, 1995の全訳である。著者ラサーン教授は、今日のドイツを代表する教育学者である。ミュンスター大学、ギーセン大学を経て、1981年以降、20世紀を代表する教育哲学界の重鎮、テオドール・リット教授 (Theodor Litt, 1880–1962) の後継者、デルボラフ教授亡き後、ボン大学教授を歴任し、現在はボン大学名誉教授である。また、ラサーン教授は1972年以来、ドイツ教育学界をリードしてきた学術雑誌 *Pädagogische Rundschau* の編集長を務めている。

　諸科学の急速な発展にともなって、教育学も専門化の一途をたどり、現在ではその全体像を見通すことがきはめて困難になっている。このような状況において、教育学の全体領域に精通するために必要なことは、教育学全体の研究業績や動向を的確に把握することを可能にする「教育学入門書」を得ることである。本書は、ドイツにおいてすでに8版（初版は1974）を重ねている最も優れた教育学入門書の一つであり、本書ほどその目的にかなうものはない。

　ラサーン教授が本書を著すにあたって堅持した基本方針は、次の二点にまとめることができる。第一に、世界的な視点にたって今日の教育をめぐる全体的状況や動向を、特定の学派に偏ることなく公平かつ客観的に見通しのきく形で提示すること。第二に、学問としての教育学が社会に対して、いかなる機能を果たし得るのか、を明示することである。

　ラサーン教授は、この二つの基本方針に則って最良の教育学の入門書である本書を著した。しかしここで注意を要することは、本書でいう「入門」とは、既存の教育学体系を網羅した手引書でもなければ、初学者のために内容

を薄めて分かりやすく説明した解説書ではない。ラサーン教授が「日本の読者へ」で述べているように、それは教育に関連する国際的思想の諸類型の根本前提を分析した、という意味である。したがって、この「入門」という言葉には、思弁的で時代遅れの教育学説の整理という従来の入門書のスタイルではなく、私たちが日々目撃する国際的な教育問題の根本が扱われている、というニュアンスが込められている。

かといってそれは、今日よく見られるような量的調査結果の羅列であったり、ジャーナリスティックな事件の断片的な扱いといったものでもない。教育に関連する「国際的な問題の根本前提」とは、そのような皮相なものではなく、さまざまな現象の根底に一貫して洞察される人間にとっての根本的な問題として把握されるもの、という意味である。こうした人間の根本問題としての把握は、近年めざましい進歩を遂げている自然科学に基礎づけられた応用科学によっても、捉えることのできない問題である。

本書は、現代の国際的な教育問題の根本を、人間的な根本問題へと立ち返って解き明かそうとするものであるが、それは決して人間の生から遊離した抽象的で思弁的なものではない。本書が目指すものは、人間の生を取り巻くさまざまな問題を、系統立てた教育学的知によって、より明瞭に把握することである。それゆえ本書では、硬直した保守主義の立場をとるのではなく、一定の方法を用いて対象をより明瞭に把握しようとする科学的な知を積極的に取り込んでいる。一方、人間を把握する際の前提となる、人間の認識の問題や理想像設定の問題にまで踏み込んで議論をしている。こうした問題は哲学の領域に属するものである。こうした科学と哲学の対話こそが、バランスのとれた教育学入門を構成することを本書は証明している。

今日、ポスト・モダンの教育学が盛んに論議されている。しかし、そのいずれも今日という視点からの論議に終始して、これまでの教育学の思想や理論の批判と否定に傾斜しすぎている。歴史的源流とその発展過程の探究を欠落した思想や理論は、一時的には流行はするが、いづれ消滅していくであろう。この意味で、本書はドイツの教育思想の多様な潮流の源泉とその発展過程を、詳細に究明した卓越した研究書である。

こうした背景を無視して、現代のドイツ教育思想を理解することはできない。したがって、本書の邦訳書名を『ドイツ教育思想の源流』とした。

例えば、本書の第4章では、マルクス主義の教育思想が論述されている。マルクス主義の政治的・思想的影響力が喪失した現在、マルクス主義の教育思想について言及することは、一見時代錯誤的な印象を与えるかもしれない。しかしながら、思想形成というものは、既存の思想に対する挑戦や継承を通してなされるものである。したがって、現代の中心的思潮を理解するためには、その思想的源流に溯って、その源流のどの部分が挑戦を受け、どの部分が継承されたのか、を正しく理解する必要がある。

今日の、教育の社会科学的研究のキーワードの一つに「再生産」がある。これは社会構造が再生産される過程において、教育制度が一つの中心的位置を占めているとする、現代的な問題設定の核心となる概念である。こうした問題設定を共有する研究は「再生産理論」と呼ばれているが、この理論の源流の一つが、フランクフルト学派に代表される西欧マルクス主義である。こうした思潮を生み出す基盤やきっかけが、本書では見事に要約されている。本書を『ドイツ教育思想の源流』と命名したゆえんである。

とくにマルクス主義については、いまだに政治的にも思想的にも確たる総括がなされていない。このような現状の中で、マルクス主義がどのような功罪を持ちながら、現代の教育へと流れ込んでいるのか、を整理することは極めて重要である。

思想的潮流の評価は、一定の時間の流れを待ってはじめて下すことができる。現在になってようやく、マルクス主義についての評価を、真剣に始めることのできる時期がやってきたと言えるだろう。その際、確固たる判断基準と思想史的観点を持つラサーンの評価の視点は、大いに参考になる。

本書の全体構成を見てみよう。本書は五つの章から構成されている。

第1章では、精神科学的教育学が扱われている。精神科学的教育学の内容は、実際には網羅することが困難なほど多岐にわたるものであるが、そこで中心にすえられているのは、「人間とは何であり、生とは何であるかが歴史を作る」という視点、すなわち人間は人間をいかなるものとして、そして生

をいかなるものとして把握し、歴史を作ってきたのか、という解釈学にかかわる問題である。

　私たちはややもすると、確かに哲学や歴史学の分野では、歴史を作ってきたのは人間の認識や意志であると考えがちであるが、しかし現実の社会にあっては、科学技術とそれに基づく生産関係やその他の社会関係こそが歴史を作ると考えられている。このことは、私たちが一歩立ち止まって考えるならば、科学技術がもたらした人間の変化や、その変化がもたらした社会観の変化が、人間の生活全体を変革してきたことを容易に理解することができる。

　しかし、人間は実際の行動を起こす前に、まず物事を自分なりに認識しなくてはならない。そこには不可避的に解釈の問題がからんでくる。人間は自からの解釈に基づいて行動し、社会関係を結び、組織や制度を作り、常に社会を作り変えつつ、子どもをその社会の一員として、あるいはその社会を変革する者へと育てる、という営為を連綿として続けてきた。こうした人間の営為を洞察しようとするのが、精神科学的教育学の立場である。

　第２章では、論理実証主義、経験主義、分析的科学理論が扱われている。法則定立科学、すなわち観察、経験、実験に基づく科学と、それを基盤とする技術のめざましい進歩と意義は、筆舌に尽くし難いものがある。本書では、その成果が明瞭に整理され、その成果を積極的に取り込もうとする努力がなされている。これらの主義・理論の根本前提は「現実を単に所与として素朴に把握するだけではなく、──自然科学が長年にわたって依拠してきた『方法』によって把握しようとする」合理的・科学的前提である。しかしながら、現実の人間や人間の営為は、合理性・科学性の前提では把握し難いものである。把握するためには、哲学との相互協力関係においては初めてなし得ると考えなければならない。本書の知的な奥深さは、こうした哲学と科学の対話にあると言える。

　第３章では、規範的教育学が扱われている。これは基礎づけが極めて困難な価値に関する科学の類型である。教育学は完成途上にある子どもを、将来的により理想に近い存在にしようとする営みである。その際、前提とされる理想像は、あらかじめ客観的に存在してはいない。人間が構想し、合意して

いくべき価値である。こうした価値は科学によってではなく、倫理学で扱われる対象である。この倫理学にかかわる教育学が、規範的教育学と呼ばれるものである。

このような立場は、規範的教育学が科学的思考からまったく遊離したプリミティブな思考ではないか、と考えがちである。しかしそれは大きな誤解である。現代の科学は、自らが直接対象とすることのできない倫理的な内容に対して、科学自身が与える影響と、倫理的な内容から科学が受け取る影響を極めて重視するようになったのである。その意味で、規範的教育学が対象とする問題は、古くて新しい問題であり、むしろ現代科学の最先端の問題であると言える。

第4章では、マルクス主義教育学、ネオマルクス主義的・批判的教育科学が扱われている。旧ソ連共産主義圏の崩壊と、同圏における資本主義経済体制への移行が現実化した今日、この思想の意義のなさを証明していると思われるかもしれない。しかし事実はそのように単純ではない。これらの教育学の最大の貢献は、その本質や変化をくみ取ることのできない世界のあり方を、別様に理解する道具立てを提供したことである。

人間は自己の意志のみに従って生きる存在ではなく、さまざまな関係の中で規制されたり、それに反発しながら社会の維持と変革をする存在であることを、正しく認識させてくれる。マルクス主義教育学、ネオマルクス主義的・批判的教育科学は、決して死に絶えた思想ではなく、むしろ人間をより現実的・具体的に捉えることを可能にしてくれるものである。

第5章では、教育学と心理学が扱われている。教育学と心理学は、著しく重複する対象を扱いながら、相互の分野がそれぞれ広大な領域を持っているがために、必ずしも十分な相互交流をなしてきたとは言いがたい。その歴史的事実をふまえて、ここでは、それぞれの関わりが綿密に整理されている。

以上が本書を構成する各章の要点である。本書は、ドイツ教育学の伝統的な立場から、近年脚光を浴びるようになった立場に至るまでの潮流を、公平かつ客観的に見通しのきく形で提示するとともに、それらが現実の社会に対してどのような機能を果たし得るかを論じたものである。しかし、ドイツ以

外では興味や関心の対象にならず、教育実践には無関係な内容である、と考えるのは間違いである。

本書は、現代の先進諸国が当面している教育上の諸問題を考察する糸口を網羅している。私たちの眼前で生起するさまざまな教育現象や問題を、いかにそれらの根本にさかのぼって把握し、対処すべきかが論じられている。とりわけ、今日の教育学上の論点の中心をなす科学としての教育学のあり方について、極めて示唆に富む内容を含んでいる。

本書において、ラサーン教授は「手がかり・端緒」(Ansatz) という言葉を頻繁に使用している。まさに本書には現代的な教育現象や問題を、より明瞭に把握するための手がかりが提示されている。その手がかりをいかにに運用し、確実な知識と行動指針を得ていくかは、私たち自身にかかっているのである。

ラサーン教授は多くの著書、編著、共著を刊行しており、また、学術誌に発表した論文は無数である。以下、主要著書のみを挙げてみる。

Das Selbstverständnis der Pädagogik Theodor Litts. *Pädagogik als Geisteswissenschaft*, Ratingen 1968.
Das Schulleben, Bad Heilbrum 1969.
Hermann Lietz. *Schulreform durch Neugründung*, Paderborn 1970.
Studien zur Wirkungsgeschichte Fichtes als Pädagoge, Heidelberg 1970.
Thedor Litt. *Das Bildungaideal der deutschen Klassik und moderne Arbeitswelt.* Interpretation zur Anthoropologie, Münster 1970.
Einfuhrung in die Padagogik, 1.Aufl.Heiderbelg 1974 ; 8. ergänzte Aufl.1995.
Grundriß einer Allgemeinen Pädagogik, 1.Aufl.Heidelberg 1977; 3.ergänzte Aufl.1993.
Tendenzen internationaler Herbart-Rezeption, Ratingen 1978.
Pädagogische Anthoropologie,Heidelberg 1983.
Menschenbilder, Festschrift fäür Rudolf Lassahn, Clemens Menze/Gerhad P.Bunk/Birgit Ofenbach (Hrsg.).Frankfurt a.M./Bern/New York/Paris 1993.（ラサーン教授退官記念論文集）
Lehrerbildung zwischen Provinzialität und Globalität, Rudolf Lassahn zum 70.Geburtstag, Birgit Ofenbach (Hrsg.).Frankfuhrt a.M./Bern/New York/Paris 1998.（ラサーン教授生誕70年記念論文集）

訳出にあたっては、まず訳者各自が全訳をおこない相互に訳文を検討して

訳語の統一をした。次に平野が訳文の全体的な調整を行った。できるかぎり原文に忠実にしかも平易な表現にするように心がけたが、不適切な訳語や思わぬ誤りがあるかと思う。読者からのご指導とご批判をいただければ幸甚である。また、著者が各章で引用しているおびただしい文献の多くは、すでに邦訳されているものが多くあるので、邦訳書を参照して引用した部分がある。訳者と出版社に感謝を申し上げたい。

　終わりに、出版事情の困難なときにもかかわらず、本書の刊行を快諾くださった東信堂社長・下田勝司氏と、終始、細部にいたるまで適切な助言をいただいた編集部の二宮義隆氏、向井智央氏に厚くお礼を申し上げたい。

　私はミュンスター大学、ボン大学に留学した際、ラサーン教授の暖かい指導を受けた。本訳書の出版に際して、詳細な「日本の読者へ」を寄せられたラサーン教授に心から感謝を申し上げたい。

　2002年3月

平野　智美

人名索引

【ア行】

アイグラー (Eigler, G.) ……… 106,108
アイヒホルン (Aichhorn, A.) ……… 189
アドラー (Adler, A.) ……… 146,147,188
アドルノ (Adorno, Th.) ……28,137,147-150,172-180
アハティンガー (Achtinger, G.) ……… 102
アルベルト (Albert, H.) …27,73,75,91-94,97,104,106
アリストテレス (Aristoteles) ………20,57,71
アロン (Aron, R.) ……………41
ヴァイスマン (Waismann, F. R.) ………73
ヴァイネルト (Weinert, F.) ………187
ヴィティッヒ (Wittig, H.) ………138
ヴィトゲンシュタイン (Wittgenstein, L.) …27,73,101
ヴィルマン (Willmann, O.) ………32,111
ヴィンデルブラント (Windelbland, W.) ……116
ヴィンネフェルト (Winnefeld, F.) ………74
ヴェーデキント (Wedekind, F.) ………172
ヴェーニガー (Weniger, E.) ………31,32,113
ウェーバー (Weber, M.) ………77,91,92,95
ヴント (Wundt, W.) ………184,188
エアリングハーゲン (Erlinghagen, K.) ……113
エヴェルト (Ewert, O. M.) ………185
エストライヒ (Oestreich, P.) ………146,147
エンゲルス (Engels, F.) ………57,138-145
オーエン (Owen, R.) ………139,143

【カ行】

カッシーラー (Cassirer, E.) ………116,117,165
カニッツ (Kanitz, O.F.) ………146
ガム (Gamm, H. J.) ………138
ガリレイ (Galilei, G.) ………42
カルナップ (Carnap, R.) ………27,73
ガーレン (Galen) ………21
カント (Kant, I.) …20,22,33,40,52,57,67,118-128,135,143,152,164,165
キルケゴール (Kierkegaard, S.) ………37
クラフキ (Klafki, W.) ………31,57,177
クラフト (Kraft, V.) ………27,73,75,77
グアルディーニ (Guardini, R.) ………134
グムルマン (Gmurman, W. J.) ………139
グルートホフ (Groothoff, H. H.) ………186
グルスデュー (Grusdew, P. N.) ………138
ゲーレン (Gehlen, A.) ………159,160
コッホ (Koch, R.) ………21
コブ (Kob, J.) ………110
コーヘン (Cohen, H.) ………115,116
コメニウス (Comenius, J. A.) ………23
コーレル (Correl, W.) ………187
コロルヨウ (Koroljow, F. F.) ………139
コラコフスキ (Kolakowski, L.) ………77,79
コーン (Cohn, J.) …27,114,116,117,123,127,133
コント (Comte, A.) ………27,72,96,97

【サ行】

ザイフェルト (Seiffert, H.) ………49,56
サン・シモン (Sain-Simon, C. H.) ………143
シェラー (Scheler, K.) ………54,123
シャラー (Schaller) ………39,113
ジャン・パウル (Jean Paul) ………74,197
ジューイ (Jouhy, E.) 175,176
シュテークミュラー (Stegmuller, W.) …97,99,104
シュテメ (Stemme, F.) ………194,195
シュトイ (Stoy, K. G.) ………32
シュプランガー (Spranger, E.) …31,32,58,69,113
シュラー (Schuller, A.) ………109
シュライエルマッハー (Schleiermacher, F.E.D.) …20,40
シュリック (Schlick, M.) ………27
シュレーディンガー (Schrodinger, E.) ………26
シュルツ (Schulz, H.) ………146,147
スキナー (Skinner, B. F.) ………107
スチョドルスキー (Suchodolski, B.) ………139
スパエマン (Spaemann, R.) ………178,179
スペンサー (Spencer, H.) ………72
ソクラテス (Sokrates) ………56,57,135
ソーンダイク (Thorndike, E.L.) ………185,188

【夕行】

ダーウィン (Darwin, C.) ………140,185
ツェンケ (Zenke, K.) ………114
ツェトキン (Zetkin, K.) ………145-147
ツィラー (Ziller, T.) ………32
ティールシュ (Thiersch) ………110
ディルタイ (Dilthey, W.) …20,22,27,31,34,37-40,50,68,113,114,132,164,182
デカルト (Descartes, R.) ………22,71
デューイ (Dewey, J.) ………51
デーリング (Doring, K.) ………110
デルボラフ (Derbolav, J.) …31,32,60,61,114
トーピッチュ (Topitsch, E.) ………75
トラップ (Trapp, C.) ………31
トレープスト (Troebst, C.) ………101
トレンデンブルク (Trendenburg, F. A.) ………40

【ナ行】

ナトルプ (Natorp, P.) ………27,114,115,127,132
ニーチェ (Nietzsche, F.) ………58,90,91

235

ノール (Nohl, H.) ……31,32,58,59,68,69,113

【ハ行】
ハイデガー (Heidegger, M.) ……22,27,36
ハイトガー (Heitger, M.) ……114,115,117,123,124,127,129,134,135
バウアー (Bauer, O.) ……146
バウホ (Bauch, B.) ……116
パスカル (Pascal, B.) ……88
ハーバーマス (Harbermas, J.) ……28,94,101,150-171,176,177,179,189,193
バラウフ (Ballauf, T.) ……39,113
ハーンリ (Hoernle, E.) ……146,147
ヒエルダイス (Hierdeis, H.) ……147
ヒポクラテス (Hippokrates) ……21
フィッシャー (Fischer, A.) ……114,119,134,135
フィヒテ (Fichte, J.G.) ……57,143,152,164
フォイエルバッハ (Feuerbach, L.) ……22,143,144
フォッパ (Foppa, K.) ……187
フッサール (Husserl, E.) ……22,27,54,55,58,117,152,187
ブーバー (Buber, M.) ……68,134
プラトン (Platon) ……20,57
フランケ (Franke, A.H.) ……113,114
ブランケルツ (Blankerz, H.) ……113-115,117,128
フーリエ (Fourier, C.) ……139,143
フリッシュアイゼン・ケーラー (Frischeisen-Koehler, M.) ……31,32,58,115
フリットナー (Flitner, W.) ……31,32,59,62,113,115
プレイヤー (Preyer, W.) ……74,185,188
ブレツィンカ (Brezinka, W.) ……75,95,97-100,103,104,106,108,113,138
フロイト (Freud, S.) ……161-163,167,169
ブロッヒャー (Brocher, T.) ……190
フンボルト (Humboldt, W.) ……52
ヘーゲル (Hegel, G.W.F.) ……22,28,52,56,57,60,68,164,165,171,179
ペスタロッチ (Pestalozzi, J.H.) ……20,183
ペーターゼン (Petersen, P.) ……74,75
ベック (Böckh, A.) ……40
ベックマン (Beckman, H.K.) ……109
ペッツェルト (Petzelt,A.) ……114,117,123,129,130,133,134
ヘーニヒスヴァルト (Honigswald, R.) ……27,116,117,123,127,131
ベールズ (Bales, R.F.) ……190
ヘルバルト (Herbart,J.F.) ……20,29,31,60,183,184,186
ベルンフェルト (Bernfeld, S.) ……28,146,147
ヘーン (Höhn, E.) ……185
ベンサム (Bentham, J.) ……72
ヘンツ (Henz, H.) ……134
ポパー (Popper, K.R.) ……27,47,73,75,77,92,97,103
ホフシュタッター (Hofstätter, P.R.) ……190

ボルノウ (Bollnow, O.F.) ……28,31,32,39,46,47,50,51,65-67,70,106,113,134
ホルクハイマー (Horkheimer, M.) ……137,147-150,152,153
ボレウスキー (Bolewsky, H.) ……105

【マ行】
マスナー (Massner, N.) ……115
マッハ (Mach, E.) ……22
マルー (Marrou, H.I.) ……41
マルク (Marck, S.) ……117
マルクス (Marx, K.) ……22,28,57,137,-145,147-151,156,157,161-163,171,175
マルクーゼ (Marcuse, H.) ……137,147-150,158-160
ミッシュ (Misch, G.) ……40
ミッツェルリヒ (Mitscherlich, A.) ……50
ミル (Mill, J.S.) ……72
メーラー (Möller, B.) ……113
メーリング (Mehring, F.) ……146
メルツ (März, F.) ……134
メンツェ (Menze, C.) ……114
モイマン (Meumann, E.) ……85,186,188
モレンハウアー (Mollenhauer, K.) ……137
モンテッソーリ (Montessori, M.) ……67

【ヤ行】
ヤスパース (Jaspers, K.) ……27,36,38
ユング (Jung, C.G.) ……188

【ラ行】
ライプニッツ (Leibniz, G.W.S.) ……58,197
ライン (Rein, W.) ……32
ランケ (Ranke, L.) ……40
ランゲフェルト (Langeveld, M.J.) ……31,32,60,62,188
リッケルト (Rickert, H.) ……116
リッター (Ritter, H.) ……40
リッツェル (Ritzel, W.) ……114
リット (Litt,Th.) ……31,32,58,60-65,68-70,94,134,165
リヒテンシュタイン (Lichtenstein, E.) ……59
リープクネヒト (Liebknecht, K.) ……145
リピット (Lippit, R.) ……190
リューベ (Lübbe, H.) ……54
ルカーチ (Lukács, G.) ……165
ルクセンブルク (Lukxemburg, R.) ……146
ルソー (Rousseau, J.J.) ……20,74
ルーレ (Rühle, O.) ……145,147
ルーロフ (Ruhloff, J.) ……114
レーヴィッシュ (Löwisch, D-J.) ……190
レヴィン (Lewin, K.) ……190
ロスナー (Rössner, L.) ……137
ロック (Locke, J.) ……20,23,74,183
ロート (Roth, H.) ……110
ローレンツェン (Lorenzen, P.) ……89

著者紹介

ルドルフ・ラサーン（Rudolf Lassahn）
現代ドイツの代表的教育学者の一人。1928年、ケスリン（ポンメルン）生まれ。初等学校教員を経て、ハレ、ライプツィヒ両大学で哲学、歴史、心理学を学ぶ。ミュンスター大学で学位及び教授資格取得後、ギーセン大学教授等を歴任、1981年よりボン大学教授。『テオドール・リット』（1970年）、『教育人間学』（1983年）他、多数の著書、論文がある。1972年より『教育学展望』の編集長を務める。1977年及び1982年に来日し、各地で研究交流を行った。

訳者紹介

平野　智美（ひらの　ともみ）
1961年、広島大学大学院教育学研究科教育学専攻博士課程修了。教育哲学専攻。上智大学名誉教授、教育学博士（広島大学）。

佐藤　直之（さとう　なおゆき）
2000年、上智大学大学院文学研究科教育学専攻博士後期課程修了。教育哲学専攻。武蔵野女子短期大学専任講師。

上野　正道（うえの　まさみち）
東京大学大学院教育学研究科総合教育科学専攻博士課程在学中。学校教育学専攻。

Einführung in die Pädagogik

ドイツ教育思想の源流──教育哲学入門

2002年6月10日　初　版第1刷発行　　　　〔検印省略〕

＊定価はカバーに表示してあります

訳者©平野智美・佐藤直之・上野正道／発行者　下田勝司

印刷・製本　中央精版印刷

東京都文京区向丘1-20-6　　郵便振替00110-6-37828
〒113-0023　TEL(03)3818-5521㈹　FAX(03)3818-5514

発行所　株式会社　東信堂

Published by TOSHINDO PUBLISHING CO., LTD.
1-20-6, Mukougaoka, Bunkyo-ku, Tokyo, 113-0023, Japan

ISBN4-88713-444-4　C3037　¥2800 E　©T.HIRANO, N.SATO, M.UENO
E-mail:tk203444@fsinet.or.jp

═══ 東信堂 ═══

比較・国際教育学【補正版】	石附 実編	三五〇〇円
日本の対外教育——国際化と留学生教育	石附 実	二〇〇〇円
比較教育学の理論と方法	J・シュリーバー編著 馬越徹・今井重孝監訳	二〇〇〇円
世界の教育改革——21世紀への架ヶ橋	佐藤三郎編	三六〇〇円
教育は「国家」を救えるか〔現代アメリカ教育1巻〕	今村令子	三五〇〇円
永遠の「双子の目標」——多文化共生の社会と教育〔現代アメリカ教育2巻〕質・均等・選択の自由	今村令子	二八〇〇円
ドイツの教育	天野正治 別府昭郎 結城忠編	四六〇〇円
21世紀を展望するフランス教育改革——一九八九年教育基本法の論理と展開	小林順子編	八六四〇円
フランス保育制度史研究——初等教育としての保育の論理構造	藤井穂高	七六〇〇円
変革期ベトナムの大学	D・スローパー編 大塚豊監訳	三八〇〇円
フィリピンの公教育と宗教——成立と展開過程	市川誠	五六〇〇円
国際化時代日本の教育と文化	沼田裕之	二四〇〇円
ホームスクールの時代——学校へ行かない選択・アメリカの実践	M・メイベリー/J・クヌルズ他 秦明夫・山口達雄監訳	二〇〇〇円
社会主義中国における少数民族教育	小川佳万	四六〇〇円
東南アジア諸国の国民統合と教育——多民族社会における葛藤	村田翼夫編	四四〇〇円
ボストン公共放送局と市民教育——「民族平等」理念の展開	赤堀正宜	四七〇〇円
現代英国の宗教教育と人格教育(PSE)——マサチューセッツ州産業エリートと大学の連携	新井浅浩編	五二〇〇円
現代の教育社会学——教育の危機のなかで	柴沼晶子編	二五〇〇円
子どもの言語とコミュニケーションの指導	能谷一乗	二八〇〇円
教育実践における評価論の系譜	D・バーンスタイン他編 池上・内山・緒方訳	四〇七八円
教育評価史研究——近代産業社会における評価論の系譜	天野正輝	四〇七八円
日本の女性と産業教育——近代産業社会における女性の役割	三好信浩	二八〇〇円

〒113-0023 東京都文京区向丘1-20-6　☎03(3818)5521　FAX 03(3818)5514　振替 00110-6-37828

※税別価格で表示してあります。

― 東信堂 ―

責任という原理―科学技術文明のための倫理学の試み [第三版]	Hヨナス 加藤尚武監訳	四八〇〇円
主観性の復権―心身問題から『責任という原理』へ	Hヨナス 加藤尚武監訳	二〇〇〇円
哲学・世紀末における回顧と展望	Hヨナス 宇佐美滝口訳	二〇〇〇円
バイオエシックス入門	Hヨナス 尾形敬次訳	八二六〇円
思想史のなかのエルンスト・マッハ―科学と哲学のあいだ	今井道夫 香川知晶編	二三八一円
今問い直す脳死と臓器移植 [第二版]	今井道夫	三八〇〇円
キリスト教からみた生命と死の医療倫理	澤田愛子	二〇〇〇円
空間と身体―新しい哲学への出発	浜口吉隆	二三八一円
環境と国土の価値構造	桑子敏雄	二五〇〇円
洞察＝想像力―知の解放とポストモダンの教育	桑子敏雄編	三五〇〇円
ダンテ研究Ⅰ Vita Nuova―構造と引用	D・スローン 市村尚久監訳	三八〇〇円
ルネサンスの知の饗宴 (ルネサンス叢書1)―構造と引用	浦 一章	七五七三円
ヒューマニスト・ペトラルカ (ルネサンス叢書2)―ヒューマニズムとプラトン主義	佐藤三夫編	四四六六円
東西ルネサンスの邂逅 (ルネサンス叢書3)―南蛮と補衰氏の歴史的世界を求めて	佐藤三夫	四八〇〇円
原因・原理・一者について〔ジョルダーノ・ブルーノ著作集・3巻〕	根占献一	三六〇〇円
情念の哲学	加藤守通訳	三二〇〇円
愛の思想史 [新版]	伊藤昭彦編 坂井宏彦編	三二〇〇円
荒野にサフランの花ひらく―続・愛の思想史	伊藤勝彦	二〇〇〇円
知ることと生きること―現代哲学のプロムナード	伊藤勝彦	二三〇〇円
教養の復権	岡田雅勝 本間謙二編 安西和博	二〇〇〇円
イタリア・ルネサンス事典	沼田裕之・安西和博 増渕幸男・加藤守通 H・R・ヘイル編 中森義宗監訳	二五〇〇円 続刊

〒113-0023 東京都文京区向丘1-20-6　☎03(3818)5521　FAX 03(3818)5514　振替 00110-6-37828

※税別価格で表示してあります。

══ 東信堂 ══

《横浜市立大学叢書(シーガル・ブックス)・開かれた大学は市民と共に》
ことばから観た文化の歴史 ——アングロ・サクソン到来からノルマンの征服まで 宮崎忠克 一五〇〇円

独仏対立の歴史的起源 ——スダンへの道 松井道昭 一五〇〇円

ハイテク覇権の攻防 ——日米技術紛争 黒川修司 一五〇〇円

ポーツマスから消された男 ——朝河貫一の日露戦争論 矢吹晋著・編訳 一五〇〇円

グローバル・ガバナンスの世紀 ——国際政治経済学からの接近 毛利勝彦 一五〇〇円

青の系譜 今西浩子 続刊

〈シリーズ〈制度のメカニズム・以下続々刊〉〉
アメリカ連邦最高裁判所 ——そのシステムとメカニズム 大越康夫 一八〇〇円

衆議院 向大野新治 一八〇〇円

〈日本を根底から変えるための二冊・文庫判〉
政治の構造改革 ——政治主導確立大綱 21世紀臨調編 六五〇円

日本人のもうひとつの選択 ——生活者起点の構造改革 21世紀臨調編 五〇〇円

〈社会人・学生のための親しみやすい入門書〉
国際法から世界を見る 松井芳郎著 二八〇〇円

国際人権法入門 ——市民のための国際法入門 小寺初世子 二八〇〇円

軍縮問題入門 T・バーゲンソル 小寺初世子訳 一九〇〇円

地球のうえの女性 ——男女平等のススメ 黒沢満編 二三〇〇円

入門 比較政治学 ——民主化の世界的潮流を解読する H・J・ヴィーアルダ 大木啓介 関下秀樹 中永田涼司 川田稔編 二三〇〇円

クリティーク国際関係学 一九〇〇円

時代を動かす政治のことば ——尾崎行雄から小泉純一郎まで 読売新聞政治部編 一八〇〇円

〒113-0023 東京都文京区向丘1-20-6 ☎03(3818)5514 FAX 03(3818)5514/振替 00110-6-37828

※税別価格で表示してあります。